KB271697

에너지 노예,
그 반란의 시작

국립중앙도서관 출판사도서목록(CIP)

에너지 노예, 그 반란의 시작 / 지은이 ; 앤드류 니키포룩 ; 옮긴이 : 김지현. -- 서울 : 황소자리, 2013
    p. ; cm

원표제 : Emergy of slaves
원저자명 : Andrew Nikiforuk
영어 원작을 한국어로 번역
ISBN   979-11-85093-02-4 03300 : ₩ 15800

에너지 [energy]

321.3-KDC5
333.79-DDC21   CIP2013012482

에너지 노예,
그 반란의 시작

THE ENERGY OF SLAVES

앤드류 니키포룩 | 김지현 옮김

황소자리

차례

일러두기

- 외국어 인명이 처음 나오는 자리에 영어를 병기했다.
- 독서 편의를 위해 부가설명이 필요하다고 판단될 경우, 괄호 안에 줄표를 두어 옮긴이 주를 표기했다.
- 저서 및 논문은 가급적 원제에 충실하게 번역하려 했다. 다만 국내에 번역되어 널리 알려진 경우에는 번역된 제목을 따랐다.

고대 그리스 신화에 등장하는 신들에게는 가공할 에너지가 있었다. 모든 신의 아버지 제우스는 벼락을 던질 수 있었고, 헬리오스는 태양광을 마음대로 부렸으며, 아레스는 전쟁을 좌지우지했다. 데메테르는 식물의 성장을 주관하고, 기분파인 포세이돈은 이따금씩 지구를 흔들어놓거나 끊임없이 움직이는 바다를 들어올리곤 했다. 그리스 신들은 공기를 가르며 날아다니고 강줄기를 바꾸고 하늘의 별자리를 만들며 심지어 몸이 보이지 않게 은폐하는 능력까지 갖고 있었다.

신들이 이런 대단한 능력을 늘 고귀하고 고상하게 사용했던 건 아니다. 그 가공할 에너지를 이용해서 한다는 일이 기껏 분쟁을 해결하거나 강간을 저지르거나 심지어 그저 지루함을 견뎌내는 데 그치는 경우가 종종 있었다. 하지만 그늘의 위업은 평범한 그리스인에게는 경이롭고 두려운 것이었다. 많은 사람들이 신처럼 사는 것을 꿈꾸었다. 올림포스 산의 신들은 무한한 힘을 마음대로 이용할 수 있었다. 이 불멸의 존재들은 노예처럼 땀을 흘리거나 소처럼 지치는 법이 없었다.

하지만 올림포스 산에서 흥청망청 에너지를 낭비하는 존재들은 자신들보다 덜떨어진 존재와 힘을 나누는 일로 깊은 고민에 잠기게 되었다. 인간과 지구를 만들어야 할 때 신들은 그 일을 두 명의 타이탄Titan에게 맡겼다. 바로 칠칠치 못한 에피메테우스Epimetheus(나중에 생각하는 사람)와 그의 영민한 형 프로메테우스Prometheus(먼저 생각하는 사람)였다. 에피메테우스는 먼저 동물을 만들었다. 그리고 각각의 동물들에게 빠르게 달리는 능력, 발톱, 털, 막대한 힘을 주었다. 하지만 마지막으로 만든 사람에게 줄 능력이 남아 있지 않았다. 맨발에 털도 없이 헐벗은 인간을 보자마자 프로메테우스는 재빨리 행동에 나섰다. 친절한 헤파이스토스의 대장간에서 불을 훔쳤고, 지혜의 여신 아테나에게서는 기능공의 기예mechanical arts를 가지고 왔다. 이런 과정을 통해 프로메테우스는 초기 인류문명에 에너지원과 기술혁신을 안겨주었다. 인간은 불을 이용해 철을 제련하고 심지어 사기그릇을 강화시킬 수도 있었다. "이런 식으로 인류에게 생활수단이 주어졌다."《프로타고라스 Protagoras》에서 플라톤이 가벼운 대화를 나누던 중에 했던 말이다.

물론 제우스는 이런 절도 행위를 기꺼이 받아들이지 않았다. 프로메테우스가 더 많은 에너지를 훔쳐갈까 염려한 제우스는 잔인한 벌을 내렸다. 이 타이탄을 바위에 쇠사슬로 묶고는 매일 새롭게 생겨나는 그의 간을 독수리로 하여금 쪼아먹게 한 것이다. 많은 이들은 이 비유담 parable(그리스의 수사학적 비유의 하나로 도덕적 종교적 진술을 담고 있는 짧은 허구적 이야기. ―옮긴이)이 여기서 끝났다고 생각한다. 불쌍한 프로메테우스는 인간을 어둠에서 해방시키고 힘과 혁신을 공유한 죄목으로 벌을 받은 것이다. 하지만 이게 전부가 아니었다.

플라톤은 《프로타고라스》에서 이 이야기를 들려주며 놀라운 결론을 내린다. 프로메테우스의 선물을 받은 인간 삶은 극적으로 변화했다. 불의 덕택으로 요리와 난방을 하게 되면서 숲을 베어내고 거대한 도시를 세웠다. 하지만 얼마 지나지 않아 변화의 힘을 지닌 이 선물을 인간은 어리석게 이용하기 시작했다. 인간의 개체수는 걷잡을 수 없이 늘어나고 전쟁이 끊이지 않은 것이다. 지구상에 파괴가 만연해졌다. 급기야 필사必死의 존재인 인간이 자멸할지 모른다는 우려를 한 제우스가 인간사회에 개입했다. 제우스는 도를 넘는 인간의 행위를 끝내기 위해 헤르메스 편으로 모든 인간에게 선물을 주도록 했다. 그 선물은 바로 정의dike와 존중aidos이었다. 날개를 지닌 헤르메스는 인간 다수에게 이 선물을 줄지 아니면 몇 명에게만 줄지 제우스에게 물었다. 제우스는 모든 인간에게 선물을 나누어주라고 지시한다. "이 덕을 몇 명만 독점한다면 도시가 존재할 수 없기 때문이다." 제우스의 논리는 그야말로 인간이 흉내낼 수 없는 신의 한 수였다. 에너지와 기술을 사용해 얻은 결과를 모든 사람이 제대로 이해하지 못하면, 또다시 인간 세상만사에 자만심이 작용할 터였다.

2,500년 전의 비유담이지만 이 이야기는 요즈음 상황에도 여전히 유효하다. 프랑스 철학자 파브리스 플리포Fabrice Flipo도 언급했듯이, 우리는 이 불의 이야기를 통해 대가를 치르지 않고 무한대로 마음껏 사용할 수 있는 에너지가 없다는 사실과 프로메테우스가 전해준 도구의 사용은 조심스럽고 신중해야 한다는 점을 알 수 있다. 오직 정의와 존중만이 도를 넘는 행위를 막을 수 있다. 기준과 균형을 잃은 에너지

는 파괴와 분산을 초래한다. 그리하여 맹목적인 노예와 주인 모두는 분별력을 잃은 예속상태에 빠질 수 있다.

석유회사와 산유국 지도자들은 앞서 소개한 비유담의 앞부분을 옹호한다. 자신들이 화석연료로 문명을 향상시켰으며 최소한 제2의 프로메테우스 혁명이라 부를 만한 일을 해냈다고 주장한다. 화석연료로 만든 새로운 불로 노동력 절감기계, 즉 에너지 노예가 개발되었다. 석탄이나 석유에 의존하는 이 무생물 노예의 급증은 인간 삶의 여러 측면을 바꾸어놓았다. 이제는 석유가 풍부한 지역에 사는 일반인까지 그리스 신들의 힘을 소유하게 되었다. 기계 노예를 부려서 공중을 날고, 산꼭대기까지 단번에 오르기도 한다. 도시 인구는 늘고 강물은 말랐다. 인간은 심지어 지진을 일으키기도 한다. 하지만 이 석유 비유담이 우리에게 말해주지 않은 것이 있다. 개발 가속화는 석탄과 석유라는 선물을 고갈시키는 원인이기도 하다는 점이다. 전례 없는 이 막강한 힘에는 주인과 노예라는 문제적 관계가 내포되어 있다.

제2 프로메테우스 혁명의 가치는 불에 있지 않다. 이 혁명은 과거의 주요한 에너지 제도였던 인간 노예제도에 기반을 둔다. 아리스토텔레스와 플라톤 모두 노예제도를 불가피한 임시변통 수단이라고 묘사했다. 우리도 현재 부리고 있는 탄화수소 하인들을 이처럼 실용주의적 입장으로 바라본다. 지금 우리 대다수는 화석연료 사용이 도덕적으로 올바르다고 생각한다. 17세기 영국 상인들도 대서양 노예무역에 대해 그렇게 생각했다. 로마인들이 인간 노예를 바라보는 방식 역시 다를 바 없었다.

하지만 지혜와 절제를 잃어버릴 때 모든 에너지 관계는 관리의 문제를 넘어 지배의 문제로 변한다. 석유로 인해 인류문명은 다시 한 번 자만심의 희생양이 되었다. 과거 노예라는 에너지에 의존했던 우리는 이제 석유와 그 주인들의 노예가 되어버렸다. 그런데 이번에는 우리를 구해줄 제우스가 없다. 우리 스스로의 힘으로 고대로부터 내려온 이 패러다임을 바꾸어야 한다. 에너지 사용을 정의롭고 도덕적이며 인간적 척도에 부합되게, 즉 가장 인간적인 방식으로 변환해야 할 책임은 이제 온전히 우리에게 있다.

1장
인간 노예에서 에너지 노예로…

"인간은 모든 것을 받아들인다.
주인이 혹독하게 괴롭히지만 않는다면 심지어 노예 상태에도 적응한다."
— 몽테스키외Montesquieu, 《법의 정신*The Spirit of Laws*》 (1748)

20세기 말엽, 미국 환경학의 선구자인 도넬라 메도스Donella Meadows 는 에너지 예속의 본질에 관해 숙고했다. 고에너지 생활양식을 비판한 베스트셀러 《성장의 한계*The Limits to Growth*》의 주요 필자이자 직접 유기농으로 농사를 짓는 농사꾼인 메도스는 자신이 노예를 부리고 있음을 솔직하게 시인했다. 비록 '고옥탄High Octane'(옥탄가가 높은 고급 휘발유를 일컫는 말. —옮긴이)이라든가 '검은 금black gold'(석유와 석탄을 일컫는 말. —옮긴이)이라는 이름으로 불리는 노예들이지만 말이다. 그리고 〈독립 선언문〉을 작성한 토머스 제퍼슨도 자신과 같은 방식으로 노예를 두었다고 덧붙였다. 이런 주장은 많은 미국인을 망연자실 분노하게 만들었다. 제퍼슨처럼 존경받는 지식인이 노예를 소유하면서도 스스로를 민주주의자라고 칭했다고? 도대체 메도스는 무슨 생각으로 그런 말을 한 걸까?

메도스의 주장은 에너지가 우리 삶에 어떤 영향을 미치는지 상기시켜준다. 제퍼슨은 버지니아의 플랜테이션 농장에 수십 명의 노예를 고용했으며 노예와의 사이에서 자녀를 낳기도 했다. 반면 메도스는 일을 하기 위해 매년 30배럴의 석유를 태운다. 둘의 차이라면 제퍼슨이 동시대 인물인 토머스 페인Thomas Paine이 '인간-절도Man-stealing'라 부른 에너지 시스템에 의존한 데 반해 메도스는 고대 식물에서 나온 탄소라는 사슬에 묶인, 보이지 않는 노예를 부리고 있다는 점 정도다.

하지만 메도스는 단지 석유를 소비하거나 노예를 소유한 것만으로 비난 받아서는 안 된다고 생각했다. 수백 명의 노예를 유산으로 받았음에도 제퍼슨은 노예 에너지 제도를 "신앙심 없는 열강이 저지른 불명예스러운 일"이라고 표현했다. 비록 "날 때부터 노예의 운명을 짊어진 사람이 있다"는 글을 쓰기는 했지만 노예제도가 "정치적으로나 도덕적으로 매우 위해한 악행"이라고 그는 정의했다. 그러나 메도스도 지적했듯이 제퍼슨은 농업사회에서 노예제도를 포기한다는 것이 어떤 의미인지 잘 알고 있었다. 자신의 생계와 문화적 지위, 끔찍이 아끼는 플랜테이션 농장, 나아가 몬티셀로Monticello까지 잃는 것. 다시 말해 권력과 안락함을 죄다 포기한다는 의미였다. 제퍼슨으로서는 선뜻 이행할 수 없는 일이었다.

도넬라 메도스 역시 이런 현실을 잘 이해한다. 사회에서 채택한 에너지원과 에너지 변환장치는 궁극적으로 그 사회의 정치·문화적 지배자다. 에너지의 종류와 그 많고적음은 시대를 규정한다. "에너지 낭비, 온실가스 분출, 무절제한 구매와 폐기, 멸종 위기를 초래하는 일 등은 노예를 부리는 일 못지않게 비도덕적이라고 생각한다. 하지만 나는 차를 운전하고 비행기를 탄다. 여러 개의 산을 이루었던 나무들이 잘게 부서져 종이라는 형태로 변한 뒤 내 생활 속에서 사라진다. 지구상에서 사용이 금지되었으면 좋겠다고 생각하는 폴리염화비닐PVC도 우리 집 도처에 널려 있다." 그래서 메도스는 최선을 다해 석유 노예를 덜 사용하려 애쓴다고 말한다. "신음하는 지구의 짐을 덜어주려" 전력을 다하는 것이다. 메도스는 노예제도든 석유든, 모든 형태의 에너지 소비에는 희생이 따른다는 사실을 잘 알고 있다.

＊　＊　＊

석탄과 석유가 등장하기 이전 문명은 태양열로 자라는 곡물과 노예라는 두 개의 에너지가 축을 이루는 2사이클 엔진에 기대어 운영되었다. 족쇄를 채워놓은 인간의 근력은 메소포타미아에서 멕시코에 이르는 지역에 제국을 세웠고 그 제국의 원동력이 되었으며 이후 제국의 확장에도 일조했다. 우리의 실질적 조상인 고대인들은 비용의 문제와 에너지 법칙을 잘 이해하고 있었다. 노예는 효율적인 에너지 변환장치로서 적정 수준의 잉여를 생산해주었다. 노예를 조직화하고 곡물을 통해 최소한의 칼로리를 제공하면 산을 옮길 수도 있었다. 노예는 부자들이 만들어낸 쓰레기를 치우거나 관개공사를 하거나 전쟁을 수행했다. 또 주인의 삶을 더 안락하게 만들어주기도 했다.

독특한 농성 에너지 시스템을 보유한 중국 문명을 제외하고 대부분의 고대 문명은 일말의 도덕적 거리낌도 없이 노예의 근력을 동원했다. 바빌론의 왕 함무라비Hammurabi는 지금으로부터 2,000년 전에 세계 최초의 법전을 제정하면서 도망친 노예를 돕거나 그를 보호해준 사람은 사형에 처하는 법령을 만들었다. 그리스인들은 노예를 '안드라포다andrapoda'라고 불렀다. 인간의 발을 가진 가축이라는 의미였다. 전 세계의 원주민사회 대부분은 포로를 집안일하는 하인으로 부렸다. 예언자 모하메드Mohammed에게도 노예가 있었다. 하지만 그 어떤 사회도 로마만큼 욕심 사납게 노예를 부리지는 않았다.

포로가 된 인간의 근력은 로마제국의 최고 동력이 되어 제국을 확장시켰다. 하지만 결국에는 제국을 좀먹고 혼란을 야기한 원인이 되기도 했다. 기원전 200년, 날로 부흥하던 로마는 60만 명에 달하는 노예를 거느렸다. 그로부터 2세기 후 노예의 수는 수백만으로 불어났고, 시간이 더 지난 후에는 전쟁이나 교역을 통해 포획한 노예가 로마 인구의 4분의 1을 넘어 3분의 1에 육박하는 지경에 이르렀다. 로마 관할권 일부에서는 노예가 로마 공민보다 더 많기까지 했다. 로마시대 노예의 수가 얼마나 압도적으로 우세했는지 단적으로 보여주는 일화가 있다. 노예에게 똑같은 제복을 맞춰입혀 가난한 로마 공민들과 구분하도록 하자는 제안이 원로원에서 나왔다가 부결된 사건이다. 로마 철학자 세네카Seneca는 그런 규정야말로 "노예들이 우리(로마 공민)의 수를 계산하기 시작하면 얼마나 큰 위험이 닥쳐올지" 선명하게 예견된다며 이 제안을 반대했다.

대부분의 고대인과 마찬가지로 로마인들은 노예제도를 꼴사납고 꺼림칙하지만 반드시 필요한 것으로 여겼다. 그들은 세상 사람을 도미너스dominus(주인, 에너지의 주인)와 세르보servo(종복, 에너지 공급자)라는 두 가지 계급으로 구분했다. 고대인의 에너지 선택권은 매우 제한

적이었다. 태양력을 이용하는 식물 에너지, 풍력, 동물 그리고 인간의 신체적 힘이 전부였다. 농경학자 바로Varro는 노예를 '말하는 도구'라고 정의했다. "도구로는 말하는 것과 부분적으로 말하는 것 그리고 침묵하는 것이 있다. 말하는 능력을 가진 도구로는 노예가 있고, 부분적으로 말하는 능력을 지닌 것으로는 소, 침묵하는 것은 수레가 있다." 주인은 자기 마음대로 '말하는 도구'를 사용하곤 했다. 노예에게는 법적 권리도 없고, 마음대로 결혼을 할 수도 없었다. 노예의 자식은 주인의 소유였다. 주인은 노예를 매매하거나 대여할 수 있었다. 채찍으로 때릴 수도 쇠사슬에 묶어둘 수도 있었으며, 마음대로 고문할 수도 있었다.

한 사람을 품질 좋은 노예로 부릴 수 있는 기간은 20년에 불과했다. 그 이후로는 죽거나 살아 있어도 풀어주곤 했다. 그래서 로마제국은 매년 50만 명의 새로운 노예를 필요로 했다. 처음에는 이런 고에너지 공급자 조달이 어렵지 않았다. 주로 다른 나라를 정복해서 포로로 잡아온 사람들을 쓰거나 바다와 길에 돌아다니는 자유민을 유괴한 뒤 노예로 삼았다. 불법적인 해적 노예무역을 통해 매일 거래되는 노예 수가 1만 명에 달하던 적도 있었다. 고아와 죄수들이 에너지 공급자 계층을 증가시키는 데 큰 역할을 했고, 로마 시민들 상당수도 빚을 갚기 위해 스스로를 노예로 팔았다. 카르타고를 약탈하기 전인 기원전 209년, 로마의 노예시장에서 거래되는 노예 수는 13만 명 수준이었다. 또 유대-로마 전쟁의 승리로 로마 경제에 공급된 노예는 7만 명이었다. 사실상 국영 에너지 기업이라고 불러도 좋을 율리우스 카이사르Julius Caesar는 점령지에서 50만 명 가까운 노예를 본국으로 송환했다.

로마의 노예는 국가를 위해 일하며 용수로와 도로, 신전을 수선하기도 했지만 대부분은 민간 부문에서 일했다. 처음에는 지방에 있는 대규모 사유지에서 농작물을 키우고 곡물을 빻고 가축을 치는 노예들이 많았다. 그러나 로마제국의 도시가 번성하면서 점점 더 많은 노예들이 집안일을 돌보거나 숙련공으로 일하게 되었다. 편지 배달부나 회계사, 의사, 요리사로 전업하는 노예도 생겨났다. 많은 노예들이 저술과 필사 훈련을 받았다. 개인 소유 노예들은 미용을 하고 목욕을 준비했고, 주인과 성관계도 가졌다. 도시에 사는 부유한 로마인들은 심지어 주요 인물의 이름을 기억했다가 나중에 주인에게 알려주는, 노멘클라토르nomenclator라는 노예를 대동하고 거리를 걷기도 했다. 난장이나 기이한 외모를 가진 노예들은 여흥으로 주인을 즐겁게 하는 반면, 건강 상태가 좋은 노예는 검투사가 되어 피를 흘려야만 했다. 농사일을 하는 노예는 노동 강도가 약한, 도시의 전문적인 노예들을 부러워했다.

모든 에너지 혁신이 그러하듯이 로마의 노예제도도 잠정적인 존중으로 시작해서 부주의한 낭비로 끝을 맺었다. 처음 시골의 지주들이 노예를 부릴 때는 가족의 일부로 받아들여 식구나 진배없는 대접을 했다. 하지만 사유지가 늘어나고 노예 가격이 싸지면서 주인과 노예의 관계는 달라졌다. 18세기의 프랑스 사회비평가 몽테스키외Montesquieu는 저 유명한 저서 《법의 정신》에서 이 변화를 다음과 같이 설명했다. "로마인은 스스로의 지위를 강화시켰다. 이제 그들의 노예는 더 이상 노동을 같이 하는 동지가 아니라 자신들의 부와 자만심을 보여주는 도구가 되었다. 그리고 노예가 도덕적이어야 할 필요가 있었다. 법이 필요했다. 그것도 가장 끔찍한 법이어야 했다." 로마의 법령 중에는 하인이 주인을 살해한 경우 그 집안의 모든 노예를 사형에 처한다는 내용도 있었다.

에너지 공급이라는 측면에서 볼 때, 막대한 영향력을 지닌 지금의 사우디아라비아와 같은 위치를 점했던 델로 섬에서는 하루에 1만 명의 노예가 팔려나가기도 했다. 노예무역상은 노예를 살찌우고 결점을 잘 감춰서 팔았다. 팔 만한 노예는 옷을 벗겨서 그 성격과 결점, 출신을 알려주는 두루마리와 함께 시장에 내놓았다. 허위사실이 기재된 경우에는 6개월 이내에 이 노동력 절감도구를 반환할 수 있었다. 소년, 거세당한 사람, 의사, 아름다운 여자들은 대개 높은 가격에 팔렸다.

평범한 로마 자유민이 노예 한 명을 소유했을 때, 로마의 중산층은 10명을 소유했다고 봐야 한다. 부유한 지주들은 100명 혹은 1,000명을 소유했다. 노예의 노예도 있었는데(영향력 있는 노예가 부리는 노예들이다), 이들은 비카리우스vicarius라고 불렸다. 로마인들이 처음 만나서 주고받는 인사말도 "노예를 몇이나 먹이고 있나요?Quot pascit servos?"가 되었다. 이 질문에 어떻게 답하느냐에 따라 그의 신분, 지위 그리고 에너지 접근성이 어느 정도인지를 알 수 있었다.

로마인들은 경제적인 측면만을 냉정하게 따져서 노예가 소비하는 칼로리를 계산했다. 데 카토Cato the Elder(마르쿠스 포르키우스 카토Marcus Porcius Cato. 공화정 로마의 정치가. —옮긴이)는 노예의 관리 방법에 대해 정확한 조언을 하기도 했다. "겨울에 들에서 일하는 노예는 밀 4모디우스modius(로마의 부피 단위. 현대로 따지면 1모디우스는 약 8.731리터 정도다. —옮긴이), 여름에는 4.5모디우스를 줘라. 족쇄 채운 네 명의 노예에게는 겨울 동안 4파운드의 빵을 주다가 포도나무를 괭이로 제거하는 일을 시작하면 5파운드로 늘려라. 그러다가 무화가가 익기 시작하면 다시 4파운드로 줄여라. (…) 노예에게 빵 이외의 것을 더 주려면 가능한 많은 올리브 낙과를 모아두고 할렉hallec(소금에 절인 생선)과 식초를 주도록 하라."

로마인 중에는 노예를 지나치게 많이 부리는 문제에 대해 반대 목소리를 내는 이도 있었다. 부유한 노예 소유자였던 스토아 학파의 세네카는 에너지를 현명하게 사용하는 방법에 대한 자신의 견해를 여러 편지에서 피력했다. 가령 세네카는 고블릿goblet(금속·유리제의 손잡이 없이 받침이 달린 주발 모양의 잔. —옮긴이)을 깨뜨렸다고 해서 굶주린 칠성장어(다른 물고기에 붙어 그 피를 빨아먹는 민물 물고기. —옮긴이)가 가득한 연못에 먹잇감으로 노예를 던져버리는 것은(실제 사건이었다) 분별력 있는 에너지 관리가 아니라고 보았다. 채찍질은 '어리석은 동물'에게나 필요한 일이라고 충고한 이 스페인 출신 귀족은 두려움보다는 존경심이 더 양질의 노예 에너지를 생산해낸다고 주장했다.

나중에 네로 황제의 명령에 따라 자살을 하고 마는 세네카는 노예제도가 주인에게 신과 같은 권력을 부여하는 걸 우려하기도 했다. 지나치게 많은 에너지를 자유롭게 사용하게 된 부유한 로마인들은 게으르고 뚱뚱해졌다. 세네카는 한 유명한 서한에서 노예의 시중을 받으며 저녁식사하는 부유한 주인의 모습을 묘사하기도 했다. 한 노예는 살진 수탉을 자르는 훈련을 받고 다른 노예는 얼근하게 취한 손님을 데리고 가는 훈련을 받았다. 또 다른 노예는 여자처럼 옷을 입고 포도주를 따르는 훈련을 받았다. "주인은 먹을 수 있는 양을 넘어서 먹어댔다. 가공할 탐욕은 그의 배를 가득 채웠고 배는 점점 늘어나 더이상 원래의 기능을 수행하지 못할 지경에 이르렀다. 그러면 음식물을 채워 넣을 때보다 더 고통스럽게 먹은 모든 것들을 방출해낸다. 그러는 내내 불쌍한 노예는 입술 한 번 달싹여 말 한 마디도 못한다. 조그만 웅얼거림조차 회초리로 제압당한다. 기침이나 재채기, 딸꾹질 같은 소리에도 채찍질을 당하게 된다. 침묵의 명령을 조금만 어겨도 극악무도한 벌이 내려진다. 노예들은 주린 배를 안고 입을 다문 채 밤새도록 돌아다닌다. 이렇게 주인 앞에서 이야기를 할 수 없는 노예들의 모습이 바로 주인의 모습을 대변하고 있다." 세네카의 글이다.

하지만 세네카는 노예제도의 전면적인 반대 대신 현상유지를 강력하게 지지했다. 귀족은 에너지를 통제하고, 신분이 천한 자들은 에너지를 공급하는 것이 당연한 이치라고 보았다. 하지만 로마제국의 노예제가 자립, 인내, 활기, 힘, 명예 같은 로마의 전통적인 가치관을 좀먹는다는 인식은 하고 있었다. "우리는 사치스러운 생활로 인해 걸핏하면 격노하는 사람이 되어가고 있다. 그래서 변덕에 장단을 맞춰주지 않으면 분노한다. 우리는 왕처럼 성깔을 부린다. 마치 왕처럼 자신의 힘과 다른 이의 약함을 모두 잊어먹고, 몸에 상처를 입은 사람처럼 하얗게 질린 얼굴로 분노한다. 높은 자리에 앉은 덕에 상해 입는 위험으로부터 완벽하게 보호받고 있는데도 말이다. 이런 진실을 깨닫지 못하고 괜한 트집을 잡아 해를 끼칠 기회만 노린다. 다른 사람에게 상처를 입히기 위해 자신늘이 상처를 입었다고 고집스레 주장한다."

로마의 에너지 소비에 관한 가장 재미있는 의견은 노예 출신 철학자 에픽테토스Epictetus의 글에서 찾아볼 수 있다. 자유를 얻은 에픽테토스는 여생 동안 올바르게 살아가는 방법이 무엇일까 생각했다. 그는 로마제국의 에너지 소비가 극에 달해 더이상 노예를 얻기가 어려워진 때 글을 썼다. 에픽테토스에게 진정한 자유는 생각 없이 소비하는 사람이 되지 않는 것이었다. "자유는 원하는 바를 소유하는 게 아니라 욕망을 없애는 것에서 얻을 수 있다. 자유를 얻기 위해 노력해본 사람은 이 말이 사실임을 안다. 그러니 이제부터 욕망을 없애기 위해 노력하라. 나를 자유롭게 해줄 의견을 구하기 위해 긴장을 늦추지 마라. 부유한 노인의 비위를 맞추는 대신 철학자의 비위를 맞추라." 그리고 나중에 쓴 다른 글에서 에픽테토스는 다음과 같이 말하기도 했다. "물건을 가지려 하는 사람이 아니라 자신의 에너지에 관심을 기울이며 어떻게 일할 것인가에 마음 쓰는 사람을 데리고 오라."

값싼 노동력을 얻을 수 있다는 사실은 로마의 주인들만 바꾸어놓지 않았다. 에너지 혁신의 의욕마저 꺾이게 만들었다. 로마인과 위정자, 부지런한 건축가들은 과학과 신기술을 멀리했다. 일할 노예가 차고 넘쳤기 때문에 물레방아나 수확용 기계에 관심을 보이지 않았다. 프랑스의 역사학자 장—클라우드 드베이르Jean-Claude Debeir와 다니엘 헤메리Daniel Hémery는 다음과 같이 결론지었다. "인력 외에 다른 에너지원으로 동력을 얻는 기계를 개발하려는 사회적 동기가 약하거나 거의 존재하지 않았다." 네덜란드의 재담가 헨드리크 빌렘 반 룬Hendrik Willem van Loon은 이런 현상을 설명하기 위한 법칙을 생각해내기도 했다. "기계 발달 정도는 국가에서 마음대로 처분할 수 있는 노예의 수와 반비례한다."

로마인들은 툭하면 노예에 대한 불평을 늘어놓았고 심지어 노예를 원수라고 생각하기도 했다. 도망치거나 거짓말하거나 도둑질을 한 노예들은 이마에 낙인이 찍혔다. 푸기티비fugitivi라고 불리던 도주 노예는 주인에게 재산 상실과 수입 감소를 의미했으며 동시에 로마 공민들에게 위협으로 느껴지기도 했다. 도망간 노예들은 무리를 이루어 도적떼가 되곤 했다. 불라 펠릭스Bulla Felix라 알려진 전설적인 도둑은 백인대 대장(고대 로마 군대에서 병사 100명을 거느리던 지휘관. —옮긴이) 한 명을 사로잡았다가 돌려보내면서 로마 당국에게 다음과 같은 신랄한 메시지를 전달했다. "이 메시지를 노예 주인들에게 전해주시오. 노예들에게 생활이 가능할 정도의 임금을 주어서 그들이 도적떼가 되지 못하도록 하시오." 도주 노예들을 찾아내서 누수된 에너지원을 주인에게 돌려주는 체계적인 사업도 성행했다. 고대 노예제도를 연구한 역사학자 모세 핀레이Moses Finley는 "도주 노예는 에너지 문제에 늘 따라다니는 골칫거리였다."라고 언급했다.

유럽과 아프리카로 영토가 확대되면서 로마제국은 통제에 애를 먹을 정도로 어마어마한 잉여에너지를 확보하게 되었다. 이 과정에서 포획한 노예의 상당수는 병사들이었다. 기원전 133년에서 72년 사이, 네 번의 커다란 노예 반란이 일어나 로마 사회를 어지럽혔다. 로마인들은 노예 반란을 가치 없는 일이라 여기며 경멸했다. 유명한 로마의 역사학자 리비Livy는 노예 반란이 특히 위험한 사건이라고 규탄하면서 "다른 적들을 대하는 마음가짐에 더해" 강렬한 분노의 감정을 담아 일을 처리해야 한다고 권고했다.

로마는 노예와의 전쟁을 여러 번 치르면서 노예가 중요한 동력원이라는 사실을 분명하게 깨달았다. 말하는 도구를 에너지원 삼아 운용하는 대규모 농장이 처음 생겨난 시칠리아Sicily에서 수만 명의 노예들이 반란을 일으켰다. 이 반란들 중에는 로마 당국에서 진압하는 데 4년이나 걸린 경우도 있었다. 스파르타쿠스Spartacus의 반란에는 7만여 명의 무장 노예가 가담해서 로마제국을 거의 1년 동안 무력화시켰다. 반란이 일어날 때마다 일시적 에너지 위기가 닥쳐오면서 정치적 격동이 발생했다. 로마 경제의 핵심적인 노동력이 탈취되었기 때문이다. 스파르타쿠스 반란을 진압하고 노예 6만 명을 십자가에 매달아죽인 사건은 로마 공민들에게 에너지 체제를 유지하기 위해서는 에너지원을 희생시킬 수도 있다는 사실을 상기시켜주었다.

인류학자 조지프 테인터Joseph Tainter를 비롯한 역사학자들은 로마가 노예 에너지에 의존하면서 약탈경제를 구축하게 되었다고 지적한다. "전쟁에서 진 사람들이 경제의 기반이 되고 나아가 노동력을 제공했다. 이것은 높은 경제적 수익을 내는 전략이었다." 로마제국에 에너지와 현금이 더 많이 필요해지자 예멘 시골 지역 농부들을 차출해 군인이 되도록 유도한 후 다른 나라를 로마에 복속시키라는 임무를 내렸다. 이런 농부들이 버리고 간 토지는 시골 지주가 냉큼 집어삼켰고, 그렇게 확장된 사유지에 에너지원을 공급하기 위해 노예를 사들였다. 승리를 거둔 군대는 수만 명의 노예를 데리고 로마로 돌아왔다. 드베이어Debeir와 들레아쥬Deléage, 에머리Hémery가 지적했듯이, "모든 군사적 모험은 도시 귀족의 재산을 불리고, 민간경제에서는 노예 노동력의 절실함을 주장할 수 있는 기회였다. 여기저기서 더 많은 노예가 필요하다고 목소리를 높이고, 결국 더 많은 전쟁이 벌어졌다."

이런 에너지 체계는 수세기 동안 로마제국을 잘 지탱해왔다. 로마는 가까운 곳에서 얻을 수 없는 것은 침략을 통해 입수했다. 그리고 에너지 수익성을 높이는 대신 아프리카와 지중해 연안으로 국토를 넓혀 잉여에너지를 착취하는 데 집중했다. 시장에 노예 공급이 늘어나자 일반 로마 공민들은 내국세를 내지 않아도 되었다. 훔쳐온 금과 노예에게 부과하는 세금만으로도 국가 운영이 가능했다. 하지만 곧 손쉬운 영토 합병의 기회는 줄어들었고, 켈트족이나 게르만족 같이 호전적인 부족과 맞부딪치는 일이 빈번해졌다. 결국 로마제국의 에너지 수익과 잉여에너지는 점차 줄어들었다. 국경선을 수비하고 수많은 군사들을 원조하는 일은 국고를 고갈시켰다.

로마의 지도자들은 이런 혼란에 대해 간단한 처방을 내렸다. 내전과 외세의 침략이 일어날 때마다 디오클레티아누스Diocletian 황제는 군대 규모를 더 키우거나 통화 가치를 의도적으로 낮추었다. 아니면 관료를 늘려 더 많은 세금을 징수하도록 했다. 초기 로마제국의 군대 규모는 13만 명이었다. 하지만 제국 멸망이 가까워질 무렵의 무장 군인 수는 65만 명에 이르렀다. 그러나 이런 규모 군대로도 야만족의 침입을 막아내지 못했고, 세금을 올려도 노예 에너지로 창출했던 초기의 잉여에너지를 대신할 수 없었다. 그리하여 로마제국의 지난한 붕괴 과정이 시작되었다. 조지프 테인터는 이를 두고 다음과 같이 말했다. "전체적으로 복잡성(조직 내 분화의 정도. 여기서 분화란 전체 과업을 더 작은 과업 단위로 세분화한 것이다. ─옮긴이)이 크게 증가했다. 그에 대한 해법으로 로마제국은 조기 소련과 같은 형태로 바뀌었다. 이런 식의 대응은 제국의 붕괴를 2세기 동안 지연시켰다. 하지만 그로 인해 로마제국 붕괴가 불가피해진 측면이 있다. 로마제국은 능력 밖의 대규모 군대를 유지하려 안간힘을 쓰다가 결국 그로 인해 멸망하고 말았다.”

　로마가 사라지면서 제국의 주요한 에너지 체계였던 노예제도도 함께 사라졌다. 로마제국의 국경선이 축소되고 노예 수가 줄어들면서 인간 가축의 가격은 상승했다. 노예에게 들어가는 비용은 증가하고 토양 침식으로 인해 시골 대농장에서 얻는 수익은 감소하면서 경제 위기가 연이어 닥쳤다. 대규모 사유지는 아예 방치되거나 적은 노동력으로 일부만 경작되곤 했다. 노예와 독립 자영농민이 야만족 침입자를 지지하는 경우도 있었다. 부자들은 도시생활을 포기하고 자신들의 사유지를 자급자족 공동체로 바꾸어나갔다. 로마 경제가 붕괴하자 노예를 보유하기보다 자유민을 고용하는 편이 훨씬 싸게 먹혔다. 노예는 차츰 농노가 되었다. 로마에서 농노는 “자신이 태어난 땅의 노예”라 여겨졌다.

＊　＊　＊

　로마제국이 멸망한 후 노예제도는 유럽과 중동 지역에서 간헐적으로 명맥을 유지했다. 노예를 의미하는 영어 단어 ‘슬레이브slave’는 슬라브족을 노예로 삼는 로마시대 이후의 관습에서 나온 말이다. 하지만 이제 노예제도는 독점적인 에너지 체계가 아니었다. 중세에 들어서면서 물레방아나 풍력과 같은 에너지 혁신이 일어나고 토지 소유 규모가 작아지면서 노예제의 매력은 감소했다. 하지만 이 추악한 재생에너지 시스템이 완전히 사라진 건 아니었다. 그리고 16세기에 유럽인들이 신세계를 정복하면서 다시 전면에 등장했다. 천연두와 같은 구세계(유럽·아시아·아프리카)의 질병 때문에 대륙에서 토착민이 사라지게 되자, 정복자들은 새로운 땅을 개간할 인력이 없다는 사실을 퍼뜩 깨달 았다. 에너지 부족 사태에 직면한 유럽인들은 인간의 근력이 풍부하게 비축된 아프리카로 시선을 돌렸다. 그리고 세상에서 가장 사악한 에너 지 시스템으로 손꼽히는 것을 만들어냈다. 바로 대서양 노예무역이다. 거의 모든 유럽 국가가 여기에 참여했지만 17세기에 들어서면서 영국 이 사업의 패권을 거머쥐었다. 1750년대 후반에 풍력을 이용한 노예선 90척이 대서양을 횡단해서 실어나른 노예의 수만 해도 3만 5,000명에 달했다. 수백만 명의 노예가 수입되자 유럽인들은 금광을 채굴하고 거 대한 플랜테이션 농장을 세워서 설탕 인디고 쌀 커피 담배 면화를 재 배했다.

오늘날 식자층에게 재생에너지와 에너지 절약이 당연한 일이듯, 제 국주의 시대를 살던 부유한 권력층에게 공짜 노동력이라는 개념은 당 연하고 이치에 맞는 일이었다. 카리브해 연안의 플랜테이션 농장에서 일하는 노예가 없다면, 영국민은 어떻게 먹을거리와 입을 거리를 해결 한단 말인가? 영국의 통계학자이자 농업 감정사인 아서 영Arthur Young 은 1772년에 세계 인구 7억 7,500만 명 중 자유민으로 사는 사람은 3,300만 명에 불과하다고 전한다. 군주제 아래 예속되는 것은 전세계 적인 규범이었다. 인간의 근력에 의존하는 에너지 시스템은 중앙집권 형 통제와 조직화를 필요로 했다. 미국의 유명한 평론가 윌리엄 구드 William Goode는 영국 식민지 에너지 시스템의 편리함을 변론하면서 다 음과 같은 전형적인 주장을 폈다. "다른 모든 일과 마찬가지로 노예의 노동력도 가장 요긴하게 사용될 곳에서 가장 효과적으로 수요를 창출 한다."

대서양 노예무역은 모래시계와 같은 형태로 작동했다. 광활한 아프
리카 지역에서 에너지를 한데 모아 하나의 경로를 통해 운송한 다음
이 인간 에너지를 여러 곳으로 팔아넘겨 농업 기업의 동력으로 변환한
것이다. 오랫동안 군대나 금광, 농장에서 노예를 부려왔던 서아프리카
지역 군주국들은 이런 '인간 기계'를 포획해 해안가 요새로 이송해갔
다. 그곳에서 영국과 포르투갈, 스페인, 네덜란드, 프랑스에서 온 노예
상인은 옷감과 자질구레한 장신구를 대가로 지불한 뒤 족쇄를 채운
에너지원을 가져갔다. 200~300톤 규모의 선박이 가득 차면, 노예들
은 피와 배설물 범벅이 된 채로 아주 위험한 여행을 시작한다. 그 여행
의 끝에는 신세계New World(아메리카 대륙, 서반구. —옮긴이)가 있었다.
이후 노예의 근력은 브라질, 쿠바, 서인도제도, 미국의 에너지원이 되
었다. 운송 중에 혹은 사탕수수 플랜테이션 농장에서 사망하는 경우
도 상당히 많아서, 노예 수요는 한이 없을 듯했다. 수익성도 높았다.
노예주(남북전쟁 당시까지 노예제도가 인정되던 미국 남부의 15개 주. —옮
긴이)는 노예의 에너지를 간편한 세입원으로 삼았다. 포르투갈과 프랑
스, 스페인, 영국은 변동성 높은 노예무역에 부과하는 세금으로 거금
을 확보했다. 곧 영국 정부는 인간의 생명을 담보로 하는 노예 매매를
위해 요새와 군인, 해군기지를 지원했다.

대서양 노예무역은 물이 새는 파이프처럼 에너지를 낭비했다. 300년
이라는 기간 동안 아프리카 사람 1,000만 명이 사슬에 묶인 채 대서양
을 건넜다. 성공적인 항해를 했다고 해도 선박당 20~50구의 사체가
사나운 바다나 아프리카의 노예 항에 버려졌다. 노예 선박의 뒤에는
늘 상어떼가 따라다녔다. 미국 역사학자이자 인권운동가인 두 보이스

W.E.B. Du Bois의 추정에 의하면 미국 노예무역은 "최소한 6,000만 명의 니그로Negro(아프리카 흑인)가 조국을 떠나게 되었음을 의미했다." 현대 학자들은 최종적인 희생자 수가 2,200만에서 5,500만 명 사이일 것이라 보고 있다. 두 보이스는 노예제도를, 전쟁 포로에게 노동을 시켜서 전사들이 더 많은 에너지를 획득할 수 있도록 하는 시스템이라고 정의했다. 노예무역으로 인해 중앙아프리카는 서서히 그 원형을 잃고 손상되었다. "전 지역의 인구수가 감소했다. 부족이 통째로 사라지고 마을은 동굴이나 산속에 형성되거나 숲속 요새에 자리잡았다. 평화가 넘치던 베냉Benin의 국민들도 도를 넘어선 잔인성을 보이기 시작했다." 그리고 두 보이스는 노예무역이 아프리카 대륙의 정신과 에너지를 모두 앗아갔다고 첨언했다.

노예무역은 유럽 사회 전반을 지탱하는 에너지 시스템이 되었다. 영국인들이 즐기는 홍차의 찻잔 속에 퐁당 떨어지는 설탕 한 덩어리조차 족쇄를 채운 인간의 근력이 만들어낸 것이었다. 저명한 자유주의 철학자 존 로크John Locke는 모든 소유물에 인두로 낙인을 찍었던 왕립 아프리카회사Royal African Company의 경영에 참여했었다. 볼테르Voltaire는 노예를 짐승처럼 다루는 걸 경멸했지만 자신의 이름을 딴 노예 선박을 소유하는 일을 미다하지 않았다. 바베이도스Barbados의 노예 플랜테이션 농장은 옥스퍼드 대학교 올소울스 칼리지All Souls College의 도서관 기금에 도움을 주었다. 유명한 박애주의자들조차 재산 형성 과정을 추적해보면 노예무역과 연관되어 있을 정도였다. 조부가 노예사업을 통해 모은 돈에 힘입어 《로마제국 쇠망사The Decline and Fall of the Roman Empire》를 집필한 역사학자 에드워드 기번Edward Gibbon은 노예들을 "불행한 처지의 사람"이라고 묘사하면서 "사회의 혜택은 공유하지 못한 채 무거운 부담만 감당했다."라고 기록했다. 영국 국교회도 플랜테이션 농장을 소유했었고, 유명한 순회목사 조지 화이트필드George Whitefield는 "더운 나라의 개간은 니그로 없이 불가능하다."라고 주장하기까지 했다. 사업가들은 당연히 이 에너지 운송을 "지구상 모든 교역의 중심축"이라고 보았다. 신세계에서 일어난 제1의 에너지 붐이었던 노예는 자유민보다 비용이 훨씬 저렴했다.

로마인과 마찬가지로 노예무역상 및 소유주들은 호화롭고 윤택한 삶을 살았다. 낭트Nantes의 노예 상인들은 더러워진 빨랫감을 아이티 섬까지 보내 산골짜기 시냇물에서 비벼 빨게 했다. 아이티의 물이 브르타뉴Brittany 물보다 모든 것을 더 희게 만들어주기 때문이었다. 특히 카리브 연안 노예 소유주들의 방종과 낭비는 악명 높았다. 생 도밍그Saint Domingue(나중에 아이티 섬이 된다)에는 4만 명의 유럽인에 50만 명의 노예가 살고 있어서, 노예 주인들은 다양한 여흥거리를 끊임없이 즐겼다. 오케스트라와 도박장에다 이동 밀랍박물관도 있었다. 방문객들의 증언에 의하면 프랑스인 플랜테이션 농장주의 삶은 "욕조와 식탁, 화장실 그리고 애인 사이를 오가는 것이 전부였다."

시간이 지나면서 유럽 사람들은 로마인보다 훨씬 더 가혹하게 플랜테이션 노예들을 다루기 시작했다. 하지만 로마가 그랬듯이, 영국과 다른 국가들은 예기치 않은 에너지 부족 사태가 발생할 것이란 생각을 하지 못하고 있었다. 농장주들은 도망친 노예를 어김없이 찾아냈고, 그들을 농장에 복귀시키기 위해 엄격한 법률을 제정했다. 미국에서 노예 소유자들은 야간 경비원을 고용하고 사적으로 민병대를 조직해서 에너지 시스템의 누수를 방지했다. 카리브 연안의 농장주 대부분은 노예가 아이를 낳게 하는 것보다 지쳐 죽을 때까지 일을 시키거나 새로운 노예를 사는 편이 더 저렴하다고 생각했다. 어린아이들은 어른의 생산성을 고갈시키는 존재일 뿐이었다.

프랑스의 귀족이자 뛰어난 사회평론가 알렉시 드 토크빌Alexis de Tocqueville은 1831년 미국을 방문했다가 노예제도가 사람들의 습관과 성격에 미치는 영향을 목도하고 충격을 받았다. 제조업을 하는 북부는 석탄과 자유민의 노동에 의존한 반면 남부는 노예의 에너지에서 부를 얻었다. 담배와 면화 경작은 부단한 근력이 필요했다. 박식한 토크빌은 미국 남북전쟁 이전의 30년 간 노예제도는 남부 지역의 생사가 달린 문제였다는 걸 이해했다.

토크빌은 노예나 하인 없이 자란 대다수 북부인은 "참을성 많고 생각이 깊고 인내심 있으며 신중하고 불굴의 의지를 지닌" 정도까지는 아니더라도 자급자족이 가능하며 진취적이라고 설명했다. 그에 반해 노예들은 남부인 대부분에게 "생활에 필요한 것들을 즉각적으로" 공급해주었다. 따라서 "미국 남부 사람들은 화려하고 장엄한 것을 선호하고, 평판을 중시했다. 또 여흥과 오락을 즐기고 무엇보다 빈둥거리기를 좋아했다. 생계를 이어가기 위해 안간힘을 쓰며 노력할 이유가 없었다." 북부인들이 부와 안위를 추구하는 일을 "마음의 즐거움이나 쾌락보다" 더 우위에 놓을 때, 남부인은 400만 명 가까운 노예들이 제공하는 에너지를 통해 얻은 부를 군사게임, 여흥, 오락에 썼다. "남부인은 충동적으로 행동하곤 했다. 그래서 더 화통하고 더 솔직하며 더 재기발랄했다." 미국 북부인이 중산층의 장단점을 두루 갖추었다면,

남부인은 "귀족 계층의" 편견과 취향을 지니고 있었다. 간단히 말해서 노예제도는 "백인들의 진취적 기상을" 약화시켜버린 것이다.

토크빌은 노예를 많이 거느린 사람들의 터무니없는 행동에 관한 글을 종종 썼다. 거대한 플랜테이션에서 창출된 잉여 물자는 리치먼드Richmond와 사바나Savannah처럼 아름다운 도시를 세웠다. 하지만 40만 명에 이르는 남부의 노예 소유주 대부분은 중산층이었고, 그 모습은 다양했다. 그들은 대개 수백 명의 노예가 아닌 대여섯 명 정도의 노예를 부리고 있었다. 약간의 노예를 부리는 남부인 대다수는 전문직에 종사하거나 장사를 하면서 노예를 이용해 여분의 부를 창출하거나 날이 갈수록 중요해지는 이동성의 향상을 꾀했다. 소규모로 농업을 하는 노예 소유주는 들판에 노예를 더 투입할수록 남부 사회에서 신속한 신분상승을 이룰 수 있었다.

노예를 부리는 사람들은 대개 집을 꾸미거나 아름다운 옷을 입는 데 관심을 덜 가졌다. 늘 움직이며 살아야 했기 때문이었다. 한 지역의 지질이 피폐해지면 주인은 노예와 가족을 모아 새로운 곳으로 이동한 뒤 땅을 개간했다. 미국의 저널리스트이자 조경 디자이너인 프레더릭 로 옴스테드Frederick Law Olmsted는 1850년대 후반에 텍사스에서 노예를 부리는 한 가정을 방문했다가 추하고 더러운 모습만을 보게 되었다. 노예주는 보잘것없는 판잣집에서 살았지만 매년 상당한 수입을 보장해주는 농장 노동자 열 명을 거느리고 있었다. "이렇게 살면서 그 많은 돈으로는 무엇을 한단 말인가?" 옴스테드는 어이없어 했다. "그들은 기껏 더 많은 니그로를 사고 플랜테이션 농장을 키우는 데 열중하고 있었다."

하지만 일부 중산층은 노예를 부리는 자신들이 죄를 짓고 있다는 인식을 했다. 많은 사람들이 "노예제도에서 생겨난 부를 누리는 행위는 부끄러운 일이며, 이런 관습이 지속되면 아이들도 시장문화의 일부인 물질주의에 저항하지 못하게 되리라."는 복음주의 개신교 교리에 동의하고 있었다. 이는 제임스 오크스James Oakes가 미국 노예 소유 역사를 통찰력 있게 기록한 《지배 민족The Ruling Race》에서 인용한 내용이다. 죄책감과 양심의 가책을 느낀 사람들은 간단하게 부를 창출해주는 에너지 시스템 이용의 위험성에 대한 논쟁을 벌였다. 특히 이 시스템이 하나님을 섬기는 일에 어떤 영향을 미칠지를 걱정했다. 지나치게 많은 권력과 재산이 인간의 회복 능력을 해치고 아이들을 응석받이로 만들까봐 염려했다. "노예제도를 유지하는 주에서는 외관상 축복으로 보이는 모든 일들이 실은 저주를 동반한다는 걸 감지할 수 있다." 한 노예 주인이 적은 글이다. 버지니아에 사는 그는 북부의 친구에게 이렇게 상황을 설명했다. "착한 아들들과 함께 노예주에 살지 않는다는 사실에 큰 행복감을 느껴야 할 걸세. 여기는 아이들의 도덕성을 파괴하는 끔찍한 곳이기 때문이지." 오크스가 지적했듯이 아프리카 흑인 에너지를 보유한 많은 사람들은 자신의 손으로 만들지 않은 인간성 파괴 시스템의 덫에 빠져버렸다. "이 제도 아래에서 태어난 우리는 제도를 바꾸거나 폐기시킬 수가 없다." 미시시피에 살던 어느 노예 소유주의 주장이다. 가끔 "세상 모든 보물보다 양심을 중히 여겨 가난을 선택하는 정의감"에서 노예를 해방시키는 주인도 있었다. 하지만 잉여 에너지를 이용해 얻는 이득에 대해서는 매우 실용적인 논쟁이 줄기차게 이어졌다. 앨라배마의 노예 소유주는 1835년에 다음과 같이 주장했다. "노예를 소유하는 게 죄라면, 커다란 편이성이 수반되는 죄다."

이런 인간 노예제도의 질서를 벗어버리기 위해서는 새로운 에너지를 소유해야만 했다. 비록 화석연료가 광범위한 자유와 지금껏 본 적 없는 유토피아를 약속했지만 결국 우리에게 준 것은 영 딴판의 것들이다. 끊임없이 연료를 소비하는 기계 노동자 무리는 복잡한 형태의 관리를 필요로 했고, 강력한 힘을 지닌 탄소 중개인이라는 저돌적인 계층을 만들어냈다. 우리는 고대로부터 내려온 인간 노예의 에너지 대신 화석연료를 동력으로 삼는 노예를 부리게 되었다.

2장

산업시대의 증기기관차

❖

"문명에 노예가 필요한 것은 엄연한 사실이다.
그리스인들이 바로 그랬다. 추하고 불쾌하고 시시한 일을 하는 노예가 없다면
문화와 사상을 발전시키는 건 불가능에 가깝다.
인간 노예는 잘못된 일이고 불안정한 일이며 도덕적으로 타락한 일이다.
그러므로 기계로 작동되는 노예, 즉 기계 노예에게 이 세계의 미래가 달려 있다."
— 오스카 와일드Oscar Wilde, 《사회주의 하에서의 인간 영혼*The Soul of Man under Socialism*》 (1891)

영국의 철학자 겸 수학자인 알프레드 노스 화이트헤드Alfred North Whitehead는 인간 노예제도처럼 잔인하고 불공정한 일을 없애는 데 어째서 그리도 오랜 시간이 걸렸는지 궁금해했다. 이 수수께끼는 역사학자와 신학자 심지어 노예제도 폐지론자들조차 당황하게 만들었다. 18세기 들어 조직화된 노예제도 반대운동이 등장하기까지 수천 년의 시간이 필요했던 이유는 무엇이었을까? 왜 아리스토텔레스나 세네카 같은 훌륭한 철학자들은 인간에게 족쇄를 채우는 일에 반대하지 않았을까? 기독교인들이 노예제도 자체에 대한 이의 제기는 하지 않은 채 소유주의 지나친 행동만 문제 삼은 이유는 뭘까? 힌두, 히브리, 이슬람, 아프리카에서 두루 노예제도를 법적으로 승인하고 받아들였던 건 왜일까?

1933년에 화이트헤드가 찾은 잠정적인 대답은 다음과 같았다. "공인된 악에 의존하는 사회조직과 문명을 파괴하지 않고는 그 악을 제거하는 사회 재편은 불가능한지도 모른다." 그리고 화이트헤드는 경고를 덧붙였다. "그와 더불어 생각할 수 있는 답변은 다른 형태의 더 나쁜 악을 도입하지 않은 채 악을 제거할 도리가 없다는 것이다."

화이트헤드의 의견은 정답에서 크게 벗어나지 않는다. 처음에는 석탄으로, 나중에는 석유로 동력을 얻게 된 기계 노예는 널리 보급되었던 인간 노예제와 농노제의 필요성을 효과적으로 없애주었다. 새로운 탄소 기반 노예가 하루아침에 인간 노예를 대신하지는 않았다. 오히려 기계의 등장으로 몇십 년 동안 상황이 악화된 경우가 많았다. 하지만 사람들의 생각을 바꾸어놓기는 했다. 또 자동차의 등장으로 말이 고루해졌듯, 탄소 기반 노예는 인간 노예의 근력을 구태의연한 것으로 여겨지게 했다. 그러면서 탄화수소 시대Hydrocarbon Age는 새로운 지배계급과 독특한 형태의 에너지 노역을 만들어냈다. 이 새로운 무생물 계층은 유례가 없는 지리적 불평등과 독특한 문제점을 양산했다. 인간의 근력과 동물, 태양, 돛, 풍차의 날개에서 동력을 얻던 사회는 이제 기관차를 타기 시작했다. 연소기관이 땅에서 파낸 탄화수소를 게걸스럽게 먹어치웠다. 화석연료와 노동 절감 기구를 이용하면서 문명의 발전 방향은 달라졌다.

석탄을 태워 열을 내는 방법을 처음 고안한 건 영국이 아니라 중국이었다. 하지만 영국은 대량의 탄화수소를 이용해 더 많은 일을 해내는 산업화를 이룩했다. 요리와 난방을 위해 경목숲 대부분을 베어버린 14세기의 영국에는 목재가 부족했다. 그래서 찾은 것이 악취가 나는 대체물, 석탄이었다. 수요가 지속적으로 늘면서 18세기의 석탄 광부들은 하나의 사회 계층을 이루었다. 영국 귀족들은 로마의 상류층이 노예를 경멸했던 것과 같은 태도로 광부들을 대했다. 탄광 환경은 설탕 플랜테이션의 환경 못지않게 위험하고 힘들었다.

이렇게 헌신적인 노동력이 갖춰져 있었지만 탄광업에도 어려움은 존재했다. 깊은 탄광에 물이 넘쳐나는 바람에 광부들이 익사하면서 자원 채취가 점점 어려워졌다. 초기 엔지니어들은 양동이, 수동 양수기, 말 등에 의지해서 석탄을 끌어올렸다. 하지만 말을 먹이는 데도 비용이 들었다. 그러자 국가적 차원에서 더 값싼 대체재를 찾아나섰다. 아이언몽거 토머스 뉴커먼Ironmonger Thomas Newcomen은 석탄을 때서 동력을 얻는 최초의 단일 실린더 기기인 '화력기관fire engine'을 만들어냈다. 얼마 후 점잖은 스코틀랜드 출신 정비공 제임스 와트James Watt가 뉴커먼의 기계식 양수기 디자인을 개량해 효율성을 크게 높였다. 와트가 증기기관에 맞도록 개선한 이 근사한 도구는 더 많은 석탄을 캐낼 수 있도록 해주었다. 1769년에 처음 등장한 이 모델은 1775년에 본격적으로 생산되었다. 토머스 클락슨Thomas Clarkson이 그로부터 12년 후에 영국 최초로 노예제도 폐지운동을 시작한 것은 우연의 일치가 아니었다. 시인 새뮤얼 콜리지Samuel Coleridge는 클락슨을 일컬어 '도덕적인 증기기관A Moral Steam-Engine'이라고 부르기도 했다.

벨기에 태생의 물리학자 알프레드 르네 우벨로데Alfred Rene Ubbelohde는 1955년, 영국의 증기기관 발명이 노예제도 때문에 1,700년가량 미루어졌다고 주장했다. 피스톤과 증기의 강력한 힘은 고대인들도 익히 알고 있었다. 하지만 기존 에너지 시스템으로도 충분히 건전한 수익을 거두는 상황에서 노예 소유주들은 대체기술 개발에 관심을 두지 않았다. 이런 무관심은 세계사에 '심각한 결과'를 초래했다고 우벨로데는 말한다. "무생물 에너지 개발의 경제적 인센티브는 고대 생물 에너지(노예)의 손쉬운 이용으로 인해 상쇄되었다."

하지만 결국 새로운 테크놀로지인 증기기관이 등장했고, 그로 인해 창출된 에너지는 노예제도를 불필요한 잉여로 만들었다. 이런 열기관 덕분에 펌프로 물을 퍼내고, 옥수수를 제분하고, 나무를 벌채하고, 씨앗에서 기름을 짜내고, 납을 박판으로 만들어내고, 굵은 노끈과 철제 밧줄을 꼬기도 했다. 1827년에는 제혁소 제철공장 조선소 양조장에서 이 대단한 발명품을 사용했다. 영국의 엔지니어 존 페어리John Farey는 저서 《증기기관에 관한 보고서Treatise on the Steam Engine》에서 120마력을 지닌 기계 하나가 "1,000명의 인간이 한꺼번에 내는 힘"을 대체한다고 주장했다. 증기기관으로 동력을 얻는 방적공장에서 750명이 잣는 실의 양은 기계 노예의 도움 없이 일하는 20만 명의 노동량과 맞먹었다. 게다가 증기선은 "노예가 노를 저어 움직이는 갤리선보다 훨씬 더 안정적으로" 강물을 헤치고 항해했다.

프랑스의 급진적인 공상적 사회주의자 샤를 푸리에Charles Fourier는 이런 식으로 무생물 노예가 늘어가는 현상을 인간 노동에 대한 심각한 위협으로 바라보았다. 19세기 초엽, 푸리에는 대영제국에서 사용하는 '다양한 기계 발명품'의 업무 수행능력이 '성인 노동자 2억~4억 명' 정도가 해내는 업무량과 맞먹을 것이라고 추정했다. 푸리에는 지칠 줄 모르고 일하는 이 무리를 "인내심 많고 순종적이며 고분고분해서 반란이 일어날까 우려할 필요가 없는 노예"라고 설명하면서 "우리는 가장 저렴하고 순종적이며 골칫거리를 만들지 않는 존재인 기계를 인간 대신 고용하는 고용주들을 보게 될 것이다."라고 경고했다.

미국의 철강왕이자 《부의 복음*The Gospel of Wealth*》의 저자인 앤드류 카네기Andrew Carnegie는 1905년에 마력馬力, horsepower 혁명에 관한 좀더 놀라운 수치를 제공했다. 와트는 탄광에서 석탄 한 바구니를 말 한 마리가 끌어올리는 데 소모되는 에너지를 기준으로 하는 독특한 형태의 치수를 만들어낸 바 있었다. 카네기는 와트에 관한 숭배심을 숨김없이 드러낸 그의 전기를 쓰면서 기계의 힘을 다음과 같이 설명했다.

1마력은 10톤을 분당 12인치씩 들어올리는 힘이다. 8시간을 일할 경우 매일 약 5,000톤을 끌어올리는 것으로, 이는 사람 능력의 12배가 된다. 그런데 증기기관은 지치는 일 없이 끊임없이 작동시킬 수 있으므로 이 기계의 실제 마력은 36명의 일꾼이 일한 것과 마찬가지다. 하지만 조업 중단이 일어날 경우의 수를 감안해 30명 정도라고 하자.

1824년, 영국의 증기기관은 2만 6,000마력을 내뿜었다. 처음에 강력한 증기기관이 사용된 곳은 제철소나 대규모 면화 생산 등 새로운 산업이었다. 하지만 머지않아 석탄을 값싸게 채광할 수 있는 곳이라면 어디서나 이 기계를 볼 수 있었다. 최초의 증기선이 등장한 것은 1801년이었다. 그 뒤를 이어 1814년에는 최초의 증기기관차가 선을 보였다. 이후 30년이 지나기 전에 와트가 개선한 모델은 산업화된 영국과 전세계의 에너지 운명을 달라지게 만들었다. 조지 3세George III가 제조업자 매튜 볼턴Matthew Boulton에게 증기기관을 만든 이유를 물어보자이 명민한 혁신가는 이렇게 답했다. "폐하, 저는 왕들의 욕망인 원자재 생산에 종사하고 있습니다." 왕은 그것이 무엇이냐고 물었고 볼튼은 "동력입니다, 폐하."라고 답했다. 1880년대 전세계 증기기관에서 산출된 에너지는 총 1억 5,000만 마력에 달했다. 16시간 교대로 작동되는 이 기계들은 전체적으로 30억 명 넘는 인간 노동력의 에너지를 낸다. 전세계 인구 10억 명 중 5분의 1만이 성인 남자인 상황에서, 눈앞에 닥친 유례없는 에너지 혁명에 감사할 사람은 카네기만이 아니었다. 불과 100년 만에 석탄 화력 기계는 세계 경제에 보이지 않는 노예 30억 명을 충원해준 셈이다.

혁신적인 잉여 동력이 등장하면서 벌어진 일 중 가장 유명한 것은 바로 노예제도 폐지였다. 제임스 와트가 기계를 뚝딱거리며 어설프게 손보고 있을 무렵, 영국 정치가와 정신적 지도자 중 노예무역에 의문을 제기한 이는 거의 없었다. 경제학자 애덤 스미스Adam Smith는 "다른 이에게 권력을 휘두르고 지배하는 일을 사랑하는 성향 때문에 아마도 (노예제도가) 끊임없이 지속된 것 같다."고 판단했다. 하지만 1838년에 이르러 영국에서 가장 강력했던 사회 저항운동이 일어나면서 대영제국 전체에 걸쳐 존재하던, 세계에서 가장 오래된 에너지 시스템은 그 끝을 맞이했다. 그리고 30년 뒤에는 어쩔 수 없이 미국과 쿠바, 브라질도 그 뒤를 따르게 되었다.

노예제도 폐지운동의 규모와 영향력은 노예상과 노예를 거느린 사람들 모두에게 큰 충격을 안겼다. 역사학자 애덤 호크쉴드Adam Hochschild는 《쇠사슬을 묻어라Bury the Chains》에서 노예제도 폐지운동이 모든 관습과 선례를 파괴했다고 주장했다. 호크쉴드는 18세기 영국에서 노예제도 폐지운동이 등장한 것은 오늘날 자동차 사용을 금지하는 운동이 전세계적으로 갑작스럽게 벌어지는 일과 맞먹는다고 말한다.

지구온난화와 대기오염, 소음, 석유 의존문제를 유발하는 자동차가 없다면 세상의 형편이 더 나아질 것이라고 누군가 주장한다. 나아가 인도와 중국에 미국과 같은 수준으로 1인당 자동차 보유 대수가 많아진다면 무슨 일이 벌어질까를 묻는다. 자동차에 의존해 일을 해야 하는 사람도 문제의 심각성에는 동의할 수 있다. 몇몇 헌신적인 환경주의자들이 자신의 주장을 실천에 옮기려 노력하면서 기차, 버스, 자전거로만 여행하거나 걸어다니려 한다. 그렇다고 해도 지구상에서 자동차를 금지하자는 운동을 사람들이 지지할까?

하지만 노예제도 폐지론자들은 그 일을 해냈다. 그리고 새로운 에너지 노예들이 변화의 길을 닦았다. 항해와 더불어 이탄과 석탄을 이용해 동력을 확보하는 일을 선도한 영국은 우수한 잉여에너지를 확보한 상태였다. 그래서 노예제도 반대라는 사치를 부릴 여유가 있었다. 하지만 석탄을 이용하지 못하는 국가는 그럴 수 없었다. 노예무역을 연구한 역사가 데이비드 엘티스David Eltis는 다음과 같이 기록했다. "비서구권 국가 그 어디서도 독립적으로 노예제도 폐지 논의가 부상하지는 않았다. 그리고 비서구권 어디에서도 노예제도 그 자체에 대해 의구심을 품는 지적 전통을 찾아볼 수 없었다."

그런데 18세기와 19세기에 들불처럼 일어난 노예제도 반대 논쟁은 지금의 우리에게도 묘하게 익숙한 면이 있다. 성이 난 노예 상인들은 경제라는 비장의 방책으로 수를 썼다. 리버풀의 영국 노예무역상들은 자신들이 수천 명의 선원과 짐꾼들을 고용하고 있다고 주장했다. 게다가 현 체제가 노예들을 '행복하게' 하고 아프리카의 인구 과밀을 예방한다고도 했다. 영국이 노예무역을 계속하지 않는다면 프랑스가 그 일을 이어받을 터이니, 그런 불상사를 미연에 방지해야 한다는 말도 덧붙였다. 노예 사업이 기본적으로 추악한 짓이라는 사실을 인정하는 무역상도 있었지만 "도살업자 역시 호감 가는 직업은 아니다. 그럼에도 불구하고 양갈비는 좋은 것이다."라는 주장을 폈다. 1836년의 한 기사에는 브라질 노예 소유주들이 "노예 없이 세상이 어떻게 돌아갈 수 있느냐?"고 반문하는 내용이 나온다. "미국의 수출업은 어떻게 될 것인가? 탄광에서는 누가 일할 것인가? 밭에서는? 연안 무역은 또 어떻게 한단 말인가?"

영국에서는 노예무역을 지지하는 강력한 로비단체가 인지 부조화(생각과 행동의 불일치. ―옮긴이)를 언급하기도 했다. 흡연자나 설탕 넣은 차를 즐기는 사람들은 말할 필요도 없고, 면화를 소비하는 사람들은 노예 의존도가 높은 경제체제에 대한 의문을 제기할 권리가 없다는 주장이었다. 미국의 노예 소유주들도 비슷한 주장을 했다. 이들은 유럽에서 거의 아사 상태인 산업노동자의 현실을 빗대 '작은 실험'이자 '잔인한 실패'라고 말했다. 1831년, 버지니아 입법부 의원 한 명은 노예의 에너지는 그 무엇으로도 대체할 수 없다고 역설했다. "버지니아를 비롯한 여러 주정부에는 10만 달러 가치의 노예 자산이 있다. 그 자산을 어떻게 파괴하는가는 문제 되지 않는다. 신중한 실무자가 천천히 진행하든 자신감 넘치는 돌팔이가 순식간에 해치우든 상관없다. 문제는 어떤 방법으로 일을 하든 간에 실행에 옮겨져 일이 다 끝나면 버지니아는 사막이 될 것이라는 사실이다." 또 다른 노예제 지지자는 이 제도가 없다면 백인들의 문명과 평등이 약화될 것이라고 덧붙였다. "자유는 노예제도 없이는 불가능한 일이다." 현대의 언론 담당자와 비슷한 일을 했던 노예제도 로비단체 한 곳에서는 사업의 이름을 바꾸면 될 일이라는 주장을 폈다. "니그로를 '노예slave'라는 말 대신 '농장 경영 보조원assistant-planter'이라고 부르자." '하인servant'이라는 용어를 사용하자는 제안도 있었다.

하지만 노예제 폐지론자들은 증기력을 이용하는 언론을 통해 이렇듯 진부한 의견에 이의를 제기했다. 포스터와 팸플릿, 삽화를 활용해서 높은 노예 사망률과 무심결에 저지르는 만행이 노예와 선원 모두에게 어떤 해를 입히는지 시각적으로 보여주었다. 기차와 증기선으로 유통된 이런 소책자에는 사지가 절단된 사람과 쇠고랑을 찬 아이들, 병든 선원, 벌거벗은 이들의 모습이 그려졌다. 불세출의 운동가 토머스 클라크슨Thomas Clarkson은 특히 "통에 담긴 청어처럼 쇠사슬로 묶여 있는" 노예무역선의 과밀함과 간담을 서늘하게 만드는 노예무역의 잔학함을 강조했다. 이에 못지않은 효력을 발휘한 또 다른 정치적 수단도 있었다. 폐지론자들은 영국 의회에 탄원서를 대량으로 보냈다. 수십만 명의 여성들이 차를 "피를 감미료로 사용한 음료"라고 비난하면서 노예가 기른 설탕을 보이콧했다. 자본가 조시아 웨지우드Josiah Wedgwood는 쇠사슬에 묶인 채 무릎을 꿇은 사람의 모습을 디자인한 뒤 '나는 대등한 사람이 아닌가?'라는 문구를 붙여놓았다. 이 카메오 세공 도자기는 나중에 메달 모양 보석과 머리 장신구로 인기를 끌면서 노예 폐지운동에서 가장 독특한 패션으로 손꼽히게 되었다.

위대한 정치인 윌리엄 윌버포스William Wilberforce는 노예무역 로비단체의 주장을 반박하면서 영국에서 차를 마시는 사람들은 "죄를 인정해야만 한다."라고 평온한 어조로 강조했다. 한때 이 추악한 사업에 관여한 전력이 있는 퀘이커 교도들은 "폭력과 학대로 부리는 사람들의 노역을 이용해 편안하고 풍요롭게 사는 일"은 기독교 신앙과 공의에 위반된다고 주장했다. 준법정신이 투철한 몽테스키외는 궁극적으로 '정교한 기계'가 노예의 일을 대체할 수 있다고 주장했다.

노예제도 폐지론은 뒤이은 일련의 사회 대변동의 전조가 되었다. 영국에서 노예제가 불법으로 바뀌자 시민들은 그 정치적 에너지의 방향을 아동 노동 근절과 노동조합의 권리 옹호, 여성 참정권 증진으로 옮겨갔다. 초기 페미니스트 논문에서는 노예제 폐지론과의 유사점을 찾아볼 수도 있다. 《여권옹호론A Vindication of the Rights of the Woman》의 저자 메리 울스톤크래프트Mary Wollstonecraft는 다음과 같은 질문을 했다. "인간의 절반을 이루는 여성은 불쌍한 아프리카 노예와 마찬가지로 짐승처럼 다루어야 한다는 편견의 대상인가?" 심지어 미국의 인권운동도 노예제도 폐지운동의 덕을 보았다. 이런 주요 정치적 투쟁은 에너지의 양이 늘어 시장에 더 많은 기계 노예가 투입되면서 작업 수행 관계가 변화했음을 의미한다. 연이은 사회운동을 통해 하층민은 상류계급에 도전장을 내밀고, 화석연료로 인해 그들의 정치적 자유는 확대되었다. 다시 말해 여타 사회운동의 성공은 화석연료와 기계를 통해 저렴한 비용으로 높은 수익을 올릴 수 있었기에 가능했다.

＊　＊　＊

노예제도 폐지론자들은 쇠사슬 달린 족쇄를 비난하는 일이 성공을 거두자 신이 났지만, 과학자와 엔지니어들은 인간의 힘에 훌륭한 보조 역할을 해줄 증기기관을 환호로 맞이하며 신이 났다. 그들은 확장성이 큰 증기기관의 힘이 지구상에서 인류의 위상을 달라지게 할 것이라고 단언했다. 석탄에서 열을 발생시켜 기계로 전이시킨 덕분에 하찮은 인간은 '만물의 영장'이 될 수 있었다. 1831년, '유용한 지식 보급을 위한 보스턴협회Boston Society for the Diffusion of Useful Knowledge'에서 유용한 지식 미국총서 첫 책을 발간했다. 기계로 작동하는 새로운 세상의 질서에 관한 논문과 초록을 모아놓은 것이었다. 이 책에는 대니얼 웹스터Daniel Webster가 1829년의 한 강연에서 "편의를 증진시키고 노동량을 줄여주며 노역을 완화시키는 존재"라고 기계를 칭송한 대목도 나온다. 웹스터는 기계가 "인간 이성으로 자연의 요소를 통치하는 영역을 계속 확대하고, 나아가 자연의 요소를 직접 만들어 그것이 인간의 규칙을 준수하고 명령에 따르며 인간의 행복을 위해 함께 일하도록 도울 것이다."라고 말했다. 영국의 저명한 과학자 겸 천문학자 존 허셜John Herschel은 초록에서 1부셸bushel(곡물이나 과일의 중량 단위로 8갤런에 해당하는 양. 미국에서는 약 35리터를 말하고, 영국에서는 약 36리터를 말한다. —옮긴이)의 석탄에 담긴 '능력'이 "모든 인간"을 초월할 수 있다고 추정했다. 콘월에 있는 증기기관의 수행능력을 기준으로 삼은 허셜은 1부셸의 석탄을 태워 움직이는 기계는 7,000만 파운드의 물질을 1피트 높이로 들 수 있다고 단언했다. 따라서 2파운드의 석탄이 있으면 인간의 노역 없이도 몽블랑 산 꼭대기로 사람 한 명을 올려놓을 수 있었다. 126억 7,000만 파운드의(허셸의 추정치) 화강암으로 이루어진 고대 이집트 피라미드는 약 630촐드론의 석탄을 사용하면 들어올릴 수 있다. 이것은 "몇 개의 주조공장이 일주일에 사용하는 석탄의 양"이다(지금은 거의 사용하지 않는 석탄 계량 단위인 촐드론chaldron은 부셸 되에 수북하게 석탄을 담은 것이 약 36개쯤 되는 양이다). 런던에서 1년에 사용하는 150만 촐드론의 석탄이 있으면 "한 면이 2,200피트(약 670미터)인 대리석 정육면체"를 8마일(약 13킬로미터) 높이로 들어올릴 수 있었다. 허셸은 그러므로 "석탄 고유의 힘은 상당히 과소평가되었다."라는 결론을 내렸다.

찰스 배비지Charles Babbage 역시 영국에서 대단한 변화가 일어나고 있음을 이해했다. 은행가의 아들이자 최초의 컴퓨터(당시에는 '계산하는 기관calculating engine'이라고 불렸다)를 비롯해 경이로운 물건을 발명해낸 이 엔지니어는 1832년에 출간한 책《경제와 기계, 제조업에 관하여On Economy and the Machine and Manufacturers》에서 새로운 에너지 시스템에 관한 통찰력을 제공해준다. "확장성이 큰 증기력과 증기력의 압축, 잠열 이론의 발견은 이 작은 섬에 수백만의 일손을 더해주고 있다."

배비지는 기계 노예가 인간의 능력을 능가할 뿐 아니라 작업 시간을 줄이고 가치 없는 물질을 가치 있는 상품으로 바꾸어내기도 한다고 열변을 토했다. 배비지는 기계 노예를 동력을 만드는 것(증기기관)과 작업을 수행하는 것 등 두 가지로 구분했다. '민중'과 거리음악, 흑인 노예를 혐오했던 배비지는 기계 노예의 지속성과 안정성을 칭송했다. 자신의 저서에서 배비지는 기계와 함께 노역을 하는 노동자는 '하

인'이며, 기계를 소유한 사람이 '주인'이라고 칭했다. "급속도로 증가하
는" 기계 노예가 힘의 한계에 부딪힐 수도 있겠지만 자신이 만든 생각
하는 기계가 "문명의 가속력"을 조절해줄 것이라 믿었다.

이런 식으로 삶이 가속화되는 현상을 모두가 환영하는 것은 아니었
다. 산업혁명 시대를 선도한 평론가 토머스 칼라일Thomas Carlyle은 기
계론적인 사고가 대변동을 일으켜 파탄을 불러올 것이라고 경고했다.
칼라일은 공장 환경과 도시 슬럼가의 상황도 노예제도가 있던 때보다
크게 나아지지 않았다고 보았다. 유명한 소론 〈시대의 표적들Signs of
the Times〉에서 상류층 출신인 이 역사가 겸 평론가는 기계만능시대Age
of Machinery를 큰 소리로 규탄했다. "사람들의 손뿐만 아니라 마음과
머리도 기계적으로 변하고 있다. 개인의 노력과 자연의 힘 등 모든 것
을 더 이상 믿지 않는다. 이제 사람들이 바라고 찾아다니는 것은 내면
적인 완벽함이 아니라 외적인 조화와 배치, 시설과 규칙 즉 이런저런
기계장치들이다. 모든 노력과 애착, 생각이 기계를 중심으로 돌아가고
기계적인 특성을 띠게 되었다."

노예제도 폐지운동으로 신속하게 사라진 영국의 인력 에너지 시스
템은 멀리 떨어진 식민지에서 즐겨 차용하고 있었다. 하지만 미국의
폐지론자들은 지속적으로 남쪽 주들을 공격했다. 때로 기계의 발흥
을 옹호하는 격정적 수사를 사용하기도 했다. 1853년, 미국의 교육개
혁가 호러스 맨Horace Mann은 다음과 같이 단언했다. "하나님이 인간의
근육과 뼈를 이용해 세상의 일을 하도록 의도하셨다면, 우리에게 증기
기관의 축과 같이 단단하고 강력한 팔을 주시고 밤낮을 서 있을 수 있
게 만드시고 리버풀이나 캘커타에서 오는 증기선의 시동 핸들을 돌릴

수 있게 해주셨을 것이다. (…) 무지한 노예들이 석탄 탄광 위에 발을 디디고 서 있다. 그들에게 그곳은 아무 쓸모없는 무생물의 땅일 뿐이다. 하지만 교육을 받은 이는 그 탄광을 이용해 수백만 권의 책을 인쇄해낸다." 여러 면에서 미국의 남북전쟁은 고에너지 사회가 기계를 덜 활용하는 저에너지 사회와 직접적으로 충돌한 첫 번째 동란으로 볼 수 있다. "미국 북부가 남부를 물리친 것은 석탄 탄광과 제철공장, 철도를 활용해 소모전을 펼쳤기 때문이다. 남부는 군사적 능력과 사회적 의사결정에 있어서 월등한 우위를 점하고 있었다. 하지만 쉬지 않고 일하는 북부의 우수한 동력 기계를 당해내지는 못했다." 에너지 역사를 연구한 얼 쿡Earl Cook의 글이다. 40만의 인명과 400억 달러의 비용을 앗아간 이 내전은 대가를 치르지 않고는 에너지 전환을 이룰 수 없음을 입증해주었다.

이런 쓰라린 충돌을 겪고 나서도 "남부에 새로운 에너지 기반이" 들어서지 못했다고 미국 사회학자 프레드 코트렐은 기록하고 있다. 1940년대까지 미국 남부인들은 전세계에서 가장 많은 기계 노예가 밀집한 땅 바로 옆에서 "에너지 면에서 파라오 치하의 이집트와 거의 다를 바 없는" 문화를 유지하고 있었다. 상황이 극적으로 달라진 것은 루이지애나와 오클라호마, 텍사스에서 석유가 발견되면서였다.

3장

석유 개척자들

❖

미국은 석유와 결합하면서 탄소가 풍부한 동화 속 나라가 되어갔다. 오클라호마 주에서 거의 100년 동안 석유 시추를 규제해온 오클라호마 기업위원회Oklahoma Corporation Commission, OCC가 '에너지의 역사History of Energy'라는 직설적 제목을 붙여 발표한 파워포인트 프레젠테이션을 통해 당시 이야기를 들을 수 있다. OCC는 미국에서 필요한 에너지의 40퍼센트를 충당하는 석유가 "미국을 움직인다"고 단언한다. "자동차, 트럭, 기차, 비행기에 이르기까지 거의 모든 교통수단이 석유 추출 연료를 사용한다. 석유에서 얻은 윤활유는 공장의 기계가 잘 돌아가도록 한다. 시품을 기르는 데 사용하는 비료도 석유에서 얻는다. 플라스틱도 석유로 만든다. 오늘 아침에 쓴 칫솔과 우유가 담겨진 플라스틱 병 그리고 글을 쓸 때 사용하는 플라스틱 잉크 펜도 모두 석유로 만들었다." 소위 검은 금black gold이 없었다면 미국은 지금과 달랐으리란 것이 오클라호마 기업위원회의 입장이다. 최소한 지금 미국이 누리는 자유가 없었을 것이라는 말이다.

학생들을 대상으로 하는 이 프레젠테이션은 청중에게 한번 상상해보라고 청한다. "길이가 10마일이고 폭은 9마일, 깊이는 60피트에 이르는 호수를 상상해보세요. 그 다음에 그 호수를 석유로 가득 채우세요. 그 정도가 전세계가 1년에 사용하는 석유의 양입니다. 그 중 4분의 1을 미국이 소비합니다." 기업위원회는 장차 문제가 생길 수도 있다는 암시를 주기는 하되 이를 자세히 설명하지는 않는다. 하지만 이렇게 거대한 석유 호수가 시간이 지나면서 점점 줄어들고, 사용하는 데 드는 비용이 높아지는 경우를 상상해보라. 아니면 이 거대한 호수가 바다 쪽으로 이동해서 미국 사람들 대부분이 알지 못하는 이름을 가진 외국으로 가버린다면 어떨지 상상해보라. 나아가 아메리칸 드림을 현실화하는 데 필요한 석유 호수보다 더 큰 호수를 필요로 하는 나라가 점점 더 많아지는 상황을 생각해보라. 석유가 멀리 떨어져 있거나 수입이 불가피해져서 비용이 더 높아지고, 결국 미국인들은 점점 손해를 보는 경우를 생각해보자. 점점 비대해진 석유 개척자가 자신이 찾은 석유 개척지를 모두 먹어치워 버린 나머지, 빨대만 있고 밀크쉐이크는 없는 처지가 되어버리는 것이다.

석유의 시대Age of Petroleum는 화재와 신체 상해, 일확천금의 약속과 함께 미국에서 시작되었다. 헨리 로우즈Henry R. Rouse 같은 사람들이 석유 무역을 개척했다. "두뇌가 명석하고 유복한" 뉴욕의 목재상인 한 명이 1859년 펜실베이니아 서부 미개척지에서 "석유의 대유행"을 감지했다. 그리고 과거 포목점에서 점원으로 일했던 일명 "미친 드레이크 Crazy Drake"(미국에서 석유 시대를 열었던 에드윈 드레이크Edwin Drake의 별명. ―옮긴이)가 유정을 찾아헤매다가 타이터스빌에서 원유를 퍼올렸다. "그 소식은 다코타에 부는 사이클론처럼 빠르게 퍼져나갔다." 석유를 정제해 만든 등유는 고래기름보다 훨씬 저렴한 전등 연료가 되었다.

헨리 로우즈는 석유가 나는 지역으로 갔다. 하지만 혼자가 아니었다. 캘리포니아 골드러시 이후 가장 큰 모험이 미국에서 시작되고 있었다. 초기 석유 역사를 연구한 J. T. 헨리J.T. Henry에 의하면 "걱정스러운 표정의 착암공과 미소 띤 부유한 행운아들, 눈을 내리깐 몰락한 불운아들, 대형 통에 액체를 담아 물가로 나르는 부산한 사람들과 기름때 진흙으로 더럽혀진 보트, 열심히 일하는 물물교환업자, 정직한 판매상"을 포함해 각양각색의 활기찬 사람들이 모여들었다. 석유 붐이 일어나던 초기에 로우즈는 엔터프라이즈라는 이름이 붙은 곳 인근의 넓은 땅을 사들였다. 드레이크처럼 로우즈도 금방 원유를 찾아냈고, "엄청난 부가 그에게 쏟아졌다." 하지만 석유 시장은 변동이 심했다. 로우즈는 배럴 당 14달러에 석유를 팔다가 어느 날에는 단돈 40센트에 팔기도 했다. 정유회사 수와 새로운 유정 수에 따라 석유 가격은 춤을 추었다.

헨리 로우즈가 살아 있었다면 "석유 사업의 거인이 되거나 파산자기 되었을 것"이라고 사람들은 말한다. 하지만 정말 어땠을지는 알 도리가 없다. 1861년 4월 17일 저녁, 로우즈의 유정 한 군데서 엄청난 양의 액체 석유가 흘러나왔다. 사람들은 서둘러 통을 가지러 갔다. 땅에서 흘러나오는 부를 잡아야 했다. 그러던 중 갑자기 큰 불이 났다. 천연가스가 새어나와 불꽃과 만나면서 생긴 일이었다. 두 개의 유정과 석유 탱크 하나, 건물 한 채가 불덩이로 변해버렸다. 몸에 불이 붙은 사람들이 지옥 같은 화재 현장에서 뛰어나왔다. 한 목격자는 그런 노동자들을 "거대한 원형 폭죽에서 불꽃이 연달아 빠르게 쏟아져나오는 모습"에 비유했다.

폭발이 일어났을 때 헨리 로우즈는 유정에서 불과 20피트 떨어진 곳에 있었다. 그는 지갑과 유가증권이 있는 책을 화재 지역 밖으로 던진 후 골짜기를 향해 달려갔지만 넘어지고 말았다. 석유가 타오르는 용광로에서 가까스로 벗어났을 때 그의 몸 절반은 새까맣게 타 숯덩이가 되어버렸다. 로우즈는 한 시간 남짓 의식을 유지하다가 죽었다. 그는 유언과 유서를 구술했다. 아버지에게는 연금을 남기고 그를 불구덩이에서 꺼내 데리고온 두 명의 일꾼에게 100달러를 주었다. 그리고 제8 유정에서 얻게 될 엄청난 재산의 절반은 워런 카운티Warren County의 가난한 사람들을 위해 남겼다.

유정은 사흘 동안 타올랐다. 수백만 방울의 석유가 한 방향으로 분출되면서 "무지개의 모든 빛깔을 만들어 마법 같은 장관을 이루었다." 19명이 목숨을 잃고 10여 명이 치명적인 부상을 입었다. 이처럼 미국에서는 피와 오물, 화재, 혼란과 함께 에너지 혁명이 도래했다. 하지만 지속적인 석유 붐으로 미국은 세계의 "조명이자 윤활장치"가 되었다. 석유상이자 연대기작가인 존 맥로린John J. McLaurin의 말처럼 석유는 "어둠을 쫓아버리고 말썽쟁이 요정을 몰아냈다."

석유의 최초 업적인 등유는 정부의 든든한 지원을 받으며 미국인의 생활에 영향력을 행사하기 시작했다. 당시 미국인들은 다양한 액체 연료 중 하나를 선택해서 가정에 불을 밝혔다. 고래기름(부자들이 사용하는 연료였다), 용뇌유Camphene(테레빈유에 알코올을 혼합한 것), 라드(돼지 비계를 정제한 것), 석유(연기가 나는 등유), 초 등이 있었다. 남북전쟁 비용을 지불하기 위해서 미국 정부는 가장 많이 팔리는 용뇌유에 갤런 당 2달러라는 무거운 세금을 부과했다. 반면 등유는 갤런 당 10센트의 세금만 내는 부당한 혜택을 받았다. 빌 코바리크Bill Kovarik는 이 상황을 두고 "석유산업은 시장환경에 반응해 발생한 것이 아니라 정부 개입으로 생겨났다."라고 해석했다. "석유산업은 정부보조금이라는 은수저를 입에 단단히 물고 태어났다."

석유 개발업자들 역시 북부 사람 특유의 능력을 발휘해 홍보에 나섰다. 등유를 취급하는 사람들은 자신들의 상품이 고래를 구한다고 주장했다. 그러나 사실은 개체수가 줄어들어 포획 비용이 상승하는 바람에 고래가 덜 잡혔던 것이다. 1880년대에 출간된 《볼티모어 상인과 제조업자들 안내책자 *Baltimore Merchants' and Manufacturers' Directory*》는 석유를 "인류문명과 행복을 촉진시키는" 것이라고 규정한 뒤 "석유는 개척자들의 통나무집을 즐거운 곳이 되게 만들고, 광부들의 오두막을 밝혀주며, 검수한 농부의 집에 활기를 불어넣는다."고 추켜세웠다. 20년 만에 등유 생산량은 50만 배럴에서 2,500만 배럴로 늘어났다. 장사꾼들의 홍보는 계속 이어졌다. "그 밝은 빛은 1,000개의 집안일을 자상하게 도와서 집안 사람들에게 행복과 즐거움을 준다. 또 인류의 지식은 늘어나고 부도 쌓인다. 어둠과 잠으로부터 빼앗아온 시간을 살뜰히 활용했기 때문이다."

1986년, 쾌활한 석유 판매원 존 맥로린은 자신의 저서 《원유 스케치*Sketches in Crude Oil*》에서 "역사상 가장 거대한 산업"의 성공을 기술했다. 맥로린은 증기기관을 더 빠르고 더 깨끗하게 움직이도록 하는 데는 석유가 최고라고 말했다. 맥로린에 따르면 "미국의 광활한 땅에서 가장 괄목할 만한 산업체"로 손꼽히는 갈레나 오일 워크스Galena Oil-Works(당시 이름은 스탠다드 오일 서브시디어리Standard Oil subsidiary였다)는 자사 생산품에 관해 기억하기 쉬운 광고 문구를 미국 내에 제공했다고 한다.

걸핏하면 열을 내는
성마른 아내가 있나요?
부부간의 불화를 완화시키려면
문제가 만연할 때 사용하는 윤활유를 치면 됩니다.
'갈레나 석유'를 부어주세요.

석유는 미국 자본주의의 말쑥한 얼굴을 달라지게 했다. 검소한 침례교도로서 숫자를 다루는 재주가 비상한 회계 담당자였던 존 록펠러John D. Rockefeller는 석유를 이용해 미국 경제에 새로운 비즈니스 모델을 정착시켰다. 그때부터 사업은 생계유지를 위한 수단이 아니라 크게 한몫 잡는 일이 되었다. 석유로 인해 발생한 잉여자본이 있기에 가능한 일이었다. 경험 많고 박식한 록펠러는 골치 아픈 석유 시추사업 대신 등유를 정제해 운송 및 유통하는 일에 투자했다. 그리하여 세계 최초의 다국적 기업으로 손꼽히는 스탠다드 오일Standard Oil을 세웠다.

록펠러는 단기간에 석유의 가장 훌륭한 속성, 즉 권력을 집중시키고 자본을 창출해내는 능력을 입증했다.

독과점 체제를 구축하면서 록펠러는 몇 가지 주요한 사업 관행을 만들어갔다. 먼저 통계부서를 만들어 비용과 가격을 기록해서 지속적으로 관찰했다. 직원들이 점심식사를 함께 하는 동안 돈과 숫자에 관한 이야기를 나누도록 했다. 이사회는 매일 모였다. 또 표준규격에 맞춘 등유 상품을 생산해냄으로써 죄 없는 소비자가 희생당하는 일이 없도록 했다(1870년대에 불량 등유로 인해 발생하는 화재로 목숨을 잃은 미국 시민은 8,000명에 달했다). 그리고 "최대한 노출하지 않는다"는 개인적 신념으로 업계에 비밀주의라는 관례를 전파했다. 록펠러는 서면 기록을 거의 남기지 않은 채 모든 경쟁자를 철저히 파멸시키는 데 전념했다.

록펠러가 독과점을 이루기 위해 동원했던 방법은 스파이, 뇌물, 왕따, 협박, 사보타지, 세금 공제 등이었다. 유조선과 배럴 통을 비롯해 여러 사업 부문에 들어가는 비용을 통제함으로써 구조적으로 경쟁이 이루어지지 않도록 만들었다. 독립 정유사업체가 합병을 거부하면 스탠다드 오일은 시장에서 등유 가격을 떨어트려서 그 업체가 "저가로 고통받도록" 했다. 석유계의 거물 록펠러는 사우스 임프루먼트 컴퍼니 South Improvement Company의 설립에 도움을 주었다. 이 회사는 은밀하게 철도 기업과 리베이트 거래를 해서 다른 경쟁자들이 스탠다드 오일보다 2배 높은 등유 운송비용을 지불하게 했다. 스탠다드 오일은 정치인들에게 뇌물을 줘서 자신들에게 협조하지 않거나 방해하는 경쟁자를 손보게 만들었다. 1880년에 이르자 스탠다드 오일은 정유사업의

90퍼센트를 점유했고, 등유는 미국에서 네 번째로 큰 규모의 수출 품목이 되었다. 심지어 중국에도 수출하고 있었다.

중소기업체를 향한 록펠러의 무자비한 행위는 '석유 전쟁oil war'을 촉발시켰다. 대중들의 강력한 항의와 성난 신문기사는 스탠다드 오일을 "괴물"이자 "아나콘다"라고 묘사했다. 록펠러는 그 모든 일들을 묵묵히 견디면서 "우리 회사의 수의계약 내용을 바꾸는 일은 대중이 상관할 바가 아니다."라는 입장을 고수했다. BP에서 엑슨모빌ExxonMobil에 이르는 다수의 석유회사들은 아직도 이런 록펠러의 신념을 신조로 삼고 있다.

미국 언론의 폭로저널리즘은 스탠다드 오일의 과격한 권력 집중에서 시작되었다. 1903년, 록펠러에 의해 사업을 접게 된 정유회사 소유주의 딸 아이다 미네르바 타벨Ida Minerva Tarbell은 〈매클루어 매거진 *McClure's Magazine*〉에 스탠다드 오일의 비리를 통렬하게 파헤치는 탐사보도를 19회에 걸쳐 연재하고, 이를 토대로 이듬해에 850페이지에 달하는 《스탠다드 오일의 역사*The History of the Standard Oil Company*》를 출간해 탐사보도의 역작을 탄생시켰다. 타벨은 초기 석유사업이 어떻게 산림지대였던 땅을 6만 명을 부양하는 2억 달러 가치의 세계적인 시장으로 바꾸어놓았는지 기록했다. "하지만 시장의 확실성이 절정을 이루는 순간 난데없이 나타난 검은 손이 그동안 일구어놓은 것들을 가로채고 미래를 질식시켰다. 석유사업을 대상으로 한 흉악하고 갑작스러운 맹공은 (…) 페어플레이 정신을 자극했고, 미국 상업 역사에서 보기 드문 반감을 촉발시키며 전국적으로 반대운동을 벌이게 만들었다." 대기업의 비윤리적 특성을 세세하게 기록한 타벨의 책은 현재의 과점시장에도 그대로 적용해볼 수 있다(100여년 후에 쉘 오일 컴퍼니Shell Oil Company의 전직 회장이 《석유회사를 왜 미워하는가*Why We Hate the Oil Companies*》라는 책을 쓴다. 그는 타벨과 마찬가지로 그 이유를 이기주의로 지목했다).

스탠다드는 막강한 자금력으로 은행을 세우고 지형을 바꾸는 일까지 서슴지 않았다. 록펠러의 동업자 헨리 플래글러Henry Flagler는 1890년대에 스탠다드 오일에서 번 돈을 가져다가 플로리다를 개발했다. 플래글러는 습지를 관광지로 개발하고 근사한 호텔을 세웠으며 철도를 놓아서 수백만 명의 미국인을 마이애미와 웨스트 팜 해변으로 실어날랐다. 초기 석유산업계의 거물이었던 그는 아내의 32세 생일을 기념하면서 금이 가득한 대리석 궁전을 세우기도 했다. 하지만 1911년 미국의 대법원은 스탠다드 오일을 34개의 개별 회사로 분할할 것을 판결했다. 그리하여 캘리포니아 스탠다드 오일은 쉐브론Chevron이 되고, 뉴저지 스탠다드 오일은 엑슨Exxon이, 뉴욕 스탠다드 오일은 모빌Mobil이 되었다. 이런 비상장 기업들은 BP와 로열 더치 쉘Royal Dutch Shell, 걸프Gulf, 텍사코Texaco와 더불어 1940~1970년 사이 전세계 석유시장을 장악하게 되었다. 이 기업들은 스탠다드 오일과 마찬가지로 미국 석유회사들에게 유리한 규칙을 정해놓고, 세계 석유산업 전반을 통제했다.

전기가 등유시장을 위축시킬지도 모른다는 염려가 제기되던 1908년, 헨리 포드Henry Ford가 포드 모델 T를 선보이며 구세주로 나섰다. 그 이전까지 전기나 내연기관으로 동력을 얻어 움직이는 "말 없는 수레horseless carriage"는 부자들의 노리개에 지나지 않았다. 하지만 포드는 자기 밑에서 일하는 노동자도 살 수 있는 상품을 선보이며 자동차를 대중화시켰다. 잘 팔리지 않던 휘발유를 위한 시장이 새로 생긴 것이다. 정유업자들은 인화성이 높은 휘발유를, 등유 증류 후 생기는 골칫덩이 폐기물로만 생각해서 강에 버렸다. 오하이오의 쿠야 호에는 휘발유가 너무 많이 버려진 나머지, 증기선이 지나갈 때 물 위로 불이 나는 일까지 생겼다.

헨리 포드는 록펠러가 석유로 했던 일을 자동차로 했다. 자동차를 표준화시키고 제조공정을 기계화했으며 시장을 독점했다. 초기 포드 자동차를 구매한 사람들은 대개 중북부 주의 농경 지역에서 살고 있었다. 하지만 가장 높은 판매고를 올린 곳은 석유로 호황을 누리는 도시였다. 자동차는 미국을 완전히 다른 모습으로 변화시켰다. 올즈모빌Oldsmobile은 자동차가 "격무에 시달리는 남녀의 원기를 회복"시켜 줄 것이라고 장담하는 광고를 내기도 했다. 기동성을 갖추면 "스피드를 원할 때 언제든지 경주마처럼 달릴 수 있다."라고도 말했다. 곧 미국의 주요 도시는 지옥 같은 교통체증을 겪게 된다. 1935년 루스벨트 정부의 추정치에 따르면 당시 미국은 9억 3,000만 킬로와트의 에너지를 이용할 수 있었는데, 자동차가 그 중 4분의 3 이상을 차지했다.

소설가 윌리엄 포크너William Faulkner는 "미국인들은 정말 자동차를 사랑한다. 아내나 자녀, 조국 심지어 은행계좌도 자동차를 이기지 못한다."라고 말했다. 텍사스의 역사학자 로저 올리엔Roger Olien과 다이애나 데이비즈 올리언Diana Davids Olien은 세기말에 스탠다드 오일에 대한 거센 반발이 일어난 데에는 미국의 이상적인 남성상이 사라진다는 공포감이 한 원인으로 작용했다고 분석했다. 제퍼슨이나 페인Paine, 프랭클린과 같은 연방제 공화국 설립자들이 마음속에 그렸던 나라는 태양과 근력, 노예로 운영되는 농경국가였고, 그 나라의 국민들은 독립심을 가장 중요한 덕목으로 여겨야 했다. 미국 건국의 아버지들은 지나친 부를 멀리하고 장인의 숙련된 솜씨를 가치 있게 생각하며 자급자족을 옹호하는 나라를 이상적으로 생각했다. 하지만 화석연료가 찬양하는 가치는 이와 달랐다. 석유와 석탄으로 움직이는 기계 노예는 규모를 키우고 집중시켜서 많이 일할수록 더 많은 이득을 냈다. 특히 석유는 벼락부자와 무위도식을 가능하게 해주었다. 석유산업의 발달로 인해 1860년 전체 인구의 88퍼센트에 달하던 자영업자 수는 1910년 3분의 1로 줄어들었다. "경제적으로 다른 사람에게 의존하도록 만드는 이런 변화는 남성성에 있어 재앙이었다." 올리언 부부가 《석유와 이데올로기Oil and Ideology》에서 밝힌 내용이다.

머지않아 석유는 전기와 석탄의 업적을 결합시켜 독특한 정치·경제 체제를 만들어냈다. 노르웨이 혈통을 지닌 괴짜 경제학자로 26개 언어에 능통한 소스타인 번드 베블런Thorstein Bunde Veblen은 록펠러가 시카고 대학교에 내놓은 넉넉한 기부금을 받아 미국의 새로운 에너지 문화에 관한 평론집 《유한계급론The Theory of the Leisure Class》을 썼다. 베블런은 1899년에 처음으로 "물건의 간접소비"에 빠진 사람들이 에너지를 낭비하는 징후를 목격했다. 그는 탄화수소가 만들어낼 여러 가지 부산물을 예견했다. 테크놀로지 혁명이 일어나고, 과학이 일상의 모습을 만들고 주도하게 되리란 이야기를 했다. 그리고 베블런은 석유로 인해 미국이 지구상에서 가장 부유한 나라가 되는 모습을 노년에 목도하게 되었다. 석유사업이 번성기를 구가한 1920년, 석유 경제에 종사하는 미국인은 4,500만 명에 달했다. 그들이 받는 총 임금은 770억 달러였다. 스탠다드 오일 회장과 친분이 두터워 그의 사무실에서 점심식사를 하곤 했던 마크 트웨인은 석유가 자신의 조국을 굳건하게 떠받친다고 생각했다. "다른 모든 국가와 마찬가지로 우리도 돈과 돈을 가진 사람을 숭배한다. 우리는 로마제국과 같은 조건 두 가지를 누리고 있다. 하나는 막대한 부다. 이는 필연적으로 부패를 부르고 도덕을 손상시킨다. 그리고 다른 하나는 옥수수와 석유보조금이다. 이것은 표를 얻으려는 뇌물이다. 이런 뇌물은 꾐에 넘어간 수천 명의 자존심을 앗아가고 아무 부끄러움이나 거리낌 없이 구호품을 받도록 만든다."

미국에서 석유가 발견된 곳의 지형은 모두 석유 본위로 바뀌었다. 이런 현상이 가장 극명하게 일어난 곳이 텍사스였다. 1901년 버몬트 인근 스핀들톱spindletop에 있는 한 분유정이 장장 10일 간 수백만 배럴의 석유를 뿜어내다가 멎었다. 투기꾼과 채굴꾼들이 난입했다. 유정탑이 잡초처럼 여기저기 생겨나고 사람들은 마을의 탁구대 위에서 잠을 잤다. 석유가 많이 매장되어 있던 이 지역에 네 개의 주요 석유회사가 생겨났다. 바로 걸프, 텍사스Texas, 험블Humble, 매그놀리아Magnolia다. 이 회사들이 앞다퉈 일을 진행하면서 텍사스 주의 모습은 달라졌다. 석유가 옥수수로 만든 버번위스키를 대신하게 되었다. 곧 농장주와 법률가들보다 석유업계 종사자와 정유업자 그리고 사기꾼의 숫자가 더 많아졌다. 최대 면화 수출항으로 손꼽히던 갤버스턴Galveston과 휴스턴Houston은 세계적인 석유 관문이 되었다. 석유 덕분에 텍사스는 네 명의 대통령을 배출해 백악관으로 보냈다.

오클라호마 글렌 풀Glenn Pool의 제2차 석유 개발 붐은 소떼에 둘러

싸였던 작은 교역장 털사Tulsa를 풍요로운 곳으로 탈바꿈시켰다. 돈과 과대 선전 덕분에 털사는 1930년대에 10만 명 이상이 사는 번잡한 도시로 성장했다. 도시 인구는 요요처럼 오르내렸다. 여섯 개의 대형 유정이 매일 석유를 쏟아내자 석유 가격은 갤런 당 30센트로 떨어졌다. "말 그대로 기름이 사방으로 흘렀고 큰 손실을 부르는 화재가 매일 발생했다. 상품가격이 떨어져서 강철 탱크를 사용하면 수지가 맞지 않자 흙으로 된 저장 탱크를 썼다. (…) 사람의 목숨은 땅에서 분출하는 석유처럼 하찮게 여겨졌다." 한 저널리스트의 기록이다. 700달러에 구매한 방목장이 3,500만 달러의 노다지가 되기도 했다. 오클라호마 원주민인 크리크 족과 오세이지 족 사람들은 벼락부자가 되었다. 오세이지족 남자들은 백인 기사가 운전하는 검정 리무진을 타고 도시 주변을 돌아다녔고, 오세이지 족 여자들은 실크스타킹과 근사한 가죽신을 신었다. 한 원주민은 어디서든 잠을 잘 수 있도록 영구차를 사기도 했다.

석유 개발로 호황을 맞은 남서부 도시는 돈을 좇는 노동자와 그들의 가족으로 넘쳐났다. 대부분은 텐트나 "어글리ugly(추한 것)"이라 불리는 엉성한 판잣집, "엽총 주택shotgun house"이라는 이름의 길쭉한 집에서 지냈다. 엽총 주택이라는 이름은 현관에서 총을 쏘면 그대로 뒷문으로 나오게 생겨서 붙여졌다. 텍사스 멕시아Mexia의 인구는 2년 만에 3만 명에서 30만 명으로 폭증했고, 모델 T 차량이 줄지어 도시로 난입했다. 폭력배 소매치기 도둑 창녀 도박꾼 재산을 노리고 결혼하는 사람들 모두 석유가 만들어낸 파이 조각을 원했다. 술과 도박, 매춘이 가능했던 유흥장인 윈터 가든Winter Garden과 치킨 쉑Chicken Shack이라는 이름이 붙은 "악당들의 집"을 고성능 총으로 무장한 남자들이 지켰다. KKK단이라는 "보이지 않는 비밀조직"은 백인이나 흑인 또는 범죄 유무를 가리지 않았다. 그들은 그저 범법자라고 생각되는 사람에게 린치를 가하고 석유로 태워버리는 식으로 아수라장이 되어가는 상황에 부채질을 했다. 그리하여 텍사스 주지사 팻 네프Pat Neff는 계엄령을 선포하고 말았다.

미국의 현실을 미국인에게 알리려 노력했던 미주리 출신의 화가 토머스 하트 벤턴Thomas Hart Benton은 텍사스 보거Borger의 한 신흥도시를 그렸다. 그가 묘사한 풍경은 다음과 같다.

도시 너머 펼쳐진 광활한 평원에 화산이 폭발한 듯, 땅에서 시작된 거대한 검은연기 기둥이 하늘로 솟구쳐오르고 있다. 그곳에는 분당 수천 입방 피트의 가스를 태우는 탄소 공장이 하나 있다. 순간의 이익을 위해 엄청난 자원을 소모적으로 낭비하는 화형이다. 우리 조국이 얼마나 무질서하고 경솔한지를 이곳은 선명하게 보여준다. (⋯) 사람들의 얼굴에는 신의 은총으로 우후죽순 성장한 이 도시에서 자신의 몫을 챙길 수 있으리라는 믿음이 어려 있다. (⋯) 석유 호황기의 보거는 성대한 파티였다. (⋯) 그곳에서 자본은 (⋯) 민주주의라는 춤을 추는 모든 사람과 손을 잡았다.

오클라호마시티는 도시 경계선 안에 있는 여러 개의 분유정 때문에 거의 파괴될 지경이었다. ("지옥과 연결된 배기관처럼") 분유정에서 가스가 마구 분출되면서 여섯 개의 학교가 폐쇄되었고, 도시의 8분의 1에 해당하는 지역에 계엄령이 선포되면서 200명의 주 방위군이 투입되었다. 성냥불을 켜거나 난로를 피우는 일은 금지되었다. 미국의 사회학자 루퍼트 베일리스 벤스Rupert Bayless Vance는 당시 상황을 이렇게 기록했다. "이런 예방조치에도 불구하고 노스 캐나디언North Canadian 강에 불이 붙어서 다리 몇 개가 소실되고 168에이커의 공지에 화재가 발생했다. 그 후에 헬멧과 고무 코트를 입은 훈련된 노동자 1,000명이 유정을 봉쇄할 수 있었다."

미국의 위대한 역사학자 헨리 애덤스Henry Adams는 1900년대 초엽, 에너지 과잉공급에 빠진 미국인의 생활이 점점 빨라지는 모습을 목격하면서 불안한 마음을 가졌다. "전에는 꿈도 꾸지 못할 부와 인간으로서는 상상도 못할 힘, 그리고 유성이 아니면 절대로 이루지 못할 것 같은 속도 때문에 세상은 성마르고 과민하며 불만스럽고 분별력 없이 불안한 곳이 되었다." 애덤스는 다임러Daimler 모터와 증기기관, 석탄, 석유를 점점 더 많이 사용하면서 생겨난 "무한한 진보"라는 신조에 의문을 제기하는 유명한 편지를 미국의 역사교사들에게 보냈었다. "사람들은 매년 수십억 톤의 석탄을 태워 자연이 스스로 복원시킬 수 없는 열을 만들어낸 뒤 이걸 허투루 쓰고 있습니다. 그 많은 석탄을 기계 에너지로 바꾸어 하는 일들을 살펴보면 대개 별 의미가 없는 것들입니다." 애덤스의 편지는 계속 이어졌다. "이따금 정신을 차린 사람들은 자신의 낭비에 놀라고 충격을 받습니다. 에너지를 무가치하게 낭비하는 것 이외에 다른 이유가 없는 군대나 군비를 확충해서 사람들의 목숨을 파괴하는 일을 자행하고 있었습니다." 애덤스는 미국의 발전이 민주주의를 위축시키고 타락시킬 것을 우려했다. "모든 에너지는 (…) 남자들 그리고 여자들의 생명력을 대가로 지불하고 얻은 것입니다."

하지만 전세계가 화염에 휩싸이고 난 후에야 석유의 새로운 힘이 명

백하게 드러났다. 이미 미국은 세계 최초로 석유 연료 기반의 군함을 취역시켰으며, 미국의 석유는 제1차 세계대전 중에 사용된 비행기, 탱크, 잠수함 등 에너지 집약적인 기계에 동력을 제공했다. 게다가 TNT 폭탄 제조 산업화에도 석유가 사용되었다. 연합군이 하루에 게걸스럽게 써버린 석유의 양은 65만 갤런에 달했다. 프랑스 대통령 조르주 클레망소Georges Clemenceau는 휘발유가 "장차 전쟁에서 피 못지않게 필요할" 거라는 의견을 피력했다. 이는 경험에서 우러나온 말이었다. 프랑스가 파리의 트럭과 택시를 모두 징발해 군부대를 전방으로 이동시킨 뒤 진군해오는 독일군을 격퇴한 유명한 일화가 있었다.

영국 해군성British Admiralty에 따르면, 세계대전에 소요된 석유 중 3분의 2를 미국이 공급했다. 미국 석유기업은 휘발유 공급을 원활히 하기 위해 "휘발유 없는 일요일gasolineless Sunday"을 도입했다. 미국 승용차 운전자들은 일요일의 즐거운 드라이브를 희생하면서 유럽의 전쟁기구 동력 공급에 일조했다. 전시에 구성된 산업협동조합은 강력한 조직인 미국 석유협회American Petroleum Institute를 탄생시켰다. 제1차 세계대전 직후인 1921년, 프랑스 석유부 장관 앙리 베랑제Henry Bérenger는 석유의 변형 능력을 정리하여 보고서를 작성했다. "석유를 소유한 사람이 세상을 소유할 것이다. 중유로 바다를, 정유로 공기를, 등유와 조명용 석유로 땅을 다스리게 된다. 나아가 금보다 더 가치 있고 인기가 높은 물질인 석유에서 얻은 엄청난 부를 이용해 경제적인 면에서 사람들을 지배할 수도 있다." 나중에 쿨리지Coolidge 대통령은 "세계의 패권은 활용가능한 석유와 그 산물의 소유에 달려 있다."고 단언했다.

＊　＊　＊

1920년에 이르자 석유는 미국인의 생활 전반에 깊숙이 스며들었고, 미국은 자국의 지질학적 행운이 다른 곳에는 없을 거라는 착각에 빠졌다. 석유는 기관차와 선박, 자동차, 비행기에 동력을 제공할 뿐만 아니라 페인트, 왁스, 비누, 인조버터를 비롯한 250여 개 제품의 재료가 되었다. 당시 흔히 볼 수 있었던 논쟁을 담은《석유의 진화*The Evolution of Oil*》는 제조업에 도움을 주고 편의시설을 늘려주며 전투에서 무기 사용을 표준화시켜주는 신성한 힘이라고 석유를 칭송했다. 수세기 동안 "악마의 타르"는 이용하지 못하는 진기한 것으로 머물러 있다가 "미국의 기발한 재주와 융통성 덕에 (…) 지금과 같은 초자연적 물질로 재탄생했다." 1921년 미국인 엔지니어 조지프 포그Joseph E. Pogue는《석유의 경제학*The Economics of Petroleum*》에서 변화의 속도에 대해 심사숙고하면서 몇 가지 주의사항을 언급했다. 칠레 이탈리아 영국 캐나다 프랑스에 수출되던 미국의 석유보다 더 가치가 높은 것은 목화와 빵의 재료뿐이었다. 텍사스 오클라호마 캘리포니아 루이지애나 전역을 가로지르는 송유관을 따라 수백만 배럴의 석유가 고동쳐 흘러 500개의 정유시로 전달되었다. 자동추진 운송수단의 시용 비율은 매년 40퍼센트씩 경이적인 속도로 증가하기를 10년 동안 반복하면서 "유례가 없는" 성장세를 이루었다. 이 중 25퍼센트는 자동차가 차지했다. 자동차는 생산되는 석유의 50퍼센드를 소비했다. 하지만 저가로 판매되고 폐기물이 나오는데다 부주의하게 취급하는 행태가 "미국적인 경제 행위"의 특징이 되는 것 같다고 포그는 자신의 저서에 썼다. 석유업자들은 종종 석유의 60퍼센트를 땅에다 버려두었고 어리석게도 천연 가스는 모두 태워버리곤 했다. 일반적인 자동차의 배기관은 휘발유에서 발생하는 열에너지의 30퍼센트 정도만 소비했다. 포그는 좀더 현명하게 운용한다면 1917년 한 해 미국에서 연료로 태워없앤 1억 6,000만 배럴의 석유 중 4,000만 배럴은 절약할 수 있었을 것이라고 생각했다. 포그의 걱정은 "미국의 석유를 사용하기 위해서는 석유 자체를 엄청나게 투자해야 한다"는 데 있었다.

반면 지질학자들은 유전이 고갈될 것을 우려했다. 일명 "암석 수집가"라 불리는 지질학자 대부분은 미국 땅에 매장된 석유가 20년 정도 사용할 수 있는 양이라고 보았다. 따라서 미국 정부가 석유회사들로 하여금 "가능한 많은 해외 공급처를 확보하도록" 장려해야 한다고 역설했다. 이와 관련한 정부의 지원이 없다면 "미국인의 천재적인 조직화 능력을 보여주는 전형으로 우뚝 선 석유산업의 미래가 위험요소로 가득할 것이라"고 지질학자들은 우려했다. 미국 정부는 석유 개척자들이 전세계 석유 변경지대를 정복하도록 재빨리 독려했다. 엔지니어와 잡역부들은 산업 십자군이 되었고, 다소 엉뚱하게 보이지만 동부 해안지방 은행가와 회계사가 그 뒤를 이어 진군했다. 이제 미국인들이 가는 곳마다 기계시설이 들어서고, 검정 금의 신세를 지는 땅으로 변했다. 에드워드 도허니Edward Doheny는 멕시코의 석유 암맥을 터뜨렸고, 스탠다드 오일은 베네수엘라를 침공했다. "미국의 석유 굴착업자는 유별나다." 저널리스트 아이작 마코슨Isaac Marcosson이 1924년에 쓴 글이다. "어디든 가지 않는 곳이 없다. 무릎까지 빠지는 갈리시아 지방 진흙 속이든, 슬라브의 스텝지대 안개든 개의치 않는다. 아무리 외진 곳이라도 찾아가서 그곳을 작은 텍사스, 작은 오클라호마, 작은 캘리포니아로 만든다. 그런 용기와 기질은 조국의 자랑거리다." 이러한 석유영토 확장 정신은 테오도어 루스벨트Theodore Roosevelt 행정부의 국무장관 엘리후 루트Elihu Root가 1907년에 그린 미래상에서 찾아볼 수 있다. "우리의 잉여에너지는 이제 국경 너머 세상을 향하고 있다. 우리의 잉여자본을 수익성 높게 활용할 기회를 찾고 제조업자들을 위한 해외 시장을 개척하는 것은 해외 탄광 개발, 해외 지역의 다리 및 도로 건설과 공공사업, 해외에 있는 강을 이용해 전기에너지와 빛에너지를 발생시킬 기회를 얻는 일이 될 것이다." 석유 덕분에 미국은 서부 지역을 개척했던 방식으로 세계를 정복할 수 있었다.

미국 내에서는 석유로 인해 캘리포니아가 엄청난 변화를 겪고 있었다. 새로운 세기로 접어들면서 200여 개의 회사가 세계 최초의 급유항인 로스앤젤레스 시내에서 석유 굴착작업을 하고 있었다. 1920년대 미국은 전세계 석유의 4분의 1을 생산했다. 1900~1940년에 이르는 기간 동안 캘리포니아의 인구는 365퍼센트 증가했다. 하지만 유전이 있는 캘리포니아 주 다섯 개 카운티의 개발 속도는 훨씬 더 빨라서 1,200퍼센트 성장을 기록했다. 석유 개발 붐은 지역 경기를 부양시켰고, 이를 토대로 캘리포니아는 전세게 10위 안에 드는 경제 규모를 지랑했다.

석유는 캘리포니아에서 한 일을 알래스카에서도 똑같이 했다. 바로 안락한 삶을 살 수 있는 곳이라는 광고를 한 것이다. 수십 년 후 저널리스트 에릭 슈로서Eric Schlosser는 남부 캘리포니아Southern California를 일컬어 "재즈 시대(제1차 대전 후부터 1920년대 미국의 부富와 자유로운 행동이 특징이었던 재즈부흥기. ―옮긴이)의 쿠웨이트"라 했다. 산유국이 석유 수출로 얻은 잉여자본인 오일달러는 도로를 만들고 자동차 수를 늘리고 할리우드 영화에 자금을 댔다. 현금은 정치인 매수를 위해 흘러 들어가고, 엄청난 규모의 사유지를 구입하는 데도 쓰였다. 세상을 놀라게 한 정치스캔들도 시작되었다. 캘리포니아의 석유 사업가로 팬 아메리칸 페트로륨Pan American Petroleum을 이끌었던 에드워드 도히니Edward Doheny와 매머드 오일Mammoth Oil의 헤리 싱클레어Harry Sinclair가 1922년 내무장관 앨버트 펄Albert Fall에게 10만 달러를 '빌려준' 뒤, 캘리포니아의 엘크 힐Elk Hills과 와이오밍의 티팟 돔Teapot Dome에 있는 수익성 좋은 유전지대를 임대하기로 계약한 일도 있었다. 이곳은 미국 정부가 해군을 위해 별도로 마련한 유전 지역이었다. 〈타임〉 지는 이 사건을 보도하면서 석유가 "미국의 입을 매수했다. 신문은 격한 어조로 외쳐대고, 목사들은 비난하며, 보통 사람들은 충격을 받아 얼떨떨한 상태로 사태를 참아내고 있다."고 밝혔다.

남부 캘리포니아는 무질서한 교외 개발의 전형이었다. 게다가 이런 식의 난개발은 미국 교외 지역 대부분으로 퍼져나갔다. 남부 캘리포니아에서는 네 명 중 한 명이 자동차를 소유했고, 고속도로 4킬로미터마다 주유소가 들어섰다. 캘리포니아는 민자도로를 건설해서, 석유 소비 증가를 촉진시키는 석유산업의 능력을 몸소 보여주기도 했다. 고속도로에 부과하는 세금의 수익률이 좋았기 때문에 정부는 사실상 대중교통 개념을 포기하기에 이르렀다. 1940년대까지 샌프란시스코와 로스앤젤레스에는 트롤리 전차 시스템이 갖추어져 있어서 많은 사람들이 이용했다. 하지만 거대 석유업체들이 등장하면서 상황은 달라졌다. 제너럴 모터스와 엑슨, 파이어스톤Firestone 타이어가 재원을 대는 자금 조달 플랫폼이 샌프란시스코의 송전 시스템을 샀다가 되팔면서 가혹한 조건이 덧붙여졌다. 바로 트롤리 전차를, 엑슨 휘발유와 굿이어Goodyear 타이어를 사용하는 제너럴 모터스 버스로 대체하는 것이었다. 제너럴 모터스와 캘리포니아의 스탠다드 오일, 파이어 스톤도 이와 비슷하게 LA의 전차 운행을 서서히 폐지시켰다. 이에 대해 저널리스트 칼 솔베르그Carl Solberg는 1976년 《석유 권력Oil Power》에서 다음과 같이 말했다. "이런 식으로 거대 기업들은 45개 도시에서 100개의 전차 시스템을 없애나갔다. 뉴욕 필라델피아 볼티모어 세인트루이스 솔트레이크시티 등이 이에 해당된다. 1949년에 이들은 범죄 공모로 유죄를 선고받는다. 주모자인 제너럴 모터스의 회계 담당자 그로스만H. C. Grossman은 1달러의 벌금을 부과받았다." 해안 지대 시추작업을 반대하는 여론과 임해 지역으로 시추작업을 확장하기를 원하는 석유회사들을 동시에 달래기 위해 캘리포니아는 유정 사용료로 공공 해변과 삼나무 공원을 조성했다. 그런데 이곳으로 가기 위해서는 석유의 주요 시장을 이루는 자동차를 이용해야만 했다.

석유와 새로운 형태의 종교적 극단주의의 조우 역시 캘리포니아를 무대로 해서 일어났다. 유니언 오일Union Oil의 회장이자 독실한 장로교파 교인인 리이먼 스튜어트Lyman Stewart는 성경의 말씀을 일점일획도 틀리지 않은 진리로서 세상에 전파하는 데 재산을 쏟아부었다. 그는 자신의 친형 밀턴Milton과 함께 익명으로 기금을 조성해서 《근본교리The Fundamentals》라는 책을 300만 부 이상 배포했다. 진화론, 자유주의, 진보주의, 사회주의, 다원설을 공격하면서 기독교 신앙을 방어하는 글들을 모아놓은 책이었다. 또 석유회사 노동자들의 신성모독으로 심기가 불편해진 스튜어트는 유정탑 근처에 예배당을 지었다. 그의 유전지대 중에는 크리스천 힐Christian Hill이라 불리는 곳도 있었다. 그리고 사람들의 눈을 피해 교묘하게 진행된 정치적 행동을 기반으로 이후 근본주의자 대통령을 배출하게 된다. 바로 석유 기업가 출신 조지 부시George W. Bush다.

미국의 석유 붐에 관한 비판은 초기부터 등장했지만 석유산업이 끊임없이 쏟아내는 선전 광고에 묻혀 잘 들리지 않았다. 대표적으로 석유 비판론을 제기한 캔자스의 경제학자 존 아이즈John Ise는 1926년, 자신의 저서 《미국의 석유 정책The United States Oil Policy》에서 미국의 과학 월간지 〈사이언티픽 아메리칸Scientific American〉 기자가 석유를 낭비하고 유전에서 끊임없이 석유가 누출되는 상황을 "비옥한 땅을 가로질러 나르는 메뚜기떼"로 비유한 것이 참으로 적절하다고 지적했다. 전통적인 사고방식을 지닌 보수주의자 아이즈는 기포드 핀초Gifford Pinchet가 들려준 이야기도 퍽 좋아했다. 1배럴의 물을 가지고 바다에서 20일 동안 표류한 한 남자의 이야기였다. "그런 상황에서 가지고 있던 물을 모두 마시지 않고 손을 닦는 데 썼다면 도대체 어떻게 된 사람이라고 생각해야 할까?" 아이즈는 그 사람이 바로 미국의 석유 소비자들이라고 말했다. 아이즈는 자동차가 전례 없는 낭비를 상징한다고 생각했다. 드라이브는 "행복의 추구"가 아니라 다음 세대의 에너지를 훔치는 행위라는 것이다. "손자가 1,000번의 드라이브를 하는 것보다 우리가 1,000번의 드라이브를 하는 게 중요하다고 말할 수 있다. 아무리 그렇다고 해도, 지금 우리가 2,000번의 드라이브를 즐기는 대가로 우리 손주들이 단 한 번 드라이브할 권리까지 박탈하는 건 전혀 다른 문제다." 오늘날에 보아도 전혀 손색이 없는 이 책은 다음과 같이 마무리된다. "미국의 석유 개발 역사는 고갈될 자원을 범죄 수준이라 할 만큼 이기적인 용도로 순식간에 낭비한 역사다. 현재 우리가 아는 한 이 자원은 다음 세대의 경제생활에 없어서는 안 되는 필수품인데도 말이다."

이로부터 2년 전인 1924년에는 미국의 저널리스트 아이작 마코슨 Isaac F. Marcosson이 《블랙 골콘다*The Black Golconda*》를 출간했다. 미국 및 전세계 유전 지역을 방문한 내용을 담은 이 책은 석유산업의 일면을 생생하게 보여준다. 이 작업을 저자는 "절대적으로 필요한 일"이라 말했다. 사실 그대로를 정확하게 전하는 이 글은 현대 휘발유 소비자들도 놀라게 만든다. 우선 그는 미국이 석유 무역에서 지속적인 우위를 점할 능력이 있는지에 의문을 가졌다. 미국과 네덜란드, 영국의 석유회사들이 새로운 유전 지역을 두고 경쟁을 벌이면서, 그 대가로 얻는 윤활유가 국제적 갈등을 부채질하고 있었던 것이다. "과학자들이 석유 산출의 시대라고 부르던 때는 사실 위험한 시대였다. 흐르는 금이라고 불리던 자연의 산물을 두고 엄청난 쟁탈전이 벌어졌기 때문이다." 미국에서 자동차를 모는 사람들이 매년 소비하는 석유가 5배럴 이상이고 그외 국가들에서는 0.18배럴을 소비하지만, 석유기업들이 해마다 10억 달러어치씩 공급하는 휘발유에 중독되어 이런 사실은 전혀 모르고 있다고 미코슨은 적었다. "어머니 대지의 품에 오랫동안 유폐되었다가 뽐어져나와 열기를 분출하고, 한 걸음 더 나아가 인간 세상을 정신없이 돌아가게 한 원유가 가져올 어려움과 위험요소"에 대해 일반인들은 까맣게 모르고 있었다.

존 아이즈와 마찬가지로 마코슨은 고갈의 경제가 가동되기 시작했음을 감지했다. 1924년 미국은 30만 개의 유정을 보유하고, 매일 67개의 새로운 유정을 시추해냈다. 이제 석유를 시추할 수 있는 수천 달러짜리 얕은 천정은 30만 달러가 소요되는 200피트 깊이의 시추정으로 대치되었다. 하지만 그 시추정의 5분의 1 정도에서 석유가 고갈되고 있었다. "세상을 개척하듯이 우리는 천지만물을 차지했다. 하지만 정작 주요한 고갈은 미국인의 타고난 기질과 진취성, 영토 확장이 부채질한 경이적인 수요에서 비롯됐다. 비록 중국과 일본, 버마, 러시아, 갈리시아, 루마니아와 같은 국가들이 미국보다 앞서서 원유를 상업적으로 이용했지만 우리 미국인은 타고난 낭비벽 때문에 이 산물을 게걸스럽게 포식해서 필연적인 결과를 맞이하게 되었다."

영국의 사회비평가, G. K. 체스터턴G.K. Chesterton은 1920년대에 이 새로운 물질만능주의 왕국을 방문했다가 그 경솔함에 강한 인상을 받았다. 하지만 사람들이 "이기적이고 선정적인 자기선전"을 열정적으로 반기는 풍경을 보고 어처구니없어 했다. 체스터턴은 다음과 같이 저적했다. "과거 새로운 땅을 개척하면서 영웅적으로 싸우는 사람이라고 믿었던 사람들 상당수가 잘못된 신조나 특정 유행에 대책 없이 빠져들었다. 그들은 성공이라는 혐오스러운 이름으로 불리는 이상을 좇고 있다." 체스터턴의 글에 따르면 미국인은 '석유왕' 록펠러를 존경하는 게 아니라 "그를 따라하고 싶어했다."

경제학자들도 이상하기는 마찬가지였다. 목사의 아들이자 예일 대학교 교수였던 어빙 피셔Irving Fisher는 경제학을 "부의 학문"이라고 규

정짓고, 이것이야말로 미국의 새로운 물리적 현상이 되어야 한다고 생
각했다. 광란의 1920년대에 피셔는 미국에서 가장 많이 언급되는 경
제학자 중 한 명이었다. 에너지를 이해하는 엔지니어가 경제를 운용해
야 한다고 생각한 베블런Veblen과 달리 피셔는 돈 자체를 성공으로 가
는 방법으로서 옹호하면서, "과거의 환영"을 떨쳐버리게 해주는 등불
로서 미래를 예측가능하게 만들어주는 것이 수학이라고 역설했다. 과
거의 노예 소유주들과 마찬가지로 피셔는 "생활 폐기물"이라고 지칭하
는 사람들을 경제에서 배제하거나 불임화시켜 "적합한" 사람들이 우세
하도록 만들자는 견해를 지지했다. 1929년에 피셔는 모든 돈을 주식
시장에 투자하면서 월 스트리트가 "영구적으로 매우 안정적인 상태를"
유지하리라고 장담했다.

　1930년대가 시작되면서 미국 석유산업은 낭비와 절도, 과잉생산으
로 거의 압사 상태에 이르렀다. 이스트 텍사스East Texas 유전이 발견되
고 난 후에는 독립 시추업자들이 굶주린 약탈자처럼 텍사스의 킬고어
Kilgore에 난입했다. 그로부터 채 3년이 지나기도 전에 유정탑의 수는
3,540개에서 1만 2,000개로 폭증했다. 단기수익을 바라며 한밑천 잡
겠다고 몰려든 사람들은 미국 석유시장에 100만 배럴의 석유를 쏟아
냈다(미국 석유 수요의 절반이 넘는 양이었다). 이로 인해 대공황기 중 석
유 가격은 배럴 당 1.1달러에서 10센드로 떨어졌다. 이스트 텍사스
에서는 석유보다 물이 더 비쌌고, 주유소에서는 자동차에 기름을 가
득 채우면 계란 한 꾸러미를 주거니 치킨 요리를 공짜로 제공했다. 과
잉 공급은 생산비용이 높은 미국의 유전과 하루 10배럴 미만의 석유
를 생산하는 소위 '말라붙은 유정'의 경쟁력을 위협했다. 텍사스 주에

서 석유 생산을 통제하려 하자 독립 시추업자들은 강력히 항의하면서 텍사스 주 밖으로 석유를 밀반출했다. 당시 텍사스에서 매일 불법적으로 밀반출된 '핫 오일 hot oil'(분쟁의 대상이 된 석유. ―옮긴이)은 자그마치 10만 배럴에 달했다. 질서를 회복하기 위해 오클라호마와 텍사스의 주지사들은 계엄령을 선포하고 수천 명의 주 방위군을 파견했다. 위기상황은 장기간에 걸쳐 이어졌다. 결국 미국 내무장관 해럴드 이커스Harold Ickes는 루스벨트 대통령에게 석유산업계를 조사하고 생산을 제한하며 최저가격을 설정하기 위한 "석유 독재체제"를 세워야 한다고 건의하기에 이르렀다.

오랜 기간의 법적·정치적 다툼 끝에 미국 정부는 1935년 '주정부 간 석유동맹협약Interstate Oil Compact'을 만들고, 이후 수십 년 동안 가격을 안정화시켜 잉여자본과 과잉 공급의 등락이 없도록 규제했다. 이제 석유 가격 그래프의 형태는 요요에서 차분하게 상승하는 계단형이 되었다. 주요 석유회사들은 자원보호라는 미명 아래 생산을 제한하기로 합의했다. 주정부는 석유를 분쟁의 대상으로 삼는 것을 금지하고, 신뢰할 만한 석유 소비량 통계를 내서 각 주별로 생산 할당량을 정하는 데 도움이 되게 했다. 지방의 평화를 유지하기 위한 석유 할당 정책을 펴서 생산량이 적은 유정에서 석유를 시추할 여지를 주지 않았다. 이런 유정은 대부분 독립 생산자들의 소유였다. 전세계에서 가장 넓은 면적의 석유 생산지역인 텍사스는 철도위원회Railroad Commission를 통해 석유 가격 통제상황을 감독했다. 대부분의 미국인들이 잘 알지 못하는 이 특이한 시스템은 높은 비용 때문에 수익을 내지 못하는 자국 석유 생산자에게 보조금을 지급하는 한편, 미국 석유 수요가 생산량과 맞아떨어지도록 보장했다(이 시스템은 기본적으로 1970년대에 막을 내린다). 석유 가격을 배럴 당 1달러로 회복시키고 1970년대까지 소비자에게 안정적인 석유 가격을 보장하는 동시에 생산자들에게 자유시장 가격보다 더 높은 가격을 보장한 것은 바로 "미국부터 고갈시키기" 정책이었다. 이 시스템은 매우 성공적이어서 OPEC이 본으로 삼았다.

석유를 찾아 세계 각지를 누비던 미국의 와일드캐터wildcatter(석유 등을 찾아 닥치는 대로 채굴하는 사람)들이 처음으로 사우디아라비아에 발을 내디딘 것은 1933년이었다. 엄청난 매장량을 자랑하는 이 "전리품"을 찾아낸 주인공은 캘리포니아 스탠다드 오일과 텍사스 오일이 설립한 칼텍스Caltex였다(이 두 회사는 나중에 아람코ARAMCO(Arabian American Oil Co.)가 된다). 이들은 사막에서 석유를 채굴했다. "10년도 되기 전에 석유로 얻는 수익에 대한 사우디아라비아의 의존도는 놀라울 정도로 높아졌다. 미국의 본을 받은 사우디아라비 사람들의 욕망도 이미 급증하고 있었다." 사람들에게 잘 알려지지 않은 1956년의 역사서 《발견!*Discovery!*》에서 소설가 월리스 스테그너Wallace Stegner가 쓴 글이다. 스테그너는 아람코가 사우디아라비아 사회에 교묘하게 획책한 사회공학적 일을 유럽 마셜 플랜Marshall Plan과 비교했다. 사우디아라비아 알 고비르에 있는, 야자수로 지붕을 엮은 어부의 바라스티 barasti(오두막)는 "폭이 반 마일은 되는 정면을 유리로 장식하고 전기등과 수은등을 환하게 켜놓은 가게가 되거나 양조장, 시멘트 공장, 창고 등으로 바뀌있다." 석유 덕분에 아람고 직원의 부인들은 사막에서도 프랑스 향수와 덴마크 가구를 사고 신경안정제를 구할 수 있었다.

텍사스에 이어 세계 최대 매장량을 자랑하는 사우디라아비아의 중요성을 프랭클린 D. 루스벨트 대통령은 놓치지 않았다. 사우디아라비아를 국익의 대상으로 인식한 루스벨트는 전쟁에 총력을 기울이느라 지치고 병색이 완연했음에도 1943년, 미국 전함에서 사우디아라비아의 통치자 이븐 사우드Ibn Saud와 이틀에 걸친 회담을 가졌다. 두 정상은 서로에게 깊은 인상을 받았다. 루스벨트는 다리가 불편한 이븐 사우드에게 비행기 한 대와 더불어 휠체어를 주었다. 석유산업 왕국인 미국과 사우디아라비아는 그 이후 주종의 역할을 수행하게 되었다.

석유와 그 무생물 조력자는 1차 대전과 마찬가지로 2차 대전 때에도 가장 중요한 위치를 차지했다. 미국인들은 자국의 석유 매장량이 풍부하다는 사실을 한 치의 의심도 없이 맹신했지만 석유 수입국이었던 일본과 독일은 합성액체연료synthetic fuel(타르샌드, 오일 셰일, 석탄 액화로 얻어지는 석유와 유사한 액체연료유를 총칭. ─옮긴이)를 연구하고 미국에서 수입한 원유를 비축해두었다(특히 히틀러는 고에너지 국가상을 갖고 있었다. 그런 의미에서 "새로운 교통의 시대를 맞이해 자동차의 시간이 도래함을 알리는" '국민차'와 고속도로를 만들었다). 팽창주의를 표방하던 이 두 나라는 석유 부족이 자국의 정치·경제적 야망을 제한하게 되리라는 걸 인식했다(1938년, 독일의 연간 석유 소비량은 4,400만 배럴인 반면 미국은 10억 배럴을 소비하고 있었다). 그래서 외국의 에너지를 입수하는 독특한 군사전략에 희망을 걸었다. 독일의 잠수함 U보트는 대서양에서 유조선을 침몰시켰고, 일본은 미국이 일본에 대한 석유 금수조치를 취하자 진주만 공습을 감행했다. 세계대전을 벌이는 동안 일본과 독일은 석유 부족을 엄청난 규모의 인간 노예로 메웠다. 일본은 수백만 명의 한국·중국인 노동자를 강제 징용했고 나치는 동유럽과 소련에서 수백만 명을 강제 노동에 동원했다. 미국은 자국의 석유 소비를 군사 장비에 집중시켰다.

석유 자원이 거의 없던 독일은 석탄 액화 공장에 크게 의존했다. 사실 나치의 주요한 군사전략인 '전격전blitzkrieg'은 저렴한 석유를 공급받지 못한 데서 시작되었다. 노르웨이와 프랑스, 폴란드를 속전속결로 점령하면서 독일은 더 많은 석유를 확보했다. 하지만 이 전략은 러시아 대평원에서는 꽃을 피우지 못해서 러시아 최대 석유 생산지역 두 곳을 확보하겠다는 계획은 실패로 돌아갔다.

석탄으로 만든 저급 합성액체연료를 쓰는 독일의 비행기는 고옥탄 연료를 사용하는 연합군의 비행기에 비해 기동성과 속도 면에서 뒤떨어졌다. 결국 전쟁의 주도권 다툼은 얼마나 많은 전투용 기계 노예를 동원할 수 있느냐의 문제로 귀결되었다. 많은 양의 에너지를 잡아먹는 투기적 잠수함 전도 이와 같은 맥락에서 볼 수 있다. 양측은 잠수함대를 이용해서 서로의 석유 공급을 차단하려 했다. 성능이 완벽하진 않았지만 치명적인 위력을 발휘하는 20억 달러짜리 독일 U보트의 위협에 맞서기 위해 연합군은 철과 석유, 선박에 총 206억 달러를 소비했다. 일본이 태평양에서 벌인 잠수함 전에는 1조 달러의 비용이 들었다. 종전 후 일본의 군사령부 총징 도요디 소에무는 "일본이 전쟁에 총력을 기울일 때 가장 중요하게 생각한 두 가지 요소인 함선과 석유가 부족했다."라고 인정했다. 1946년, 미국에서는 비밀리에 독일 최고위급 장교들과 면담을 진행하면서 전쟁의 패인이 무엇이라고 생각하는지 물었다. 그러자 한 명도 빠짐없이 연료의 질과 공급량 부족을 거론했다.

전쟁이 일어나기 전 일본은 석유의 80퍼센트를 미국에서 수입해 사용했다. 일본 황실은 캘리포니아에서 구매한 항공 연료로 진주만 공습을 감행했다. 하지만 2년 간 사용량을 비축하고 네덜란드 소유의 유전 몇 곳을 차지했음에도, 얼마 지나지 않아 해군과 공군이 연료 부족에 시달렸다. 일본은 절박한 심정으로 감자와 땅콩, 코코넛, 피마자씨, 소나무 뿌리를 이용해 만든 대체연료에 의지했다(송근유 1만 2,000배럴을 매일 생산해내기 위해 100만 명 가까운 사람이 동원돼 소나무 뿌리를 채취했다. 일본에서 만들어낸 연료는 한 달에 7만 5,000배럴을 넘지 못했다). 일본이 자살특공대인 가미가제를 창설한 것도 최대한 석유를 아껴 사용하기 위해서였다.

전쟁으로 인해 미국 정부와 석유산업 간 유착관계는 더욱 공고해졌다. 루스벨트 대통령은 미국을 5개의 석유방위행정구역PADD, Petroleum Administration for Defense District으로 나누었고, 석유업계 임원진 72명을 석유산업전쟁위원회Petroleum Industry War Council 위원으로 임명했다. 1943년 위원회가 맡은 가장 큰 업무 중 하나는 텍사스에서 동부 해안에 이르는 두 개의 파이프라인 시스템, 즉 빅인치와 리틀 빅인치를 건설하는 것이었다. 이 두 개의 송유관이 없었다면 연합군은 유럽 침략에 필요한 석유를 충분히 확보하지 못했을 것이다. 텍사스의 파이프라인 건설업자들은 패튼 장군과 탱크의 뒤를 바짝 따라갔다.

한편 화학제품의 주원료인 석탄, 소금, 목재가 부족해지자 제조업계는 석유를 여러 모로 활용했다. 미국 화학자들은 석유에서 새로운 성분을 추출해 그 매혹적인 쓰임새를 발견해냈다. 원유를 정제할 때 나오는 나프타에서 스티렌styrene과 부타디엔butadiene을 추출한 뒤 합성고무를 만들었다. 이후 탄성체가 부족해지는 일은 없었다. 또 화학자들은 TNTtrinitrotoluene(트리니트로톨루엔)를 합성해냈다. 〈파퓰러 미캐닉스*Popular Mechanics*〉에서는 이를 두고 "가장 강력하고 성능 좋은 전쟁 폭발물"이라 칭했다. 석유에서 콜타르 대신 톨루엔을 만들면서 미국은 더 많은 탄두를 생산해낼 수 있었다. 이어서 다양한 플라스틱과 비료, 농약이 등장했고 석유화학산업을 통해 쓰레기봉투, 풍선, 신용카드, 낚싯대, 방수천 등 약 4,000개의 다양한 상품이 세상에 나왔다. 화학 계면활성제가 동물성 유지로 만든 비누를 몰아냈고 폴리에스테르는 면화에게 도전장을 내밀었다. 값싼 석유로 만든 상품들이 시장을 점령한 것이다.

피비린내 진동하는 싸움이 (600만 명의 사망자를 내고) 막바지에 이를 무렵, 미국의 인류학자 레슬리 화이트Leslie A. White는 B-52 폭격기가 유럽을 횡단하면서 석기시대 동안 미주 대륙 전체 인구가 소비했던 것보다 더 많은 에너지를 쓰고 있다는 사실을 진지하게 숙고했다. 그리고 화석연료와 그것을 이용한 첨단장비가 독특한 '에너지 시대'를 열어제쳤다고 결론내렸다. '사회체계를 산산이 부수어놓을' 에너지원을 활용하기 시작하면서 문화는 진보했다고 화이트는 적었다. 하지만 그는 미국의 미래가 이미 정해져 있다고 생각하지는 않았다. "우리가 바라는 더 좋은 일들이, 곧 첨단기술의 승리의 지속적인 문화발전을 보장하는 건 아니다. 따라서 (…) 인류가 새로운 에너지원의 1인당 연간 소비량을 일정 정도로 유지하지 않으면 문화는 위축된다."

미합중국은 전쟁으로 파괴된 경제와 유럽·일본의 인프라 재건에 석유를 이용했다. 이로 인해 석유 연료 기계가 산산이 부수어버린 석유 기반산업은 다시 부활할 수 있었다. 나아가 석유는 막강한 석탄 동맹이라는 고비를 넘기게 되었다. 미국 정부는 납세자들의 돈으로 마련한 130억 달러의 기금을 조성해 야심찬 유럽 부흥정책인 마셜 플랜Marshall Plan을 가동했고, 여기서 유럽과 일본이 석탄 대신 석유를 주원료로 사용한다고 약정했기 때문이었다. 마셜 플랜 기금은 도로를 만들고 미국 자동차를 구매했으며 유럽의 자동차 제조업체를 매수하기도 했다. 마셜 플랜 기금 중 6분의 1은 미국 석유회사가 중동에서 퍼올린 석유 값으로 채워졌다(칼 소베르크에 의하면 엑슨과 같은 기업들은 15여 년 동안 "대영제국이 19세기 내내 식민지에서 빼앗아온 것보다 더 많은 재산을 중동 지역에서" 가져왔다고 한다). 마셜 플랜의 내용에 의하면, 미국의 다국적 기업들은 세상에서 가장 값싼 석유를 텍사스 원유보다 40퍼센트나 더 비싼 가격에 팔았다. 유럽 부흥을 기치로 내건 마셜 프로젝트가 이루어낸 또 다른 석유 경제의 기적은 일본과 유럽의 경제 르네상스다. 1947년 이후 유럽의 GNP는 32.5퍼센트나 상승했고 산업생산량은 전쟁 이전과 비교해 40퍼센트가 증가했다. 농업생산량은 11퍼센트 신장했다. 유럽은 이를 가리켜 '고도성장supergrowth'이라 지칭했다. 1960년에 이르자 유럽에서 소비하는 에너지 중 석유 비중은 종전 10퍼센트에서 30퍼센트로 늘어나 있었다.

유럽의 석유 의존에 마셜 플랜이 큰 역할을 했다면, 석유를 통해 전세계 농업을 산업화한 주인공은 노먼 볼락Norman Borlaug이었다. 1944년 노먼은 국수주의적 성향이 강한 석유 수출국 멕시코가 진행한 '밀생산을 위한 합작투자 사업'에 참여했고, 이 과정에서 식물 생장에너지원에 획기적인 변화를 일으켰다. 아이오와 태생의 품종개량가인 볼락은 식물성 단백질이 더 많은 곡물 품종을 개발하고 생산하는 데 에너지를 총동원했다. 높은 수확량을 자랑하는 새로운 품종은 성장 속도가 빨라서 더 많은 물과 토양 영양분을 필요로 했다. 볼락의 '녹색혁명Green Revolution'은 석유를 기반으로 하는 화학비료와 농약, 디젤 기관으로 작동되는 관개시설에 의존했다. 석유가 없었다면 새로운 농업 시스템은 엔진 없는 자동차 꼴이 되었을 것이다. 포드 재단과 록펠러 재단의 도움을 받은 볼락은 인도와 파키스탄, 중국에서 높은 수확량을 자랑하는 또 다른 곡물을 개발해냈다. 1950~2000년 사이, 볼락의 농업산업화 기술은 농업생산성을 7배나 향상시켰다. "나는 과학이 유용한 목적에 사용되기를 바란다."노벨상을 수상하러 가면서 볼락이 했던 말이다. 오늘날 그가 개발해낸 고수확 품종 곡물은 수십억 명의 식량 문제를 해결하고 있다.

석유산업의 미국 정복도 계속되었다. 히틀러의 고속도로 체계에 깊은 인상을 받은 드와이트 아이젠하워Dwight Eisenhower 대통령은 1950년대에 각 주를 연결하는 고속도로망을 구축하기 위해 270억 달러를 쏟아부으며 공사를 시작했다. 이 사업은 핵공격을 당할 경우, 미국의 도시에서 철수하기 위한 방어시스템의 하나이기도 했다. 1991년대에 완공된 4만 7,000마일 고속도로는 "세상에서 가장 거대한 토목공사 프로젝트"였다. 이제 기찻길을 대신해 트럭이 상품을 나르고, 고속도로가 도시를 가로지르게 되었다. 공사 시작 전인 1955년, 일반적인 미국인은 3,000마일가량 차를 몰면서 202갤런 내외의 석유를 소비했다. 하지만 1975년에 이르사 평균 4,481마일을 이동하면서 343갤런의 석유를 사용하기 시작했다. 연간 총 1조 마일을 여행하는 미국의 석유소비자들은 이제 출근길에도 자동차를 이용한다.

고속도로 건설공사가 진행되면서 미합중국은 전혀 새로운 형태의 도시생활인 '교외생활양식'을 창안해냈다. 고속도로 건설에 앞서 개발 기대심리를 안고 형성된 최초의 교외지역 중 롱아일랜드 레빗타운Levittown이 있다. 드넓은 감자밭에 조성된 레빗타운에는 27단계의 간단한 공정으로 세울 수 있는 침실 3개짜리 저렴한 주택이 규격화된 모양으로 들어섰다. 1만 7,000명의 거주민을 염두에 둔 주거지였다. 각 집에는 석유 난방시설과 세탁기, 건조기 그리고 차고가 구비되어 있었다. 10개의 단지마다 초등학교 한 개와 수영장, 놀이터도 들어섰다. 전쟁에서 돌아온 퇴역 군인들이 레빗타운으로 모여들면서 이곳은 '풍요계곡' 혹은 '토끼장'이라는 이름으로 불렸다. 경영 분야 전문작가인 윌리엄 화이트William Whyte는 교외생활양식을 일컬어 "새로운 세대의 조직인들이 사는 베드타운"이라 칭했다. 레빗타운에서 '참여적 관찰자'로서 2년 동안 거주한 사회학자 허버트 갠스Herbert Gans는 이 새로운 형태의 생활양식을 칭송해 마지않았다. 갠스에 따르면, 비평가들은 "아버지가 장거리 통근을 하는 탓에 교외에서는 모계사회가 형성되어 아이들에게 유해한 영향을 미친다"면서 나아가 "도시적 자극 부재와 사교활동 과잉 및 획일성이 우울증과 권태, 외로움을 야기해 결국 정신질환을 낳는다"고 분석하지만 사실상 교외생활은 "좀더 높은 가족 응집력"을 생산해낸다고 주장했다. 갠스는 대도시 인근에서 농지가 사라지는 현상을 두고 "산업화된 대형 농지에서 식량이 생산되고 있으니 문제될 게 없고, 미개발 토지 및 개인 소유의 상류층 골프코스를 파괴하는 일은 좀더 많은 이들에게 교외생활의 이익을 주기 위한 작은 대가로 봐야 한다."라고 일축했다. 1960년대에 이르자 주요 도시를 떠나

화이트가 일명 '패키지 마을packaged villages'이라 명명했던 이 독특한 지역사회로 유입된 인구는 3,000만 명을 넘어섰다. 북미 역사상 가장 커다란 규모의 인구 이동 중 하나로 기록될 일이었다.

1957년, 핵잠수함의 아버지 하이만 릭오버Hyman Rickover 제독이 미네소타 주 세인트폴에서 미국 의사들을 모아놓고 진지한 연설을 했다. 1912년부터 군복무를 해온 릭오버는 석유가 미국의 국민성을 어떻게 변화시켰는지 분명하게 인식하고 있었다. 그는 청중들에게 "화석연료 시대Fossil Fuel Age와 고별하게 될 우리 후손들"에 대한 책임감을 진지하게 생각해야 한다고 충고했다. 릭오버가 말한 책임감 있는 생활이란 에너지를 아끼고, 모든 시민에게 훌륭한 교육을 시키며, 금욕의 문화를 새로이 일구고, 많은 세금을 걷어 위대한 미국을 이루어나가기 위한 기금을 조성하는 것이었다. 그렇게 하지 못할 경우 불신과 우유부단, 혼란, 붕괴를 경험할 것이라고 그는 강조했다.

릭오버의 연설은 간단한 이야기로 시작되었다. 1세기 이전만 해도 화석연료는 전세계 에너지원의 5퍼센트에 불과했다. 나머지 노동은 인간과 동물이 담당했다. 하지만 1957년에는 전세계 에너지의 93퍼센트를 화석연료로 쓴다. 그리고 세계 인구의 6퍼센트에 불과한 미국인이 그 중 3분의 1에 가까운 양을 소비하고 있다는 내용이었다.

릭오버 제독은 청중에게 대부분의 미국인이 당연시하는 에너지에 대해 상기시켰다. "이 나라 안의 기계들이 소비하는 어마어마한 화석에너지는 각 개인이 한 부대의 기계 노예를 부리는 정도에 해당한다." 미국의 산업현장에서 근로자 한 명에게 할당된 기계의 에너지 소모량은 244명의 인력과 맞먹고, 그 근로자의 자동차가 길에서 소모하는 에너지는 2,000명의 인력과 같다. 또 근로자의 가정에서 도움을 주는 기계들이 소모하는 에너지는 33명의 인력에 해당한다. 기관사 한 명이 관리하는 에너지는 10만 명의 인력에 해당되며 제트기 조종사의 경우에는 70만 명의 인력을 부린다고 볼 수 있다. "엄밀히 말해서 가장 검소한 생활을 하는 미국인조차 과거 가장 부유한 귀족이 부렸던 것보다 더 많은 노예를 이용하고, 대부분의 고대 왕들보다 더 나은 생활을 하고 있다. 돌이켜 생각해보면 전쟁과 혁명, 대재난에도 불구하고 지난 100년의 세월은 황금시대라 보아도 무방할 듯하다."

릭오버는 청중에게 석유든 인간이든, 형태와 상관없이 에너지 노예가 감소하면 그 문명은 쇠락하는 결과로 이어졌다고 전했다. "우리 문명은 엄청난 양의 화석연료를 잡아먹는 과학기술을 기반으로 한다." 릭오버는 말을 이었다. "그렇다면 화석연료가 우리의 에너지 수요를 지속적으로 충당해주리라 장담할 수 있을까? 궁극적으로 이 질문에 대한 답은 '아니다.'이다."

릭오버는 미국이 인구 400만에다 자원은 철철 넘치는 국가로 1776년에 첫 걸음을 뗐다고 말했다. "우리는 부족한 자원인 인간의 노동력은 아끼고 풍족한 듯 보이던 천연자원은 함부로 썼다. 그걸 지금도 똑같이 반복하고 있다. 미국 국민성에 가장 역동적인 힘을 불어넣어주었던 황야의 대부분은 도시와 공장, 교외지역 개발 아래 묻혀버렸다. 이제 바비큐 그릴의 철사 바구니에서 자욱하게 연기가 피어나오는 이웃집 뒷마당 이상을 담아내지 못하는 창밖 풍경은 우리에게 큰 감흥을 주지 않는다." 도시와 행정부, 기업이 집약되고 "인구 밀집 상황에서 생기는 문제들을 해결하기 위해, 우리가 이룬 것을 그 어느 때보다 더 많이 공유할 것이 요구된다." 릭오버는 미국이 과도기를 겪게 될 것이라고 결론지었다. "화석연료는 은행에 예치한 자본과 비슷하다. 신중하고 책임감 있는 부모라면 최대한 많은 유산을 후손들에게 물려주기 위해 그 자본을 절약해서 사용할 것이지만, 이기적이고 무책임한 부모는 방종한 생활을 하면서 자본을 탕진하고 자손들이 어떻게 살아갈지는 신경 쓰지 않을 것이다."

이 연설이 있고 3년 후, 아이젠하워 대통령은 퇴임식에서 미국인에게 또 다른 경고를 남겼다. 퇴임하는 대통령은 이제 미국은 300만 명 넘는 인력을 고용하고 미국의 모든 기업이 벌어들이는 것보다 더 많은 돈을 쓰는 거대한 방위산업을 보유하게 되었다고 말했다. 이 '군산복합체military-industrial complex'는 과잉 공급된 석유에너지를 이용해 만들어진 것으로, 모든 미국인의 경제·정치·영적 생활에 영향을 미친다. 따라서 "우리는 그 심각한 함의를 반드시 이해해야 한다." 아이젠하워 대통령은 "부적절한 에너지 사용이 파멸을 초래할 가능성"에 대해 "실제적인 위협"이라고 천명했다. 그러나 아이젠하워의 선견지명을 심각하게 받아들이는 이는 거의 없었다. 오늘날 미국 군대는 매일 40만 배럴의 석유를 쓴다. 지구상에서 단일 기관으로 가장 많은 석유를 소비하는 곳이 바로 미국 군대다. 미군은 이라크 전쟁을 치르고 이 지역을 점령하는 데, 독일에서 패튼 상군General Patton이 이끌었던 제3군보다 네 배 많은 석유를 사용했다.

석유 사용으로 인해 미국 국민성이 달라지고 사용하는 어휘도 바뀌었다. 이는 미국 남부에서 노예제도가 생기면서 일어났던 변화와 괘를 같이 한다. 1962년 예일 대학교의 역사학자 조지 피어슨George Pierson

은 미국이 우월한 지위를 차지한 이유가 자신이 'M 요인M-Factor'이라 지칭한 '이동movement, 이주migration, 기동성mobility' 덕분이라고 단언했다. 사람들은 희망을 품고 찾아오거나 성공을 결심하고 길을 떠나거나 낙오자가 되었다. "자, 떠나자!" "새로 시작하자." "거기가 어딘지 모르지만, 내 길을 가련다."라는 식의 관용구가 사용되었다는 사실이 모든 걸 말해준다.

하지만 최초의 석유 붐이 일어났던 펜실베니아 주 타이터스빌 Titusville에서 92마일밖에 떨어지지 않은 지역에서 이런 경향에 저항하는 흐름이 생겨나기 시작했다. 그 시작은 스프링데일Springdale 출신의 해양생물학자 레이첼 카슨Rachel Carson이 열었다. 1962년《침묵의 봄 Silent Spring》을 출간한 카슨은 3억 달러 규모의 농약 제조업이 어린 새와 어류를 기형으로 만들고 있음을 폭로했다. E. B.화이트E.B. White는 카슨의 저서를 "《톰 아저씨의 오두막》처럼 시대의 조류를 바꾸는 데 일조한 책"이라고 평가했다. 그러니 석유산업계와 석유화학업체들이 카슨을 공산주의자라고 몰아붙이며 "자연의 조화를 추앙하는 컬트문화를 광적으로 옹호하는 사람"이라는 딱지를 붙인 것도 당연한 일이었다. 이들은 수백만 달러를 써서 레이첼 카슨의 명성을 훼손하고 중상모략하려 들었다. 하지만 카슨의 책과 더불어 1969년 산타 바바라에서 일어난 석유 유출 사건을 계기로 환경운동이 시작되었다. 카슨은 말년에 다음과 같은 글을 남겼다. "핵심은 그 어떤 문명이든 가차 없이 생명을 파괴하는 전쟁을 계속한다면, 어김없이 자멸을 초래하며 문명화되었다고 주장할 권리를 잃게 된다는 사실이다."

*　*　*

　수많은 사람들이 예언했듯 미국의 석유 붐은 이미 한계에 도달해 있었다. 미국의 석유와 경제기구는 1970년대에 조용히 그 정점을 찍었지만 확실한 증거는 지금도 드러나지 않는다. 미국의 국내 석유생산량은 1970년대에 최고점에 달한 뒤 다시는 예전의 성과를 거두지 못한 채 지속적인 감소세를 보였다. 1970~1974년 사이, 미국의 수입 석유 의존도는 21퍼센트에서 36퍼센트로 늘어났다. 그 이후 20여 년 동안 미국은 석유를 사기 위해 수 조 달러를 들였다. 석유산업 경제학자 제임스 해밀턴James Hamilton은 "1970~2010년 사이, 석유의 실질 가격은 8배 상승한 반면, 미국의 석유생산량은 43퍼센트 감소했다."라고 언급했다. 현재 미국에서 사용하는 석유의 50퍼센트는 수입산이며 그 비용은 하루 10억 달러 정도다.

　과거 석유를 장악했던 주인이 이제 외국산 석유나 비용이 많이 드는 비전통 석유에 의존해 연명하는 신세가 된 것이다. 현재 북미 지역의 자원은 해저 2마일 아래서 비싼 단가로 끌어올린 원유와 노스다코타의 셰일유shale oil(분해증류법分解蒸溜法으로 유모油母 셰일에서 추출한 석유. 유모 셰일은 가열할 경우 상당한 양의 석유를 생산하는 고체 유기물을 포함한 세립질 퇴적암을 이른다. —옮긴이) 그리고 아스펠드와 같은 농도의 역청사tar sand(원유가 섞여 있는 토사. —옮긴이)에서 추출한 앨버타 지역의 지저분한 원유를 포함하고 있다. 이런 것들을 생산하기 위해서는 전통적인 석유보다 더 많은 비용과 동력, 탄소가 소요된다. 유가 변동성 때문에 자동차 판매량과 연비는 급속도로 떨어지고 있다. 저가 석유를 기반으로 형성된 부동산 거품경제가 붕괴하면서 이제 미국인들은 저당잡힌 맥맨션McMansions(대형 고급주택이지만 맥도널드 햄버거 체인처럼 획일적인 외형을 가진 데서 유래한 이름으로 교외에 들어선 저택을 일컫는다. —옮긴이)의 뒤뜰에서 배를 채울 과일과 견과류를 찾아 떠돌고 있다. 하부구조가 쇠퇴해가는 항공산업은 높은 연료비 및 감소하는 영업실적과 씨름하고, 석유 때문에 생겨난 공공 고속도로 인프라는 퇴조하고 있다. 2009년, 미국 토목학회ASCE American Society of Civil Engineers에서는 고속도로 인프라에 D⁻의 성적을 주었다. 세계 최대 석유 소비자인 미군은 녹색 연료를 사용하기 위한 프로그램을 마련하고 있다. "뚫고 또 뚫어라Drill, baby, drill."라는 슬로건 아래 세계에서 가장 강력한 힘을 자랑하던 석유산업은 옛날의 남부 노예 소유주들처럼 격렬하게 모든 변화에 대항하고 있다. 그리고 세계에서 가장 부유한 국가의 국민들은 지금도 석유 노예를 관리하느라 여념이 없다.

4장

새로운 예속이 시작되다

“우리는 기계에 대해 생각하고 기계에 대해 말한다.
하지만 생각이나 말은 우리에게 도움이 되지 않는다.”
— 요한 볼프강 폰 괴테Johann Wolfgang von Goethe,
《빌헬름 마이스터의 편력시대*Wilhelm Meister's Journeyman Years*》 1821

브라질의 위대한 역사학자 질베르토 프레이리Gilberto Freyre는 저서 《대저택과 판잣집*The Mansions and the Shanties*》에서 3세기 동안 자국에서 지속되었던 노예제도와 가부장적 가족, 일모작 경제single-crop economy에 대해 미사여구를 나열했다. 흑인이 해방되고 점진적으로 에너지의 재분배가 시작된 것은 ‘증기동력 에너지’를 앞세운 강력한 영국의 침략 때문이었다. 히지만 프레이리가 놀란 것은 “증기마steam horses”가 존재했음에도 불구하고 노예제도가 오랫동안 존속되었다는 사실이었다. “과거의 문명에서나 필요했던” 에너지 관습이었음에도 불구하고 노예제도에 관한 도덕적 논쟁은 지지부진하기만 했다. 노예를 기계나 동물로 대체하자는 주장은 가부장들을 “어지럽게” 만들었다. 19세기에 유럽인과 북미인들은 마차를 타고다녔지만 브라질의 농장주들은 여전히 노예가 잰걸음으로 실어나르는 가마를 옹호했다. 마차와 달구지가 길에 많지 않았던 건, 길이 없어서였다. 브라질의 에너지 인프라는 오솔길이 전부였다. 그런 길에서는 '니그로'가 면화나 설탕 꾸러미를 머리에 이고 옮겨야 했다. 심지어 주인들은 마치 노새를 빌려주듯 노예를 다른 이에게 빌려주기도 했다.

브라질의 노예 소유자들은 노예 학대에 대해 "일말의 동정심도 없거나 죄책감을 거의 못 느꼈다."라고 프레이리는 기록하고 있다. 노예를 부리는 가정의 가부장은 흑인 보모나 집안 살림을 해주는 노예에게 다소의 인간적인 감정을 품었을 수 있다. 하지만 "짐 나르는 데 쓰는 짐승"에게 주인들이 보인 모습은 독일의 한 대공이 묘사했듯 "양심이나 느낌이 전혀 없는" 것이었다. 노예들이 제공하는 편안한 삶 때문에 양심의 가책을 느끼지 못한 것이라고 봐야 한다. 마찬가지로 북미 사람들이 급증하는 무생물 노예에 대해 무관심한 것 역시 석유에 의해 제공받는 안락함 때문이라고 봐야 한다.

시끄러운 낙엽 청소기와 값비싼 SUV 차량, 반짝이는 스마트폰이 현대생활에 미치는 영향력은 19세기 브라질의 "대저택"에서 일하던 하인들이 끼친 영향력과 비슷하다. 일반적으로 북미나 유럽 지역 소비자들은 이런 무생물 하인들을 당연히 누려야 하는 것들이라 생각한다. 안락함을 제공하고 노동력을 절감시키는 존재가 수십억 개에 이르지만, 우리는 대개 그것들의 존재를 숙고하지 않는다. 미국 플랜테이션 농장주들은 적어도 족쇄를 채워놓은 노예들의 땀에 의지하는 비도덕적 삶에 대해 논쟁을 벌이기라도 했다. 하지만 현대를 살아가는 그들의 후손은 기계 하인들이 방출하는 이산화탄소에 관한 이야기라도 꺼낼라

치면 당장 불뚝성을 낸다.

2009년, 네 개의 침실이 딸린 영국의 한 가정에서 불온한 에너지 실험이 진행되었다. 아무것도 모르는 가족 구성원 4인이 어느 일요일 로마의 귀족들과 같은 안락함을 누리기 위해 기계 스위치를 올리는 순간, 바로 옆집에서 인간 발전소가 작동했다. 한 무리의 자원자들이 100개의 자전거 페달을 열심히 돌려서 실험 가정이 필요로 하는 에너지를 생산해낸 것이다. 그날 하루가 저물 무렵, 이 집에 사는 현대판 노예 소유주들은 차를 끓이느라 지쳐버린 노예들을 BBC 방송 팀에게 소개받자 입을 쩍 벌리고 말았다. 오븐에서 열을 내도록 하기 위해 24명이 자전거 페달을 밟아야 했고, 토스트 두 장을 굽기 위해서는 11명이 필요했다. 자전거를 타던 대다수 사람들은 일을 마치자마자 그대로 쓰러져버렸다. 그 중 몇 명은 며칠 동안 걷지도 못했다. 그뿐 아니었다. 페달을 밟았던 사람들이 음식으로 섭취한 에너지는 페달 밟기를 통해 발생시킨 에너지보다 더 많았다.

에너지 소비에 대한 사람들의 무지가 얼마나 만연한지를 단적으로 보여주는 실험이었다. 이 실험을 고안한 '일렉트릭 페달Electric Pedals'의 팀 시덜Tim Siddall은 미래의 동력 공급을 위해서는 "자발적인 노예"(땀을 흘리며 자전거 페달을 돌렸던 사람들)나 과거의 족쇄 찬 노동자들이 있어야만 한다고 확신에 찬 어소로 발했다. "선세계 에너지 사원이 부족해지면 노예제도가 부활하리란 점에 의문의 여지가 없다고 본다." 〈가니언Guardian〉에서 인용한 **팀** 시덜의 말이나.

대다수 사람들은 석유를 에너지 노예라고 생각하지 않는다. 하지만 자원을 마음대로 사용하는 사람들은 늘 그런 식이었다. 지금의 에너지 노예들이 수행하는 노동 덕분에 현대인은 오만불손하던 플렌테이션 농장주와 크게 다르지 않은 외모에, 비슷한 생각과 행동을 하며 지낸다. 물론 에너지 노예들은 인간의 근력보다 휴대가 간편하고 다용도로 활용할 수도 있다. 식량을 재배해서 유통시켜줄 뿐만 아니라 인력과 상품을 실어나르고 농촌과 도시에 동력을 공급하기까지 한다. 사람들이 가장 사랑하는 기계 노예인 자동차가 소모하는 석유는 미국의 경우 전체 공급량의 4분의 1에 해당한다. 진정한 의미에서 머리를 사용해 일하는 노예인 노트북 컴퓨터 한 대가 생산되기 위해서는 240킬로그램의 석유가 필요하다. 노예를 부리면 늘 그렇듯이, 석유 덕분에 우리는 힘든 일을 하지 않아도 된다. 하지만 무생물 노예를 값싼 석유로 부리던 시대는 이미 지나갔다. 더불어 이 노예들의 사회·정치적 분배 문제가 복잡하게 얽히면서 새로운 국면이 찾아왔다.

*　*　*

로마의 노예 주인들은 노예를 부리는 데 필요한 칼로리 계산을 위해 그램 단위까지 신경을 썼다. 반면 일반적인 현대인들은 기계 하인들이 돌아가게 하기 위해서 얼마나 많은 에너지를 써야 하는지 알지 못한다. 그렇지만 정확한 수치를 듣고 나면 정신이 번쩍 들 것이다. 캐나다 최고의 에너지 분석가라 할 수 있는 데이비드 휴즈wmDavid Hughes는 2011년에 석유 1배럴에 약 6기가줄gigajoule(60억 줄joule을 의미한다. 줄은 에너지의 절대 단위다. ―옮긴이), 즉 1,700킬로와트의 에너지가 담겨져 있다고 추정했다. 신체 건강한 사람 한 명이 1시간 동안 자전거나 트레이드 밀을 돌려서 발생시킬 수 있는 전기에너지는 100와트 전구를 밝힐 수 있는 정도로, 이를 에너지 단위로 환산하면 약 36만 줄이 된다. 휴즈의 추산에 따르면 주말과 공휴일에 쉬고 하루 8시간 동안 상식적인 수준의 노동을 한다는 전제로 석유 1배럴의 에너지와 맞먹는 에너지를 한 사람이 자전거나 트레이드 밀을 돌려 만들어내려면 7.37년을 일해야 한다. 만약 하루 12시간, 휴일 없이 일주일 내내 노동을 한다면 석유 1배럴의 에너지 생산 기간은 3.8년이 된다. 평균적인 북미인 한 명이 매년 소비하는 석유량을 23.6 배럴이라고 보면, 1인당 174명의 가상 노예를 거느린 셈이다. 이를 5인 가구 기준으로 환산하면 무려 900여 명의 노예를 부리는 꼴이다. 인구 3억 명의 국가라면 5,000억 명이라는 믿기 힘든 숫자의 석유 기반 기계 노동자를 통제하고 있는 셈이다. 이탈리아의 인류학자 알베르토 안젤라Alberto Angela는 《고대 로마인의 24시A Day in the Life of Ancient Rome》라는 책에서 담담한 어조로 50명의 노예가 2시간 동안 피아트 자동차를 끄는 데 사용하는 에너지는 석유 한 컵에 해당한다고 말했다.

현대로 접어들면서 석유 노예 소유주의 지배력은 상당한 불평등을 야기했다. 이 세상 대부분 지역에는 노예가 매우 적거나 아예 없다. 북미인과 유럽인이 대부분의 석유를 쓰며, 많은 양을 비축해두고 있다. 한 인터뷰에서 휴즈가 말한 내용에 따르면 일반직인 캐나다인 한 명이 소비하는 석유량은 "선세계 1인낭 석유 소비량의 5배에 해낭된다. 이를 중국의 1인당 소비량과 비교하면 7배, 인도와 비교하면 29배에 달한나." 상하이나 텐진에서 새롭게 등장하는 노예 소유주들은 1년에 2.4배럴의 석유를 소비한다. 이것은 20명의 막노동꾼을 마음대로 부리는 것과 같다. 휴즈는 "노예의 부역에 대해 무심했던 과거 노예주들

보다 현재의 우리가 화석연료로 인해 누리는 편익에 대해 더 무심하
다. 결국 노예제도는 우리 면전에 존재한다. 다만 지금은 기름통을 가
득 채우는 방식으로 바뀌었을 뿐이다."라고 확언했다.

에너지의 역사를 연구한 바츨라프 스밀Vaclav Smil은 우리 가정과 일
터에서 고된 노동을 감당하는 수백 명의 노예 이미지로도 현대 고에
너지 문화를 제대로 표현할 수 없다고 보았다. 스밀에 따르면 로마 한
가정의 노예들이 제공한 에너지는 "다용도성과 편이성, 융통성이라는
면에서 전기와 화석연료 에너지와 비교할 수 없는 수준이었다. 우리는
더이상 석유 전등의 기름을 채우거나 양초 심지를 다듬거나 불쏘시개
를 준비할 필요도 없고, 숯에 불을 붙이는 수고도 필요 없으며 시시때
때로 장작을 들쑤실 일도 없다. 자연 건조과정에서 습기가 다 없어지
지 않은 장작을 때다가 연기가 자욱하게 피어나는 일도 없고, 빵 굽는
오븐에서 재를 긁어낼 일도 없다. 짐을 가득 질 일도 없고, 말 안 듣
는 나귀나 노새를 끌고가는 수고를 하지 않아도 된다. 그저 스위치를
찰칵 올리거나 열쇠를 돌리거나 온도 조절장치의 숫자를 톡톡 치기만
하면 된다."

스밀은 최근 석유의 도움을 받아 경작하는 미국 농부와 로마의 농
부를 직접 비교했다. 미국 중서부에서 농작물을 경작하는 농부는 에
어컨이 장착된 차에 앉아 2시간이 채 안 되는 사이에 1톤의 밀을 생산
한다. 반면 로마에서 가장 뛰어난 농부가 1톤의 곡물을 생산하려면 1
년 동안 350시간을 일해야 한다. 무생물 노예의 도움을 받는 현대 미
국의 농부는 180명의 로마인들이 한 달 동안 먹기에 충분한 빵을 단
하루에 생산할 수 있다. 반대로 로마의 노예나 농사꾼 한 명이 1년 내

내 일해도 "집에서 부리는 노예 한 명이 한 달 동안 먹을 식량을 겨우 공급할 수준이었다."

오늘날 미국 도처에서 일하는 수많은 에너지 노예들을 《톰 아저씨의 오두막_Uncle Tom's Cabin_》의 저자 해리엇 비처 스토_Harriet Beecher Stowe_가 본다면 분명 경악할 것이다. 미국은 족쇄를 채워 부리던 톱시_Topsy_, 삼보_Sambo_, 엘리자_Eliza_라는 이름의 노예를 허머_Hummers_, 링컨, 포드라는 무생물 노예 시스템으로 대체한 뒤 그것들 없이는 단 하루도 살아갈 수 없는 세상으로 만들었다(자동차 이름의 40퍼센트 이상은 노예제도의 유산에 경의를 표하는 것들이라고 봐야 한다. 스타일마스터_Stylemaster_, 리젠트_Regent_, 로열_Royal_, 패트리션_Patrician_, 마스터 드 럭스_Master De Luxe_, 파워마스터_Powermaster_ 등이 그 예다). 현재 미국인들은 5,000만 대의 잔디깎기, 2,00만 대의 스노모바일_snowmobile_(눈이나 얼음 위를 쉽게 달릴 수 있게 만든 차량. ─옮긴이), 600만 대의 오토바이, 1,300만 대의 보트, 8,000대의 여객기, 2억 5,000만 대의 자동차와 승합차 트럭을 사용한다. 여기에 중국과 인도, 브라질 역시 그들 나름의 기계 보완책을 소유하고 싶어서 안달을 내고 있다. 이런 에너지 노예 대부분을 판단하는 기준은 무게와 외형, 능력이다. 바츨라프 스밀은 지구를 찾아온 외계생명체가 이런 상황을 본다면 "기계가 지구의 주류 생물이고 인간이 그늘의 하인이라고" 결론내릴지도 모른다고 썼다.

자동차는 새로운 형태의 노예제도를 인상적으로 보여주고 있다. 석유산업계는 "자동차야말로 역사상 가장 실용적이고 민주적인 이동수단이다."라고 주장하지만, 현실을 들여다보면 미묘한 시각 차이를 발견할 수 있다. 1974년 천주교 신학자이자 사회평론가인 이반 일리치

Ivan Illich는 자동차 소유에 따라 소모되는 총 비용을 따져보았다. 구매와 관리 및 수리에 드는 시간도 포함시키고 자동차 보험료와 병원 방문, 교통 범칙금, 도로 정체 등의 비용까지 모두 계산했다. 일리치의 계산에 따르면 우선 전형적인 미국인 남성 한 명이 평균적으로 자동차와 관련해서 사용하는 시간은 1,600시간이었다. 그런데 정작 자동차 운행거리는 1만 2,000킬로미터에 불과했다. 시간당 운행거리를 계산해보면 시속 7.5킬로미터 정도가 나온다. 이는 빠른 걸음으로 걷는 것과 비슷한 속도다(많은 대도시에서 실험을 한 결과 교통이 혼잡한 지역의 자동차 평균 속도는 사실상 말이나 마차보다 더 낮은 것으로 드러났다).

일리치가 계산한 수치를 다시 들춰본 스밀은 현재 미국인이 특대형 자동차를 타고서도 (현재 생산이 중단된 허머Hummer의 경우 무게가 자그만치 2,100킬로그램이나 되었다) 걸어서 같은 거리를 이동하는 사람보다 더 긴 시간 동안 차 안에서 머문다는 사실을 발견했다. 시간당 이동거리가 약 4.8킬로미터에 불과했던 것이다. 퇴직한 노인들도 그보다 더 빨리 걸을 수 있다. "우리는 신경성 식욕부진증anorexia nervosa(거식증)과 높은 수입이 긴밀한 연관성을 지닌다는 사실을 알고 있다." 이 에너지 전문가가 2006년에 쓴 훌륭한 논평에서 했던 말이다. "부유한 이웃이 사는 도시에서는 거식증에 걸려 몸무게가 50킬로그램에 불과한 여자가 500그램짜리 체중조절 음료 한 상자를 사기 위해 2,000킬로그램에 육박하는 자동차를 몰고다니는 걸 볼 수 있다."

도로 정체와 자동차 사고, 배기가스로 인한 오염으로 매년 영국 경제에서 사라지는 돈은 미화 300억 달러에 달한다. 미국의 에너지 노예는 2004년 기준으로 총 3억 4,600만 톤의 온실가스를 방출했다. 가득 채운 석탄 운반 기차를 8.8킬로미터 길이로 세워놓아야 할 만큼의 탄소가 생겨나는 것이다. 미국의 2억 5,000만 운전자들은 매일 거리에서 자전거를 타거나 걸어다니는 사람 100명을 죽이고 있다(픽업트럭과 SUV 차량이 대부분의 인명사고를 낸다. 이런 차량은 사고비용 역시 높다). 전 세계적으로 자동차 사고는 매년 2,300만 명을 불구자로 만들고 100만 명을 무덤에 묻는다. 이런 피해자 중에는 어린이들이 많다. 물적 피해 액만도 6,000억 달러에 달한다.

이런 무생물 노예의 힘은 월등하고 변화무쌍하다. 엔지니어 겸 건축가이자 미래학자인 벅민스터 풀러Buckminster Fuller는 수십 년 전부터 이 점에 주목했다. 1940년대 초반에 에너지 노예라는 용어를 처음 만들어낸 것도 바로 풀러였다. 미국과 영국 군대에서 모으는 에너지 통계자료를 취합해 살펴본 풀러는 놀라운 결론을 내렸다. 1810년, 미국의 인구는 100만 가구와 100만 노예로 구성되어 있었다. 하지만 1940년에 이르러 석탄과 석유를 태워 만들어내는 기계 에너지는 미국 시민 1인당 약 39명의 에너지 노예를 배당해주었다.

게다가 풀러에 의하면 이 새로운 노예들은 "인간이 참을 수 없는 환경에서도 노동을 했다. 섭씨 2,760도의 작업환경도 문제없고 잠을 지지 않아도 되며 1인치의 1만분의 1, 즉 0.254밀리미터의 오차 범위 안에 있는 작업 결과물을 내놓았다. 100만 배율 확대도 가능하고 400,000PSI(pounds-per-square-inch1, 1인치 제곱 면적 당 1파운드의 무게가 직용할 때의 입력)의 압력을 받아도 끄떡없고 초당 30만 킬로미터의 민첩성을 발휘하며 일하기도 한다."

하나님으로부터 특별한 능력을 부여받았다고 믿는 카리스마파인 풀러는 뭔가 대단한 것을 발견했다고 생각했다. "난데없이 우리는 가구 당 비인간 노예 200명을 부리게 된 것이다. 삶의 기준이 획기적으로 높아진 계기일 뿐 아니라, 인간이 인간을 기계처럼 부리는 비인간적 사상을 버리는 일도 생겨났다." 그에 따른 사회·정치적 변화를 설명하기 위해 풀러는 1940년 〈포춘〉 지에 '세계 에너지 지도World Energy Map'를 게재했다. 이 지도에서 하얀 점은 20억 세계 인구고, 빨간 점은 그들이 부리는 에너지 노예다. "기계화 즉 에너지의 이용은 인간 노예 제도에 대한 해결책이다." 광물자원과 수력에너지 그리고 인간 한 명이 1년 동안 생산해내는 에너지의 양과 소모되는 에너지를 더한 총량을 기반으로 풀러가 추정한 바로는 현대의 안락한 문명사회를 유지하기 위해 힘든 일을 도맡아하는 무생물 노예는 대략 368억 5,000만 명이다. 탄화수소를 기반으로 움직이는 이 종들 대부분은 산업화된 지역에서 활동한다. 사실 풀러의 지도를 보면 "에너지 노예의 54퍼센트인 200억 명"이 미국에 있다.

1969년, 풀러는 석유지질학자인 J. 프랑수아 드 샤데네데스J. François de Chadenedes에게 자연에서 석유 1갤런을 생산하는 데 드는 비용이 얼마나 되는지 알아봐달라고 요청했다. 혁신가인 풀러는 이 지질학자에게 광합성비용 및 수백만 년 동안 열과 압력으로 천천히 변형시켜서 원유를 만드는 비용까지 모두 계산하도록 요구했다. 드 샤데네데스는 석유 1갤런 당 100만 달러 이상의 돈이 들 것이라 추산했다. 당시 풀러는 미국에 있는 일반적인 자동차 소유자가 매년 300갤런의 석유를 소모한다는 데 주목했다. 다시 말하자면, 미국인 한 명이 3억 달러 가치의 천연자본을 태우고도 별다른 성과를 내지 못한다는 말이다. 풀러는 이를 우주적 규모의 범죄라고 칭했다. "현재의 수입에 맞춰야지 저축을 고갈시켜서는 안 된다는 걸 모두가 잘 알면서도" 노예 소유주들은 원래 양심의 가책을 잘 느끼지 못한다.

그로부터 약 30년 후 생태학자 제프리 듀크스Jeffrey Dukes가 비슷한 연구를 했다. 그는 운송수단에 사용되는 석유 1갤런을 대기 위해서는 선사시대에 땅에 묻힌 식물성 물질 98톤을 굴착하거나 퍼올려야 한다고 추정했다. "지금 몰고다니는 차량이나 SUV 차를 32킬로미터 굴리기 위해 연료통에 40에이커 규모의 밀 줄기며 뿌리까지 모두 넣고 다녀야 한다면 어떨까?" 듀크스의 질문이다. 듀크스는 1997년에 미국에서 소모한 석탄과 석유의 양을 모두 더해본 뒤 탄소 97조 파운드에 해당한다고 결론내렸다. 이것은 "한 해 동안 전세계에서 경작하는 모든 식물"의 400배에 달하는 수치다. 다시 말해 미국 자동차 소유자가 부리는 에너지 노예들이 매일 태워없애는 화석연료만 계산해도 한 해 동안 지구상의 모든 땅과 바다에서 나는 식물의 양에 해당한다는 얘기다.

우리는 왜 이토록 많은 무생물 노예를 부리고, 왜 이렇듯 심한 낭비벽을 보일까? 그것은 기계 노예의 주 연료가 저렴한 탓도 있지만 인간 노예제도의 유산 때문이기도 하다. 이전 에너지 시스템의 가치관은 이후 시스템에도 고스란히 전이된다. 문명화된 사회에서 물질적 부와 안위를 누리는 자리로 올라가는 방법은 두 가지뿐이다. "하나는 사람들을 종속시켜 자신이 착복할 잉여에너지를 생산하도록 강제하는 것이다." 텍사스의 지질학자 얼 쿡Earl Cook이 1976년에 출간한 통찰력 넘치는 책의 한 구절이다. "다른 방법은 잉여에너지가 생산되도록 천연에너지 자원을 활용하는 것이다." 그 연료는 더 많은 기계 노예에게 동력을 공급해서 더 많은 잉여를 생산한다. 쿡은 노예제도가 없었다면 산업화가 일어나지 않았을 것이라고 생각했다. 노예제도는 "주요 에너지 흐름을 통제해서 관리자가 잉여물을 보장받는" 기반을 조성해놓았다. 인간 노예에서 무생물 노예로 바뀐 것은 그야말로 호쾌한 슬램덩크 슛이었을 뿐이다.

에너지 노예의 발달은 에너지 분석가 피터 테르차키안이 말한 "에너지 소비의 제2 원리First Principle of Energy Consumption"를 따른다. 레시페Recife(브라질 동쪽에 있는 항구 도시. —옮긴이)의 농장주나 로마인이라면 이 개념을 가장 부유한 사람이 가장 많은 에너지를 사용하는 것이라고 설명할 것이다. 지금 일반적인 미국인이 사는 집은 테니스장보다 더 크다. 미국에서 가장 부유한 사람들이 사는 맥맨션은 일반인의 집보다 10배나 더 크다. 맥맨션의 욕실 하나는 일반적인 판잣집 하나보다 더 크다.

인간 노예 시스템과 휘발유를 기반으로 하는 노예 시스템의 또 다른 공통점은, 희귀해지면 '무례하지 않게' 사용한다는 점이다. 값싸고 풍부한 물자는 업신여기면서 소비한다. 인간 노예든 탄소 기반 노예든 상관없이 모든 에너지 시스템은 편안한 생활과 편이를 위해 잉여에너지를 장악하는 것이 핵심이다. 그렇게 시간이 지나면서 삶을 안락하게 하는 것(좋은 음식, 가구, 현대적 장비 등)을 끊임없이 공급받기 위해 에너지를 집중시켜야 하기 때문에 사회는 피라미드 구조를 이룬다. 그러다 노예 또는 석유가 지나치게 비싸졌을 때 이 피라미드는 허물어진다. 지금까지 우리는 값싼 석유 노예가 희귀해지는 경험을 거의 못했다.

그래서 매일 석유를 함부로 낭비한다. 하지만 모든 지배적인 에너지 시스템은 관성적으로 성장해서 인지부조화를 만들어낸다. 그래서 선하고 매우 영리한 사람들조차 충격적인 행동을 합리화하는 상황이 빚어진다(맹인 노예에서 이야기꾼으로 신분이 바뀐 이솝조차 '폭군에게도 변명의 여지는 있다.'라고 말했다). 노예제도가 브라질을 생각 없는 곳으로 만들었듯이, 석유를 기반으로 하는 기계들은 미국의 의사결정 능력을 정지시키고 혁신이 일어나는 것을 방해했다. 지금까지 보아왔듯이 에너지가 지나치게 많으면 주인의 영혼을 좀 먹는 정도는 아니더라도 신진대사는 확실히 달라진다. 여기에 꼭 덧붙이고 싶은 말이 있다. 모든 에너지 시스템은 놀라울 정도의 의존적 성향과 예상치 못한 역학관계를 만들어낸다는 점이다. "노예의 목에 쇠사슬을 씌우면 그 쇠사슬의 다른 끝이 우리의 목을 조인다." 랄프 왈도 에머슨Ralph Waldo Emerson의 말이다.

*　*　*

하나의 계층으로 본 노예 소유주들의 특징 중 주목할 것은 부채를 지게 된다는 점이다. 단기수익을 위해 노예들을 부려 농지를 파헤치면 새로운 현실에 직면할 수밖에 없다. 잉어는 줄고 세금은 늘녀 채권자들이 연락을 해온다. 수많은 브라실 농장수들은 벌이보다 더 많은 돈을 쓰며 살았다. 순종적인 하인들을 거느리면서 그들을 먹이고 입히는 데 막대한 비용이 들었기 때문이나. 오늘날에노 이와 비슷한 한난의 소리가 여기저기서 들린다. 평균적인 북미인들은 174명의 에너지 노예를 부양하기 위해 치솟는 연료 값을 감당해야만 한다.

영국의 금융전문가 겸 인류학자인 데이비드 그레이버David Graeber
는 박식함을 뽐낸 자신의 저서《부채, 그 첫 5,000년Debt: The First 5,000
Years》에서 고대인들이 빚을 갚기 위해 자기자신을 팔기도 했다는 점
에 주목한다. 그는 미국인들도 크게 다르지 않다고 생각했다. "샤리
아 법Sharia law(이슬람 율법)과 중세 교회법에서 엄금하려고 애썼던 고대
의 가장 큰 사회악은 한 가족이 빚에 허덕이다 못해 자기자신이나 자
녀를 노예로 파는 일이었다." 그레이버의 말이다. 현재 북미인은 신용
대출에 의지해서 에너지 노예를 부양하고 다른 에너지 노예가 생산한
불필요한 상품을 구매한다. "모두가 빚을 지고 있다. 그래서 본질적으
로 보자면 빚을 갚기 위해 원하지도 않는 일을 하면서 고용주에게 자
신을 대여한다. 아리스토텔레스가 마법처럼 현재 미국으로 오게 된다
면 미국 국민 대다수가 노예 상태에 있다고 결론내릴 것이다. 그에게
있어 스스로를 파는 것이나 스스로를 대여해주는 것의 차이는 관료적
형식에 따른 말장난일 뿐이기 때문이다. (…) 우리는 고대인의 대다수
가 노예 상태라고 인식했을 상황을 자유라는 개념으로 가까스로 덮어
놓고 있다."

1936년, 열역학자인 알프레드 르네 우베로드Alfred René Ubbelohde는
에너지 노예의 무절제한 확산은 커다란 문제를 낳을 것이라 경고했다.
특히 그가 주목한 것은 에너지 노예의 증식이 "한 국가의 정치·행정
구조"를 3단계에 걸쳐 변화시킨다는 점이었다. 첫 번째 단계에서는 모
든 이가 자유를 주는 도구로서 기계를 환영한다. 하지만 이 즐거운 상
황은 오래 지속되지 못한다. 다음 단계에 접어들면 석유 교역자와 기
계 소유자, 노동조합이 소비재를 더 많이 만들어내야 하는 주체가 인

간인지 아니면 (효율적인) 기계인지를 두고 격론을 벌인다. 마지막 단계에서는 수적인 측면에서만 봐도 에너지 노예가 그 노예를 관리하는 지역사회나 국가의 능력을 앞지르는 사태가 일어난다. "이 세상 어디에선가는 무생물 에너지를 노예로 삼고 인간이 주인이 되는 일이 사회적으로나 유전적으로 이미 한계치에 다다르지 않았을까?" 우베로드는 이렇게 질문했다.

우베로드는 또 다른 현실적 쟁점을 제기했다. 무생물 노예에게 대주는 화석연료의 비용이 점점 상승할 경우, 현대의 모든 기계가 더 이상 발전하지 않을 수도 있다는 것이다. 에너지 소비의 포화점에 도달하면 에너지 노예의 집약을 규제하는 상황이 벌어질 수 있다는 건 충분히 예견되는 일이다. 사회적 업무를 수행하는 에너지 노예의 급속한 증가는 정치적 긴장을 야기할 수도 있다. 우베로드는 에너지 노예가 무조건적으로 업무를 수행해낸다는 점에서 그들을 "숨은 유권자silent voters"에 비유했다. 고대 로마의 인간 노예와 마찬가지로 에너지 노예들 역시 우리 사회의 정치·경제에 지대한 영향을 미치고 있다. "늘어나는 에너지 노예의 실질적 비용과 혜택에 대해 적절하게 인식하지 못한다면, 우리 삶을 물질적으로 풍요롭게 만드는 그 어떤 프로그램도 건강하게 지탱될 수 없다."

그러나 이린 인식은 아직도 요원하다. 수백억의 무생물 노예기 우리의 일상을 장악하고, 그로 인해 우리의 채무는 나날이 늘어가고 있다. 세계 최초로 조 단위 규모를 돌파한 석유산업은 바쁘게 움직이는 이 무생물 하인들을 먹여살린다. BP와 셸Shell은 더 많은 에너지 노예를 개발함으로써 이 세상 모든 문제를 해결하자고 목소리를 높인다. 석

유가 저렴하던 시절에는 모든 국가에서 미국의 지질학자 포스터 베인
H. Foster Bain이 1928년 《국제 관계*Foreign Affairs*》에서 신명나게 썼던 것
처럼 "새로운 에너지의 존재에 적응하고" "먹지 않고 일하는 보이지 않
는 노예"를 환영했다. 그렇게 흥청망청하는 사이, 주요 자원과 거기에
딸린 순종적인 기계들이 위험천만한 예속 관계를 새로이 만들어냈다.
전세계적으로 석유와 그 수행원들은 행정부의 성격과 과학의 규모, 인
구의 중요성, 도시의 신진대사, 경제의 목적을 새롭게 설계해내고 있
다. 인간 노예를 기반으로 했던 플랜테이션 대농장이 열대 숲을 송두
리째 없애버렸던 것과 마찬가지로 이런 작업은 체계적으로 진행되고
있지만, 그 규모는 지금껏 볼 수 없었던 수준이다.
　이런 예속 관계는 노예제도의 요람인 농업에서 먼저 시작되었다.

5장

위기에 빠진 농업을 구하라!

❖

"우리가 아는 모든 나라에서는 주인이 노예의 생사여탈권을 쥐고,
노예가 취득한 모든 재산은 주인의 것이 된다."
— 가이우스Gaius, 《법학제요Institutes》 서기 161년

화석연료가 농업을 뒤흔든 방식은 자동차가 미국의 도시 구조를 바꾸어놓은 것과 흡사하다. 미국에서 시작되어 외부로 전파된 석유는 태양과 동물, 인간의 근력에 의지해 운영되던 가족사업을 몇몇 기업이 산업적 환경에서 기계로 운영하는 방식으로 바꾸어버렸다. 그에 따라 시간이 오래 걸리고 다소 복잡하던 농사일은 화학과 경제, 고에너지 소비가 한데 합쳐진 사업으로 변했다.

탄화수소로 움직이는 무생물 노예에 기댄 식량 생산과정에서 초기에 주로 재배한 것은 밀라 옥수수, 두 가지 작물이었다. 그로 인해 식탁에 올라가는 음식의 양은 많아졌고, 시골 사람들이 대거 도시로 유입되었다. 한때 재생가능한 사업이던 농업이 비료와 농약, 기계에게 작업을 내주는 방식으로 변하면서, 이 세상의 많은 사람들은 말 그대로

자리에 앉아 식사를 하는 것만으로도 석유를 소모하는 꼴이 돼버렸다. 농업의 산업화로 인해 폐기물 규모도 달라졌다. 흙은 침식되고 하천 유역은 오염되었으며, 농부는 실업자가 되고 버려진 음식이 산을 이루었다. 석유로 인해 공장 형태의 농업이 생겨났고, 이는 아프리카와 아시아의 저에너지 농경 시스템을 장악해버렸다. 값비싼 석유로 인해서 에너지 관련 행동도 특이하게 달라지기 시작했다. 산업화된 농업은 고수확 작물로 얻을 수 있는 것보다 훨씬 더 많은 에너지를 농사 과정에 투여했다. 마지막으로 농업의 산업화로 인해 사람들은 살아가는 데 반드시 필요한 것들을 땅에서 얻는다는 사실마저 망각하기 시작했다. 지금 많은 도시인이 생각하는 식량은 주유소에서 파는 연료와 마찬가지로, 표준화된 매장에서 파는 포장된 상품이다. "사실 산업화된 음식을 먹는 사람들은 먹는 일이 농사의 일부라는 사실을 알지 못한다. 먹는 행위와 땅 사이의 연관관계를 숙고하지도 못할 만큼 무지해서, 수동적이고 무비판적인 태도를 지닐 수밖에 없다. 한마디로 희생양이 되는 것이다." 그 자신 농부이기도 한 사회평론가 웬델 베리Wendell Berry의 글이다.

＊　＊　＊

석유가 장악한 농업 하에서 산업화된 음식을 소비하는 사람들이 실은 노예와 같은 역할을 하고 있다는 사실을 (좁은 공간에 갇혀 사육되는 가축처럼 도시인들은 식량산업이 제공하는 것만을 먹고 있다) 올바르게 인식하기 위해서는 농사의 기초를 간단히 살펴볼 필요가 있다. 농업은 불의 발견 이후 이루어진 인류 최초의 에너지 혁명이었다. 약 1만 년 전 처음 시작된 농업은 진정한 의미의 프로메테우스 혁명이었다. 그 전까지 수렵과 채집을 통해 살아가던 사람들은 시내와 바다, 숲 등지에서 하루의 4분의 1을 보내며 식량을 얻어 잉여를 확보하려 안간힘을 썼다. 하지만 농경을 시작하면서 인간과 식물은 태양에서 체계적으로 동력을 얻었고, 이로 인해 앞으로 어떻게 될지 몰라 불안해하는 일이 줄어들었다. 쌀과 옥수수, 밀을 경작하고 가금류와 소, 돼지를 사육하게 된 사회는 한 곳에 모여살면서 잉여 칼로리를 비축할 수 있었다. 식물 에너지를 변환한 소중한 잉여에너지는 사회를 바꾸었다. 이는 석유가 미국 사회를 바꾸어놓았던 것과 유사한 방식이었다. 태양빛을 탄수화물로 바꿀 줄 알게 되면서 밀과 옥수수, 쌀은 당시에 절실한 탄수화물 공급원으로 자리잡았고, 이로 인해 세계 최초의 인구성장이 이루어졌다.

하지만 인구가 폭증하고 활동이 활발해지면서 그에 따른 비용도 점점 높아졌다. 단일한 곡물을 대형으로 재배하기 위해서는 물을 끌어들이는 기술과 더불어 헌신적인 인간의 노력이 필요했다. 수많은 노예가 있어야만 했다. 또 족쇄를 채운 인간 에너지를 관리하기 위해서는 상당한 규모의 군대와 권위주의적인 국가가 필요했다. 이런 활동을 통해 얻은 보상은 대체직으로 1퍼센드의 사람들에게 돌아갔다. 그런 식으로 농업혁명은 메소포타미아와 이십트, 그리스, 로마를 크게 변화시켰다. 미국 작가 리처드 매닝Richard Manning의 설명에 따르면 "농업은 식량과 관련된 것만이 아니라 부의 축적과 관련된 일이기도 하다."

이 새로운 에너지 혁명은 성역할을 바꾸어놓기도 했다. 특히 쟁기를 사용해서 밀, 보리, 호밀 등을 수전 농경으로 재배한 사회에서는 더 더욱 그러했다. 육중한 근육과 폭발적인 힘을 요구하는 도구는 남성의 체격에 유리했다. 쟁기로 땅을 개간하는 농업지역에서 남자들이 밭에 나가 일을 하는 동안 여자들은 가정을 돌보았다. 반면 순수한 에너지로 생각할 때 훨씬 더 우수한 접근 방식이라 할 밭 경작지역에서의 성역할은 많이 달랐다. 괭이와 호미로 땅을 일구는 이 지역에서 여성들은 들에 나가 작물 키우는 일을 훨씬 가치 있게 생각했다. 눈여겨볼 사실은 그 지역의 후손들이 오늘날에도 수전 농경을 하던 지역에 비해 훨씬 더 높은 양성평등 의식을 갖고 있다는 점이다. 정치나 노동계, 기업활동에 참여하는 여성의 비율도 훨씬 더 높다. 쟁기의 사용으로 인해 모계사회는 부계사회로 바뀌어갔다. 프랑스의 위대한 역사학자 페르낭 브로델Fernand Braudel은 "전능한 모계 여신의 치세"가 끝나고 "수메르와 바빌론에서 우세했던 남신과 사제들"이 그 자리를 차지했다고 말했다.

인류학자 재레드 다이아몬드Jared Diamond는 농업을 자신의 논평 제목과 같은 "인류 역사상 최악의 실수"라고 칭했다. 시간이 지나면서 농사를 짓는 사람들의 식습관은 단조로워졌고 당뇨병과 관상동맥성 심장질환, 비만과 같은 "문명의 질병diseases of civilization"이 생겨났다. 농업은 소수의 왕과 파라오의 손에 부, 즉 잉여에너지를 집중시켰다. 나아가 수백만 명의 사람들을 노예로 전락시켜 태양을 받아 자란 식물을 인간의 연료로 바꾸는 일에 종사하도록 했다. 초기 농업으로 윤택해진 식량 사정 덕에 인구가 밀집한 도시에는 가축이 옮긴 전염병이 퍼지기도 했다. 질이 떨어지는 밀을 단일재배해서 더 많은 에너지를 얻으려 하다보니 오히려 인간 수명은 짧아졌고, 치아는 약해졌으며 골밀도는 낮아졌다. 사람들의 키도 작아졌다(대부분의 수렵—채집인들은 초기 곡물 재배자들에 비해 30~23센티미터 정도 키가 더 컸다). "인구를 제한하거나 식량생산을 늘리려는 시도 중 하나를 선택해야만 했던 우리는 후자를 택했지만 결국 기아와 전쟁, 폭정에 시달리게 되었다." 1987년, 다이아몬드가 발표한 소론의 한 대목이다.

하지만 다이아몬드의 생각은 과장된 것이었다. 중국의 경우를 살펴보면 알 수 있다. 중국은 8세기에서 12세기 사이에 독특한 농업 에너지 제국을 구축하고, 자연적인 에너지 흐름을 이용해 1억 명에 가까운 사람들을 먹여살렸다. 태양에너지를 신중하게 통제해서 북쪽에는 수수와 밀을 집중적으로 기르고 남쪽에는 쌀을 기르는 방식이었다. 인공적으로 땅을 물에 잠기게 하고 다모작을 하는 벼농사의 혁신은 평균적인 농가에서 산출하는 곡물의 양을 3배로 늘려놓았다. 세심하게 관리한 1평방마일(약 2.6제곱킬로미터) 면적의 농지에서 생산한 곡식은 225명의 농부를 먹여살렸다. 농부들은 영양가 높은 곡물을 생산하기 위해 훌륭한 정원을 가꾸듯 괭이질을 하고 비료를 주고 물을 끌어댔다. 거름은 사람의 똥을 사용했다. 프랑스의 에너지 역사학자 장 클라우드 드베르Jean-Claude Debeir와 장폴 드레아주Jean-Paul Deléage, 다니엘 에머리Daniel Hémery는 다음과 같이 언급했다. "중국이 상기석인 에너시 부족을 피할 수 있었던 것은 에너지 구조의 성과가 타의 추종을 불허할 정도로 월등히 성공적이었기 때문이다. 역사상 유례 없이 역동적인 에너지 구조였다."

지속성 있는 태양에너지 기반 농업 덕분에 중국의 농부들은 자급자족하는 독립적인 생활을 할 수 있었다. 이 시스템의 성공은 세심하고 주의 깊은 다수의 경작자가 존재하는가의 여부에 달려 있다. 식물 생육을 위한 면적을 극대화하기 위해 사람들은 짐을 끄는 초식동물의 사용도 제한했다. 작물에서 얻은 식품 열량이 작물을 경작하는 인간의 생명을 유지시켜주는 한, 이 시스템은 번창할 수 있었다. 그러나 12세기에 1억 명이던 중국의 인구가 18세기에 5억 명으로 늘어나면서 중국은 잇단 에너지쇼크energy shock를 경험했다. 그로 인해 경작지 및 열을 발생시키는 원자재인 목재가 고갈되었다. 태양에너지를 식량으로 변환시키는 데 필요한 사람의 수가 늘자 작물에 의해 공급되는 잉여에너지는 당연히 감소했다. 정치 불안과 불확실성이 만연하면서 중국은 유럽인들이 화석연료를 정복하던 때와 마찬가지로 일종의 암흑시대에 빠져들었다. 20세기 중국 공산주의자들은 오래된 농업 시스템에 기계로 작동하는 양수기와 과학적 농업 방식, 특수한 품종을 도입하는 등 일대 개혁을 시도했다. 그러나 이런 개혁은 토양을 침식하고 산림을 심하게 훼손했으며 사막이 확대되는 데 일조했다. 오랜 세월 동안 잘 보존되었던 중국 에너지 시스템의 기본 구조는 1970년대에 이르러 농업이 산업화하고 도시화하면서 붕괴하기 시작했다. 그런 다음 화석연료와 화학비료, 댐이 등장하면서 4억 명의 농부는 터전을 잃고 쫓겨나게 되었다.

유럽의 전통적인 농업 에너지 시스템에 이와 비슷한 영향을 끼친 것은 산업혁명이었다. 석탄이 발견될 즈음 기아와 기후변화, 질병에 시달리던 농부들은 작물과 가축의 종을 다각화하고 생산성을 높이는 게 매우 중요하다는 사실을 깨달았다. 러시아와 라틴 아메리카, 인도의 농경사회와 소작농 집단들은 에너지와 부를 공유하면서 토지에 대해 생태적으로 적응해 살아갔다. 영국에서는 농사를 짓는 사람과 그들이 부리는 노동자 그리고 토지 불법 점유자들이 농경지와 공통의 방목지 그리고 태양에너지를 활용하는 식물이 자라지 않아 '불모지'라 부르던 야생 공유지를 나눠서 관리했다. 수도원 공동체는 물레방아와 풍차로 마을에 동력을 공급했다. 그러나 이런 식으로 함께 일하며 재생가능한 태양에너지원을 활용하는 것은 값싼 탄화수소 사용을 확대하는 데 걸림돌이 되었다. 석탄 조달업자들은 사유재산이라는 개념을 널리 소개하면서 오래된 공동체 시스템을 공격하기 시작했다. 영국과 중앙 유럽 전역에 토지 법령이 새로 만들어지면서 에너지 공동 생산은 종식되었고 공동 식탁도 사라졌다. 탈곡기와 파종기가 시골 곳곳을 파고 들었다. 농민의 반란과 폭동이 연이어 터지면서 18세기 유럽의 시골은 크게 요동쳤다(현재 중국의 시골 여기저기에서도 이와 비슷한 규모의 시위가 일어나고 있다. 수백만 명의 농부들이 터전을 잃은 채 도시로 내몰리고 있다). 하지만 기계와 그 연료인 탄화수소는 로마의 노예들만큼이나 공고하게 자리를 잡아갔다. 농부에 별다른 관심이 없던 도시 출신 역사학자 카를 마르크스Karl Marx조차 유럽의 변화에 경악했다. "인간이 자연의 힘을 좌지우지하게 되었다. 기계를 사용하고 산업과 농업에 화학물질을 적용시켰다. 증기선을 운항하고, 기차와 전보를 사용하며, 경작지를 만들기 위해 내륙 전체를 개간했다. 강을 운하로 만들고, 난데없이 수많은 사람들이 쏟아져나왔다. 앞선 시대 그 어느 때에 이런 생산력이 사회적 노동 속에 잠재되어 있으리라 짐작이나 했을까?"

화석연료가 농업에 채운 족쇄 중 가장 큰 것은 아마도 하버-보슈법 Haber-Bosch process에서 나왔다고 봐야할 것이다. 1913년, 애국심이 넘치는 독일의 화학자 프리츠 하버Fritz Haber는 석탄을 기반으로 하는 복잡한 고에너지 시스템을 이용하여 공기 중에서 질소를 끌어와 암모니아를 만드는 법을 알아냈다. 이후 바스프BASF(독일에 본사를 둔 세계 최대 종합 화학회사. ―옮긴이)에서 일하던 금속공학자 카를 보슈Carl Bosch가 이 암모니아 합성법의 비용을 낮추어 상업적인 활용이 가능하도록 개발시켰다. 하버와 보슈가 농작물에 사용할 질소를 생산하기 전에 독일 정부는 이 공장을 인수해 군수품을 생산해냈다. 이로 인해 제1차 세계대전은 몇 년 더 길어졌다. 합성질소 비료가 강력한 폭발물을 만들었기 때문이었다. 이는 나중에 미국 테러리스트들에 의해 증명된다. 하버는 또 염소가스와 살충제인 지클론 B Zyklon B를 만들어냈다. 나치는 지클론 B를 가지고 강제수용소에서 수백만 명을 살해했다(하버는 유대인이라는 이유로 나치가 대학 교수 자리에서 쫓아낸 이후인 1934년 사망했다). 하지만 제2차 세계대전 이후 미국은 질소시장 확대를 위해 이들 군수품 공장을 비료사업자로 변신시켰다.

천연가스로 인공 비료를 마음껏 만들어내면서 (949입방미터의 메탄가스가 있으면 무수암모니아 비료 1톤을 만들 수 있다) 작물 수확량은 많아지고, 그에 따라 인구폭발 현상이 일어났다. 1900년에 대부분의 밀밭과 옥수수밭은 거름과 조분석鳥糞石(페루 서해안의 섬에 있는 해조의 똥이 퇴적, 경화하여 생긴 천연 비료. ―옮긴이), 질산칼륨에 의존해서 질소 성분을 강화시켰다. 대기의 80퍼센트가 질소지만 식물이 손쉽게 사용할 수는 없었다. 어떤 문명이든 토양에 질소가 부족해지면 기근을 겪거나, 산림을 베어낸 뒤 새로운 농경지를 개간해야 했다. 하지만 하버-보슈법 덕분에 이런 한계는 사라졌다. 2000년에는 밀에서 대두에 이르는 거의 모든 주요 작물 수확량이 3배나 많아졌다. 넉넉한 질소 장려금 덕분이다. 석유를 기반으로 만들어진 제초제 사용과 농작물의 과학적 조작이 결합되면서 그 생산성은 더욱 높아졌다. 오늘날 하버-보슈법은 전세계 인구 35퍼센트의 식량을 책임지며, 동시에 모든 사람 몸속 질소의 절반 정도를 책임지고 있다.

하지만 이런 식으로 식물 생장을 빠르고 활발하게 유도하면서 인간과 지구의 신진대사에 커다란 변화가 일어났다. 지금 우리가 먹는 대다수 채소와 곡물의 단백질, 미네랄, 비타민 함유량은 100년 전보다 적다. 많은 학자들은 식물의 생장 속도를 빠르게 한 것이 양질의 영양분 흡수 능력을 약화시킨 것이 아닌지 의심하고 있다. 비료를 많이 사용한 농작물은 질소 순환과정을 위태롭게 만들기도 한다. 매년 콩류 식물과 비료, 트랙터를 비롯한 연소기관에서 방출하는 산화질소 때문에 자연적으로 생성되는 반응성 질소보다 훨씬 더 많은 반응성 질소가 생겨나고 있다. 비료를 주면 그 중 30퍼센트만 농작물이 흡수하고 나머지는 씻겨 내려간다. 과학자들은 현대 농업 방식을 통해 바다와 수로, 대기로 누수되는 질소가 농사로 흡수하는 양보다 3배 더 많다고 추정한다. 이렇듯 독성 있는 물질이 누출되면서 지하수는 질산염으로 오염되고 바다와 호수, 강에는 '죽음의 수역dead zone'(물속 산소가 충분히지 않아 생물이 살 수 없는 지역. —옮긴이)이 생겨난다. 고정 질소가 배가되면서 온실효과는 심해지고 오존층은 약해졌으며 스모그 층은 더 누터워졌다. 산성비도 더 많이 내리고, 남중국해South China Sea에서 멕시코만Gulf of Mexico에 이르는 거대한 수역에 산소를 게걸스럽게 먹어치우며 질소를 사랑하는 생물들이 창궐하면서 바다는 오염되고 있다. 《음식의 제국*Empires of Food*》의 공동 저자 D. G. 프레이저D. G. Fraser 와 앤드류 리마스Andrew Rimas도 하버-보슈법이 "질소 의존성을 질소 생산법에 의존하는 것으로 대체시켰다. 이는 현대사회의 다른 많은 요 소와 마찬가지로 전적으로 화석연료에 의존하는 방식이다."라고 언급 했다. 2009년, 세계의 저명한 과학자들 중 일부는 〈생태학과 사회학 *Ecology and Society*〉에 기고한 논문에서 "현대 농업 분야의 비료 사용량 은 지구의 질소 순환에 인간이 개입할 수 있는" 한계를 넘어선 수준이 라고 경고했다.

＊　＊　＊

화석연료 덕분에 지구상에 존재하는 인간의 수는 폭증했고, 그들이 도입한 에너지 기계는 농부들을 농지에서 쫓아버렸다. 사람이 직접 옥 수수를 기르기 위해서는 농지 1에이커 당 3,000시간의 노동이 필요하 다. 하지만 기계는 같은 일을 단 27시간 만에 해낸다. 1830~1930년 사이 존 디어John Deere(미국계 중장비, 농기계 제조회사. —옮긴이)에서 생 산한 일명 '노래하는 쟁기'들인 농기계와 콤바인, 탈곡기, 휘발유 트랙 터는 100부셸의 밀을 생산하는 데 드는 인력과 노동시간을 90퍼센트 까지 절감시켰다.

저렴한 석유를 이용하는 미국의 농업 방식이 볼로그의 녹색혁명을 통해 해외로 수출되면서 시골에 살다가 터전을 잃는 사람들이 전세계 적으로 속출했다. 하지만 이 엑서더스의 시작은 단연 미합중국이었다. 60여 년 전, 역사학자 데이비드 포터David M. Potter는 자신의 저서 《풍요 로운 사람들*People of Plenty*》에서 1820년에는 미국인 중 4분의 3이 땅을 경작해서 먹고 살았다는 점을 지적했다. 그런데 1950년에는 그 수가 12퍼센트까지 줄어들었다는 것이다. 오늘날 그 수치는 1퍼센트를 가까스로 유지하고 있다.

1906년, 민권운동가 모한다스 간디Mohandas Gandhi는 저에너지 농업의 이상향을 강력하게 지켜나갈 것을 제안했다. 간디는 영국에서 일하던 시절 경험했던 급속한 산업화와 도시화에 반대하면서 작은 자급자족 마을이 적절한 생계유지에 걸맞은 지속가능한 모델이라고 확신했다. 간디는 마을이 지역경제를 지키고 물질주의를 멀리하며 권력을 견제하는 역할을 해왔다고 말했다. 선조들 역시 기계에 관해 많이 알고 있었지만 인간이 "노예가 되고 도덕성을 잃게 될까봐" 몇몇 도구를 사용하지 않았다고도 언급했다. 간디는 인도의 조상들은 "진정한 건강과 행복이 손과 발을 적절히 사용하는 데서 온다고 믿었다"며 육체노동의 중요성을 강조했다. 그러므로 인도의 기계화는 국가적 재앙이 될수 있다고 간디는 주장했다. "록펠러 같은 사람이 인도에 생겨날 경우, 그가 미국의 록펠러보다 착할 거라고 생각한다면 어리석은 일이다. 가난한 인도는 자유로울 수 있다. 그러나 부도덕한 행위를 통해 부자가 된 인도는 그 자유를 되찾기 어려울 것이다."

시골 지역에서 시작된 저항운동은 미국에서도 있었다. 1930년, 한 무리의 남부 지역 농부와 시인들은 농업의 기계화에 이의를 제기하는 선언문을 발표했다. 《나의 입장을 지키리라I'll Take My Stand》라는 이름의 수필집을 통해 이들은 규격화된 상품과 트랙터, 비료가 "우리 인간의 에너지를 노예화시키고 있다"고 선언했다. 나아가 노동력을 절감해주는 기계를 무차별적으로 사용하면서 "삶의 행복한 기능 중 하나인” 노동을 천대한다고 말했다. 기계는 농부를 해방시켜준 것이 아니라 땅에서 쫓아냈다고도 했다. 이 농업인들은 “경제적인 대기업”을 일종의 공산주의라고 규탄하면서 종교나 예술이 추구하는 이상에도 위협이 된다고 비판적으로 말했다. 또한 땅을 가꾸며 가계를 꾸려나가는 일을 가장 고귀한 직업이라고 일컬었다.

화석연료가 농업에 미친 영향을 일목요연하게 보여준 최초의 영국 비평가 중에 앨버트 하워드 경Sir Albert Howard이 있다. 인도에서 30년 동안 농업을 연구한 토양연구가인 그는 지금까지도 최고의 농업서적으로 손꼽히는 자신의 저서 《농업성전An Agricultural Testament》에서 농지의 크기를 확장하고 농업 종사자의 수를 축소시키는 것을 비난했다. 그는 식물성 퇴비와 동물 대신 인공 비료를 사용하는 것을 재앙으로 보았고, 작은 규모의 다작물 재배 대신 기계가 관리하는 단일재배가 늘어나는 현실을 심상치 않은 불길한 징조로 생각했다. “갖가지 엔진과 모터가 사방에서 통용되고 있다. 로마제국 노예들의 자리를 기계 노예들이 차지해버렸다. 하지만 말과 소를 내연기관과 전기모터로 대체하면서 커다란 불이익이 뒤따랐다.” 화석연료의 개입으로 저렴한 식량이 넘쳐나면서 “작물과 동물, 인류의 질병이 꾸준하게 늘어나는” 비용을 치러야 했다. 하워드 경은 변칙적으로 경작된 식품을 섭취한 사람은 결국 “특허 받은 기계와 건강보험법에서 규정한 의사, 진료소, 병원, 요양소라는 값비싼 시스템”을 필요로 하게 될 것이라고 예언했다.

하지만 하워드 경이 목격한 것은 석유가 농업에 미친 유해한 영향력의 시작에 불과했다. 제2차 세계대전 이후 농경지는 점점 커지고, 단일재배 방식은 확대되었다. 곳곳에서 가축을 대형으로 기르는 기업들이 생겨나기 시작했다.

1970년 〈내셔널 지오그래픽*National Geographic*〉에서 이런 변화를 찬양 일색의 어조로 자세히 설명했다. 매년 미국인 농부 65만 명이 시골 지역을 버리고 타지로 떠도는데도 불구하고 이 잡지는 농업이 앞으로 더 좋아지고 효율적이 될 것이라고 말했다. 기계가 수확하기 좋게 키워낸 토마토를 기계가 따고, 에어컨이 장착된 트랙터에 한 명이 앉아서 예전에 80명이 달라붙어야 가능했던 옥수수 수확을 해낼 수 있다는 식이었다. 이제 미국인들은 1월에도 딸기를 먹을 수 있다. 과학자들은 땅에 열선을 매설해 흙을 따뜻하게 만든 뒤 12월에 아스파라거스가 나는 진기한 장면을 연출해냈다. 잡화점에서 판매되는 물건의 40퍼센트 이상은 12년 전에는 찾아볼 수 없는 것들이라고 기사는 기쁜 어조로 전한다. 바퀴 달린 제조공장이 밭에 난 셀러리를 베어 상품으로 만들어내고 있었다. "식량생산을 위해 43명 중 한 명만 일하면 되기 때문에 다른 사람들은 의사나 교사, 구두수선공, 수위가 될 수 있다." 그런데 지금은 농장에 남은 그 한 사람이 혼자서 영계 10만 마리를 키울 수 있게 되었다.

미국 농업에 들어가는 석유의 양이 많아지면서 일상에서 사용하는 어휘도 달라졌다. 1970년데 농업 분야의 지도자들은 "농업 파워agripower"(세계 경세나 정치에 대한 농업 선진국의 영향력. ─옮긴이)를 이야기하고 "투입과 산출"의 완벽한 통제에 관해 논하게 되었다. 그들의 목표는 미국 시민의 식량을 공급하는 데 그치지 않고 "농산물 수출을 통해 농업달러agridollar를 창출하는 것"으로까지 나아갔다. 195에이커였던 1940년대 평균 농지의 크기는 400에이커 이상으로 늘어나 있었다. 크면 클수록 좋았다. 충분한 크기의 농지를 확보하지 못한 농부는 농업을 포기해야만 했다.

이즈음에 미국의 사회학자 프레드 코트렐은 확장되는 석유 기반 식량생산 시스템에서 재미있는 점을 발견했다. 이 시스템은 생산하는 것보다 더 많은 에너지를 탕진하고 있었다. 괭이질로 옥수수를 경작할 때 기계를 통해 옥수수를 기르는 것보다 더 많은 가치를 창출해냈고, 필리핀에서 근력을 사용해 벼농사를 짓는 사람들이 루이지애나에서 기계로 농사를 짓는 농부보다 순수 수확량이 더 많았다. 코트렐에 의하면 1950~1970년대 사이 미국의 옥수수 수확량은 40부셸에서 90부셸로 늘어났지만 비료와 제초제, "경작지를 좀먹는" 기계에 투입하는 에너지 비용은 그보다 훨씬 가파르게 상승했다는 것이다.

코트렐은 이렇듯 에너지 투입량이 증가하는 현상을 몇 가지 요인으로 설명했다. 일단 사람들이 밭에서 보내는 시간을 줄이는 데 많은 양의 석유가 사용되었다. 거대한 트랙터와 파종기, 콤바인을 만들고 유지하고 수선하는 데는 더 많은 에너지가 필요했다. 농장이 클수록 기계가 담당하는 일은 더 많아졌다. 코트렐은 값비싼 석유를 기반으로 하는 고에너지 시스템은 절대 순리대로 작동하지 않으리라 결론내렸다. "산업주의자들이 농장에서 얻으려는 것은 확보가능한 최대한의 에너지나 필연적인 노동력이 아니라 바로 식량이다. 산업사회 인구를 유지하고 인구의 성장을 확언하기에 충분한 식량이 필요한 것이다." 이런 식의 에너지 낭비에 경악한 사람은 비단 코트렐뿐이 아니었다. 에너지 분석가 얼 쿡Earl Cook에 의하면 1973년 3,300칼로리의 열량을 내는 식량을 유통하기 위해 필요한 화석연료 열량은 쟁기질과 가공, 운송, 저장에 소요되는 양을 합쳐 2만 6,745칼로리였다. 이는 식량에서 얻을 수 있는 에너지의 8배에 달했다.

마찬가지로 1970년대에 글을 썼던 생태학자 유진Eugene과 하워드 어덤Howard T. Odum도 미국의 석유 기반 농업이 감당할 수 없을 만큼 값비싸다고 지적했다. 그 미련스러운 규모도 그렇거니와 지속불가능한 석유 기반 에너지 흐름에 예속되어 있기 때문이었다. "밭에 씨를 뿌리는 것도 기계고, 땅을 가는 일도 트랙터가 한다. 제초작업을 화학물질로 하기 때문에 땅이 오염된다. 전염병을 억제하는 것은 밭에서 멀리 떨어진 실험장의 훌륭한 과학자들이다." 하워드 어덤의 글이다. 하지만 높은 수확량은 환상일 뿐이라고 그는 말한다. 일반인은 그런 일에 들어가는 화석연료의 양이 얼마인지 모르기 때문이다. "세대를 막론하고 시민들은 태양에너지를 더 효율적으로 사용한다고 생각한다. 그러나 이것은 슬픈 거짓말이다. (…) 우리가 먹는 감자의 일부는 석유를 원료로 만들어졌다."

*　*　*

그로부터 수십 년 후인 2010년 미국 농무부에서 시행한 에너지 회계 감사가 확인해주듯이 감자와 석유의 상권관계는 점점 밀접해지고 있다. 1960년대 식량 시스템은 미국 에너지 예산의 12퍼센트를 차지했다. 2007년에는 16퍼센트의 에너지를 꿀꺽 삼켰다. 미국 농무부의 회계 감사를 통해 캘리포니아에서 양상추가 어떻게 생산되는지 간단히 살펴볼 수 있다. 경작용 휘발유 트랙터에 부착된 정밀한 파종기가 양상추를 심는다. 그런 다음 디젤 비료살포기가 질소 계열 비료와 농약,

제초제를 살포한다. 전기로 돌아가는 관개 장비가 물을 끌어온다. 농부는 차를 타고 가게에 가서 비품을 가져온다. 멕시코에서 유입된 노동자들이 채소를 수확한 뒤 상자에 담아 휘발유 트럭에 싣는다. 이 트럭은 가공 공장으로 이동한다. 더 많은 기계가 양상추를 분류하고 자르고 다듬는다. 잘 포장된 양상추는 냉장 트럭이나 철도 차량에 실려서 이스트코스트의 잡화점으로 향한다. 잡화점에서는 석탄 화력발전으로 만들어진 전기냉장고에 즉시 양상추를 집어넣는다. 자동차를 타고온 손님 한 명이 그 양상추를 구매해서 집으로 돌아가 집 냉장고에 넣어둔다. 마켓에 진열되었던 양상추의 반은 폐기되고, 이걸 트럭이 끌고 다니다가 쓰레기 매립지로 향한다. 현재 미국 가공식품은 따뜻한 곳을 찾아 멀리 떠나는 겨울 여행자처럼 평균 2,400킬로미터를 여행한다. 미국 농무부는 마른 씨앗처럼 건조한 어조로 "식량사슬을 관통한 에너지 의존성 때문에 에너지 가격이 변동하거나 상승할 경우, 식량 가격뿐 아니라 국내 식량 안보와 미국의 수입 에너지 의존도에도 영향을 미칠 것이라는 우려가 높아지고 있다."라고 결론을 내렸다.

2005년, 에너지 컨설턴트 장 마르크 장코비시Jean-Marc Jancovici는 프랑스 농업의 현주소를 살펴보았다. 미국과 마찬가지로 산업화된 농업이 차지하는 에너지 소비량은 전체의 20퍼센트에 달했다. 장코비시는 이 에너지를 열량 즉 "노예에 상응하는 것"으로 환산해서 교통, 산업, 건물 난방, 농사에 사용되는 에너지를 계산했다. 트랙터와 수확용 기계의 동력은 프랑스 국민 1인당 20명의 노예를 부리는 것과 같았다. 또 인구 1인당 26명의 노예가 산업서비스를 위해 노역을 감당하고 있었다. 장코비시의 추산에 따르면, 현대 프랑스 국민의 에너지 소비 총량은 1인당 보이지 않는 노예 100명을 부리는 것과 같았다.

하지만 이런 편이성에는 쇠뭉치가 달린 족쇄가 딸려 있다. 화석연료를 이용한 농사에서 충격적인 부분은 농업이 끊임없이 집중화되었다는 사실이다. 스탠다드 오일이 정유업자에게 한 것과 똑같은 일이 농업에서도 벌어졌다. 권력이 소수에게 집중되는 것이다. 현재 미국에서는 3개의 기업이 도축업을 장악하고 있다. 2,100개에 불과한 가축 사육장에서 미국 가축의 90퍼센트를 키운다. 미국에 유통되는 대량생산된 닭의 60퍼센트는 4개의 기업이 담당하고 있다. 몬산토Monsanto라는 기업은 전세계 옥수수와 대두 종자 판매를 지배하고 있다. 크라프트Kraft와 사푸토Saputo를 포함한 4개의 기업이 미국의 유제품 가공을 장악하고 있다. 엑슨모빌처럼 저렴한 상품을 취급하는 월마트는 미국 소매식품 판매의 30~50퍼센트를 독점한다. 캠벨Campbell은 잡화점 수프 진열대의 대부분을 차지하고 있다. 프리토레이Frito-Lay는 나트륨이 듬뿍 든 옥수수와 감자 칩 절반을 팔아치웠다.

석유의 또 다른 특징인 표준화Standardization는 농사를 고도로 전문화된 사업으로 만들고, 취약성이 높아진 단일재배 형식으로 바꾸어놓았다. 예전에 옥수수는 지역에 따라 50가지 품종이 생산되면서 특정 해충에 저항력을 지닐 수 있었다. 하지만 기업식 농업에서는 단 6가지 품종만을 선호했다. 한때 3만 개의 품종을 자랑하던 밀도 지금은 에이커 당 300파운드의 농약을 견뎌내도록 조작된 것으로 추정되는 3~4가지 품종에 한정되어 있다. 한때 5,000가지 품종의 막강한 다양성을 자랑하던 감자는 대개 버뱅크Burbank 감자로 수렴되었다. 이 덩이줄기 작물은 프렌치프라이 요리를 만드는 데 적합해서 북미의 식당과 전세계 패스트푸드점 수익을 늘려주고 있다. 7,000가지 품종이 있던 사과 역시 단일 품종으로 정리되어버렸다. 다양한 크기와 형태, 맛을 자랑하던 양상추도 현재는 아이스버그와 로메인, 두 종류만 남았다. 유엔 식량농업기구FAO, Food and Agriculture Organization의 추정에 따르면 다양성 보존을 위한 열정적인 노력에도 불구하고 전세계 식용작물에서 나타났던 유전자 다양성 중 4분의 3이 유실되거나 축소되거나 말소되었다고 한다. 녹병균과 병충해, 해충들이 단일작물 농경지를 신나게 유린했다. 콘월 대학교의 생태학자 데이비드 피멘텔David Pimentel은 매년 농약 사용에 따른 경비를 350억 달러나 지출하고 있음에도 불구하고 전세계 연간 곡물 수확량의 절반이 7만 종의 해충과 식물병으로 황폐해진다고 추산했다.

가축의 다양성 역시 균질화를 선호하는 석유 때문에 비슷하게 쇠퇴하고 있다. 젖소의 80퍼센트는 홀스타인Holstein 종이고, 육우의 경우는 60퍼센트가 앵거스Angus 종이다. 양의 40퍼센트는 서퍽Suffolk 종이고, 공장식으로 사육하는 돼지로는 영국 대백English Large White 종이 선호된다. 지난 100년 동안 지역 기후를 견뎌내도록 살뜰한 보살핌을 받으며 사육된 가축 종들은 6개 중 하나 꼴로 멸종했다. 2007년에만 소, 염소, 말, 돼지 중 60개 종이 사라져버렸다. 현재 남아 있는 6,500개 가축 종 중에서 약 1,350종은 시골에서 자신들을 돌봐주던 사람들과 비슷한 운명에 처했다. 질병에 저항성을 지니고 가뭄을 견뎌낼 수 있으며 추위에도 살아남는 동물 종들은 사라지고, 그 자리를 대신 차지한 것은 생산성이 높도록 단순화된 공장식 '상품'이다. 이것은 백신과 항생제, 인공사료로 구성된 석유 입력 에너지로 만들어졌다. 전세계 닭의 약 70퍼센트와 돼지, 소의 절반은 땅과 완전히 분리된 공장식 틀에서 사육된다. 수확량이 많은 곡물이 생겨나 가축의 사료로 이용되면서 소위 말하는 가축혁명livestock revolution이 일어났다. 1960년 이래 지구상에 존재하는 닭과 오리, 칠면조의 수는 4억 1,000만 마리에서 150억 7,000만 마리로 네 배나 증가했다. 현재 소와 돼지의 개체수는 각각 10억 마리가 넘는다. 이런 식의 산업화된 축산업 시스템은 전 세계 지표수의 8퍼센트를 차지하고, 온실가스의 18퍼센트를 배출하며, 전세계 동물적 생물량의 20퍼센트를 담당한다. 또 항생물질의 50퍼센트를 소비하고 있다. 그리하여 450그램의 소고기를 만들기 위해 0.75갤런(약 3리터)의 석유가 필요하게 되었다.

산업화된 농업은 슬프게도 일상적인 식품 낭비를 초래하기도 했다. 북미 지역에서 생산하는 식용가능한 과일과 채소, 기름, 유제품의 약 27퍼센트가 운송과정에서 못쓰게 되거나 냉장고에서 부패하거나 잡화점에서 상하거나 가정에서 폐기처분된다. 영국의 식품 낭비율은 50퍼센트에 달한다. 애리조나 대학교의 연구결과에 따르면 평균적인 미국 가정에서 약 2,275달러어치의 식품이 매년 허비된다. 썩거나 먹다 남겨서 폐기된 식품을 통해 그냥 버려지는 에너지의 양은 미국에서 매년 소비되는 석유와 전기에너지의 2퍼센트 정도다.

G. K. 체스터턴은 이런 결과를 거의 100년 선에 예언한 바 있다. 간디와 마찬가지로 체스터턴은 소농들의 지역 공동체를 지지했다. 영양가 있는 식품을 만들고 사람들이 행복하게 지내며 종교적 신념에 따르는 삶의 방식을 존중했기 때문이었다. 작은 규모의 농장에서는 경제력과 정치력이 집중되는 법도 없다. 체스터턴은 시골 지역에 무생물 노

예가 늘어나면 사람들의 생각이 그에 예속될 뿐만 아니라 궁극적으로
는 여유 시간마저 기계화되어 그 자발성을 빼앗길 것이라고 주장했다.
"우리의 이상이 가능한 빨리 그리고 쉽게 물건을 만들어내는 것이라
면, 원하는 물건을 무척 많이 만들어야만 한다. 그러나 가능한 자유로
운 방식으로 다양하게 물건을 생산하고자 한다면 최대한 빨리 생산하
려고 발버둥쳐서는 안 된다. 기계로 노동을 절감한 결과는 현재와 같
은 모습이거나 더 나쁜 결과를 불러올 것이다. 바로 생산되는 물건의
종류가 제한되는 표준화로 이어질 것이다."

미국에서 석유를 이용한 농사가 시작되면서 시골 지역 인구는 감소
했다. 이에 따라 거의 인식하지 못했던 문화 비상사태가 여럿 발생했
다. 웬델 베리Wendell Berry는 특유의 우아한 문장으로 이런 위기를 수
십 년에 걸쳐 강조했다. 첫 번째 위기는 산업계와 행정부를 차지한 "떠
돌이 전문 반달족(5세기에 로마를 침략하고 예술·문화를 파괴한 게르만족.
—옮긴이) 같은 사람들"이 시골 지역을 체계적으로 능욕하는 문제였
다. "지금 사람들은 땅을 더 많이 이용하면서도 (즉 땅에 의지해 생계를
유지하면서) 그 어느 때보다 땅에 대한 생각을 하지 않는다." 베리의 말
이다. 농업계의 디아스포라(다른 나라에서 살며 일하기 위한 유대인들의 이
동. —옮긴이)는 사람과 집 그리고 터전과의 관계를 단절시켰다. "사람
들이 일하는 곳과 떨어져 살게 되면서 자신들의 일이 삶에 미치는 영
향을 느끼지 못하는 상황이 빚어졌다." 공산주의 국가인 중국에서 미
합중국에 이르기까지 고에너지 사용 국가들은 하나같이 시골 지역을
약탈하고, 핵폐기물을 버리는 쓰레기 하치장처럼 취급한다. 그러면서
그곳은 사람이 거의 살지 않기 때문이라고 궁색한 변명을 늘어놓는다.

베리는 식량생산의 세계화는 가장 파괴적인 20세기의 유산이 될 수 있다고 생각했다. 미국에서 발명한 공장식 농업은 전세계 모든 지역의 전통과 지역 특유의 농부, 그 지역만의 작물 다양성을 파괴해버렸다. 그러고는 공장 기술이 대자연의 우연성을 극복해주리라는 간 큰 거짓말을 했다. "병충해와 기생충, 질병 그리고 기후변동과 극단적인 기상변화가 사라지자마자 이들에 대한 저항력도 사라졌다. 흙에서 나오는 저항력과 흙에서 태어나는 생명력은 우리가 건강이라고 부르는 것이다. 흙의 저항력과 흙의 생명력을 통제하는 대가로 우리는 건강을 포기해버렸다." 벨의 글이다.

석유의 힘을 빌려 동식물을 살찌우는 공장식 식량생산 시스템은 사람들도 살찌웠다. 40년 전 평균적인 미국인은 꽤 마른 편이었다. 그러나 1944년에 이르러 연구자들은 놀라운 경향에 주목하기 시작했다. 미국인들이 땅딸막하게 변하기 시작한 것이다. 20년 전 학자들은 이것을 유행병이라 불렀다. 속성으로 만들어진 식량, 탄수화물이 풍부한 식습관, 가전제품과 자동차처럼 노동력을 절감해주는 에너지 노예들의 덕으로 현재 미국인의 3분의 2는 과체중 상태다. 그리고 미국 어린이의 4분이 1가량은 뚱뚱한 체형을 갖고 있다. 미국을 찾아간 이들은 몸집이 서내한 사람이 너무나 많아서 놀라곤 한나. 서에너지 사회의 농부들은 매일 밭에서 1,000칼로리의 열량을 태우고, 운이 좋은 경우에는 3,000칼로리의 열량을 먹고 마셨다. 이것은 자급자족 비율이 3대 1이라는 의미다. 부생물 노예 덕분에 우리가 매일 육제노동에 사용하는 열량은 약 300칼로리 정도다. 하지만 우리가 먹고 마시는 열량은 2,100칼로리다. 자급자족 비율이 7대 1이라는 뜻이다. 기계장치가 등장하면서 1945년 이후 육체 활동은 감소했다.

공장식 농업 때문에 서구사회에는 유례를 찾아보기 힘든 일이 벌어졌다. 바로 가난한 사람들이 뚱뚱하게 된 것이다. 사실 비만은 석유가 발견되기 이전에도 존재했다. 과거 조직화된 곡물 농업이 등장하면서 비만은 부와 직결되었다. 뚱뚱한 사람은 먹을 게 풍부하다는 것을 상징했다. 비만에 관한 최초의 묘사로 꼽히는 것은 마른 노예가 뚱뚱한 주인에게 음식을 먹여주는 이집트 무덤의 그림이다. 하지만 오늘날 정제된 곡물과 지방, 설탕을 함유한 가공식품은 저렴할 뿐 아니라 고에너지를 낸다. 제조업체들은 매년 110억 달러의 돈을 써서 패스트푸드와 양 많은 식사를 홍보한다. 패스트푸드는 지방이 적은 살코기와 어류, 채소, 과일보다 훨씬 더 저렴하다. 2004년 애덤 드로노우스키와 S. E. 스펙터의 연구결과는 참담한 역설을 드러냈다. "미국인의 체중은 점점 불고 있지만 과당과 지방의 섭취량만 늘 뿐, 식물 에너지를 소모하는 비율은 점점 낮아지고 있다." 이 모든 사태의 배후에는 값싼 석유가 있다.

보건 당국과 그외 전문가들은 저지방식과 운동이 치유책이라고 말했다. 하지만 이런 틀에 박힌 권고는 현실에 절대적 영향력을 발휘하는 에너지 역동성을 간파해내지 못한다. 미국 질병통제예방센터Centers for Disease Control and Prevention는 비만을 '이상 심리'라고 보았다. 비만이 전염병처럼 번지면서 비만연구가와 다이어트 권위자 등이 주축이 된 전문적인 산업을 양산시켰다. 하지만 사실 이 모든 일의 핵심에는 에너지가 있다. 화석연료가 농업의 신진대사에 변화를 일으킬 때마다 사회는 동맥경화를 겪었다. 석유 기반 식량이 공급되면서 우리의 식탁에는 전통적인 농경사회에서는 상상도 못할 정도로 많은 탄수화물이 오르게 되었다. 현재 평균적인 미국인이 매년 소비하는 밀의 양은 약 4부셸 정도다. 현대 곡물은 이전에 경작된 품종보다 더 많은 탄수화물을 함유한다. 이처럼 지나치게 많은 탄수화물은 비료가 질소 순환주기에 영향을 미쳤던 방식과 마찬가지로 신체의 인슐린 생산에 영향을 미친다. 마른 사람들은 이런 탄수화물을 흡수해서 지방을 저장해두었다가 나중에 식량이 부족할 때 에너지를 생산한다. 하지만 뚱뚱한 사람들은 저장된 지방을 가져다 쓸 수가 없다. 탄수화물을 섭취하면 인슐린 분비가 비정상적으로 이루어지기 때문이다. "뚱뚱한 사람들이 뚱뚱한 이유는 과식하기 때문이 아니다. 뚱뚱하기 때문에 과식하는 것이다." 영양전문가 마이클 이데스Michael Eades의 설명이다. 저탄수화물식인 전통적 식습관을 되찾으면 체중이 줄 뿐만 아니라 당뇨병과 같은 건강 문제가 없어지는 모습을 많이 볼 수 있다.

미국 방식의 농법을 차용하고 식품을 가공한 모든 문화권에서는 사람들의 몸집이 커지고 건강이 나빠지는 모습이 관찰된다. 몇몇 비평가들은 이런 현상을 "건강의 정점"이라고 부른다. 특히 석유 생산국에는 지구상에서 가장 몸집이 커다란 국민들이 살게 되었다. 정크 푸드junk food(칼로리는 높지만 영양가가 낮은 인스턴트 음식이나 패스트푸드. ―옮긴이)를 먹고, 어디를 가든 자동차를 타기 때문이다. 하버드 대학교 보건대학에 따르면 멕시코와 바레인, 쿠웨이트, 사우디아라비아에 사는 성인의 35퍼센트는 비만이다. 쿠웨이트는 아랍 지역에서 비만인의 비율이 가장 높은 나라다. 이곳 여성 절반의 허리둘레가 정상보다 더 굵다. 2003년의 연구결과를 보면 쿠웨이트 국영 석유회사인 KOCKuwait Oil

Company에서 일하는 노동자의 75퍼센트가 과체중이고, 현장 노동자들이 사무실 근무자보다 더 몸무게가 많이 나간다. 연구자들은 "능동적인 생활과 건강한 식이습관, 체중관리 프로그램"을 권장했다. 하지만 이 모든 기록을 깨버린 나라가 있다. 카타르다. 카타르 국민의 40퍼센트는 뚱뚱하고 5명 중 1명 꼴로 당뇨병에 걸려 있다. 지금부터 5년이 더 지나면 카타르 여성의 73퍼센트와 남성 69퍼센트는 비만으로 분류될 것이라 예상된다. 카타르의 의사들은 어린아이를 대상으로 지방 제거수술을 시행하고 있다. 카타르 국민 대다수의 건강 상태는 어류와 채소로 이루어졌던 전통 식습관을 미국의 가공식품으로 대체하면서 급속도로 건강이 나빠진 남태평양 지역 사람들과 비슷한 정도다.

＊　＊　＊

1920년대에 포드 자동차를 사서 몰고다니는 미국 영세 농민의 몰락 속도를 늦추기 위해 헨리 포드는 석유가 아닌 에탄올을 연료로 선택했다. 모델 T 차량을 알코올로 움직이게 할 계획이었던 이 자동차계 거물은 바이오연료biofuel(생물 연료라고도 부른다. 식물, 동물 등의 생물체와 폐기물 등을 분해해서 만든 연료. ―옮긴이)를 사용하면 환금 작물이 더 늘어나면서 시골 지역의 경제적 부담을 완화시킬 수 있으리라 기대했다. 1925년 포드는 〈뉴욕 타임스〉와의 인터뷰에서 "미래의 연료는 길가에 있는 옻나무나 사과, 잡초, 톱밥 등 거의 모든 물질에서 얻게 될 것이다."라고 말했다. 포드는 또 일명 농산화학farm chemurgy이라는 운동을 지지했다. 에탄올과 대두, 마를 연료와 소비재로 바꾸는 걸 목표로 하는 일이었다. 석유가 값쌀 때는 의미가 없는 운동이었다. 하지만 2008년 석유 가격이 배럴 당 150달러로 치솟자, 미국의 산업화된 식량 시스템은 옥수수에서 에탄올을 만드는 것에 주목하기 시작했다. 대서양 건너 유럽에서는 열대우림 지역인 인도네시아 플랜테이션 농장에서 얻은 야자유에서 바이오연료를 만들 것을 제안했다. 대두와 지팽이풀, 해조류, 사탕수수는 주요한 바이오연료다. 하지만 미국과 유럽에서 새로운 연료를 만들기 위해 농작물을 분해하는 일에 집중하자 전세계 옥수수와 밀, 달걀 가격이 급상승했다. 또 이 일로 인해 멕시코와 남아프리카공화국 등지에서는 식량 폭동(식량수급 문제가 해결되지 않았을 때 기아가 발생하는 지경에 이르면 종종 발생하는 폭동. —옮긴이)이 일어나기도 했다. 미국의 한 기술관료는 이 같은 바이오연료 개발을 입에 침이 마르도록 칭송하면서도 식량 안보와 에너지 안보, 둘 중 하나를 선택해야만 하는 사태를 불러일으킬 수 있다고 언급했다. 또 다른 에너지 전문가는 모든 화석연료를 바이오연료로 대체하려면 지구상에 있는 수생 식물과 초원, 농장을 죄다 거둬들여야 할 것이라고 말했다. 관련 연구를 했던 마리오 기암피에트로Mario Giampietro와 코조 마유미Kozo Mayumi는 "화석연료를 농경–바이오연료로 모두 대체하는 일은 불가능하다"고 결론내렸다.

이와 관련한 논쟁은 아주 오래 전부터 있었다. 19세기, 오스트리아의 물리학자 겸 엔지니이인 요제프 포피–링게우스Josef Popper-Lynkeus는 감자에서 얻은 알코올을 석유 대신 가정용 난방유로 사용하는 데 드는 비용을 알아보았다. 그 결과 터무니없을 정도로 광대한 땅이 필요한 것으로 드러났다. 바이오연료를 옹호하는 사람들은 감자를 온실에서 키우면 된다고 주장했지만 포퍼–링케우스는 유럽에서 온실 재배를 하려면 많은 석탄을 소비하는 반면, 그 결과로 얻는 감자 알코올은 쥐 꼬리만하다는 점을 지적했다.

데이비드 피멘텔도 에탄올에 대해 같은 의문을 품었다. 그는 빈약한 에너지 회수율을 생각하면 부정적이라고 말했다. 하지만 옹호론자들은 에탄올의 경우, 생산을 위해 투여되는 에너지의 2배 정도를 공급해준다고 주장했다. 피멘텔은 아주 제한적인 규모로 바이오연료를 사용하는 것에도 의구심을 가졌다. 바이오연료 옹호자들이 전세계 인구의 60퍼센트가 영양실조 상태에 있으며 산업적 용도로 사용되는 땅도 이미 너무 많다는 현실을 무시한다고 그는 말했다. "바이오연료가 우리에게 에너지를 공급해줄 거라고 말하려면 현재의 사실 관계를 정확하게 볼 필요가 있다." 2006년 한 인터뷰에서 피멘텔이 한 말이다. "지구상에 있는 모든 옥수수의 18퍼센트가 에탄올 생산에 쓰이고 있다. 그래서 얻은 에탄올은 450만 갤런이다. 이는 미국에서 사용하는 석유량의 1퍼센트에 해당한다. 1퍼센트다. 만약 미국에서 나는 옥수수 100퍼센트를 다 사용하자고 한다면 찬성할 이가 없을 것이다. 그리고 만에 하나 옥수수 100퍼센트를 다 쓴다고 해도 무슨 도움이 되겠는가? 석유 수요의 6퍼센트만 충당해줄 뿐이다. 에탄올은 석유에 비해 45배 높은 비용으로 에너지를 만들어낸다."

지구상에 존재하는 경작지의 90퍼센트가 수출용 곡물생산에 기여하도록 만든 식량 산업화로 인해 전세계적인 저항이 일어나고 있다. 석유 가격이 오르면서 많은 농부와 영세농들이 소위 말하는 녹색혁명을 포기하고 구식 농사법을 다시 채택했다. 미국에서 지속가능한 농사 운동이 벌어지면서 대형 농업 방식을 위협하고 있다. 지속가능한 농사법은 경작 규모를 줄이고 기계를 덜 사용하고 천연비료를 이용해 다양한 품종을 키우는 것이다. 점점 많은 사람들이 좀더 '천천히' 식사하고, 로컬 푸드local food 즉 지역 농산물을 구매하려 노력한다. "식량 독재와 식량 종속화에 시달리지 않아도 된다. 하지만 진정한 의미의 유기농을 유지하려면 생물 다양성을 지켜야만 한다. 그러기 위해서는 영세 농민들에게 일을 맡기고, 식량 주권에 대한 인식을 심화시켜야 한다." 반다나 시바Vandana Shiva가 저서 《석유가 아니라 흙이다Soil Not Oil》를 통해 한 말이다.

미국 방식의 석유 기반 플랜테이션 농업이 전통적인 농업 방식을 정복해버린 곳에서는 수익이 점점 줄고 에너지 비용은 상승하고 있다. 볼로그 볼락이 인도의 농부들에게 더 많은 식량을 얻게 될 것이라 약속했음에도 불구하고 그가 만들어낸 고수확 곡물과 화학비료 처방전은 농부는 물론 땅까지 빈곤하게 만들었다. 핵물리학자에서 농업개혁가로 변신한 시바는 인도의 펀자브Punjab 땅에서 철과 구리, 마그네슘과 같은 미량 영양소가 소실되었음을 입증해냈다. 펀자브의 토양 샘플 절반에서 아연 결핍증이 관찰되기도 했다. "비료 사용이 증가했음에도 불구하고 펀자브 대부분 지역에서 밀과 쌀의 생산성은 등락을 거듭해왔고, 심지어 생산성이 떨어진 경우도 있었다." 시바의 글이다.

인구의 절반이 계속 농사를 짓는 방글라데시에서도 쏟아붓는 에너지에 비해 적은 양의 식량을 얻고 있다. 1990~2005년 사이 방글라데시의 곡물 수확량은 3,400만 톤에서 4,600만 톤으로 늘어 수확률이 35퍼센트 신장했지만 이를 위해 기계와 비료, 석유 관개시설, 농약 등에 쏟아부은 에너지는 50퍼센트나 증가했다. 2010년, 셰이크 코스루

잠만Shaikh Khosruzzaman이 이끄는 연구팀은 방글라데시의 농가에서 에너지 집약도가 높아지는 현상을 살펴보았다. 2000~2008년 사이 방글라데시 농가의 에너지 집약도는 10배나 증가했다. 이는 인간과 동물을 대신해서 석유 노예를 더 많이 고용하면서 역효과를 낳았다는 반증이었다. "방글라데시의 농업 분야에서 에너지 집약도가 증가했다는 것은 지속가능한 농업 발전을 장담할 수 없다는 의미다."라는 결론이 내려졌다.

＊　＊　＊

석유가 비싸질 때 산업화된 농업 방식을 어떻게 잘 운영할 수 있을지 정확히 아는 사람은 없다. 기후변화로 인해 단일재배 지역이 가뭄을 겪고 다른 단일재배 지역은 홍수를 겪는 일이 생기면 어떻게 해야 할지 아는 이 역시 없다. 하지만 쿠바의 사례를 통해 그 가능성을 살짝 엿볼 수 있다.

과거 소련은 설탕과 오렌지주스, 니켈을 받는 대가로 쿠바에게 석유의 90퍼센트와 식량의 60퍼센트를 제공해주었다. 하지만 1991년 소련이 해체되고 곧이어 미국이 쿠바에 대해 통상금지령을 내렸다. 이 두 사건으로 인해 쿠바에는 트랙터를 움직일 석유도 없고 설탕과 담배에 뿌릴 비료와 농약도 없어졌다. 쿠바는 경제학자들이 비행기 추락 사태에 비유하는 오일쇼크를 경험했다. 쿠바인들은 이를 가리켜 '특별기간Special Period'이라 불렀다. 당시 영세 농민들은 토지의 12퍼센트만 경작할 수 있었다. 외국에서 식량의 대부분을 얻어오던 쿠바 사람들은 극단적인 감식을 해야만 했다. 평균적인 쿠바인이 섭취하는 하루 열량은 2,600칼로리에서 1,000칼로리로 줄었다. 이로 인해 13킬로그램 정도 몸무게가 준 사람도 많았다. 영양실조로 시력을 잃은 사람이 수천 명에 이르렀고 임산부들은 빈혈에 시달렸다.

이에 대응하기 위해 쿠바 정부는 영세 농민과 기업형 오가노포니코 Organoponicos, 즉 소규모 도시 텃밭에 의존해 식량 부족분을 메우려 했다. 오늘날 8만 1,000에이커에 달하는 이 도시 텃밭의 농부는 수천 명에 이른다(보통 1.7 에이커 당 25명의 사람이 전일제로 일한다). "쿠바에서 일어난 일은 정말 놀랍다. 쿠바 사람들은 식량 안보를 추구했고 그로 인해 영세 농업을 우선시하게 되었다." 미국의 사회학자 로라 엔리케즈의 말이다. 석유 기반 비료나 농약을 구할 수 없었던 쿠바인들은 170개의 퇴비장을 만들었다. 현재도 이 퇴비장에서는 꿈틀대는 벌레들이 매년 9,300톤의 흙을 만들고 있다. 또 버티실리움verticillium과 백강균Beauveria bassiana 같은 균으로 배양한 천연 농약 제조시설도 세웠다. 소가 트랙터를 대신했고 사람들은 옥상에 토끼와 닭을 키웠다. 이 소규모 농경 사업은 순식간에 식량 위기를 종식시키면서 유기농법으로 키운 시금치와 양파, 쪽파, 마늘, 토마토를 풍부하게 공급했다. 현재 쿠바의 영세 농민들은 수도 아바나Havana에서 소비하는 과일과 채소의 대부분을 공급하고 있다. 쿠바 정부는 이 위기 상황에서 "조국이 아니면 죽음을 달라!"라는 슬로건 대신 "더 나은 세상은 가능하다."라는 슬로건을 내걸었다. 그리고 북미 지역의 기업형 농업에 맞먹는 대규모 국영농장이나 사회주의사보다 시골에 사는 농민이 훨씬 더 회복 탄력성이 좋다는 사실을 깨닫게 되었다. 토지를 능숙하고 효율적으로 활용하면서 "영세 농민과 단체가 외부의 투입물질이 희귀해진 상황에서도 식량 균형에 기여할 수 있음"이 증명되었다고 쿠바의 학자 페르난도 푸네스-몬조테Fernando Funes-Monzote는 보고했다. 쌀과 콩, 돼지고기가 주를 이루었던 쿠바의 식습관은 좀더 다양해졌고 채소 섭취도 많아졌다. 피터 로세트Peter Rosset와 메디아 벤저민Medea Benjamin이 "인류 역사상 가장 획기적으로 인습적인 농업 방식을 유기농 및 유사 유기농법으로 전환한 사건"이라 부른 이 일은 미국에서 폐기된 토머스 제퍼슨의 미국적 이상, 즉 "영세 토지 소유자야말로 미국의 가장 소중한 구성원이다."라는 주장의 정수를 이어받은 것이었다.

마지막으로 1920년대에 소규모 식량생산을 옹호했던 G.K. 체스터턴의 말을 인용해보겠다. "나무에서 과실을 딴 뒤 가장 신속하고 저렴하게 할 수 있는 일은 그 과실을 입에 집어넣는 것이다. 철도 여행에 돈을 낭비하지 않는 이가 최고의 경제학자다. 너무나 효율적이어서 조직에 관심을 두지 않는 이가 절대적인 효율성을 보여준다. 물론 이런 사람은 이상적인 단순화의 극치라고 볼 수 있지만, 단순화야말로 사과나무처럼 믿을 만한 방법이다."

6장

인류의 비아그라

❖

"지역이나 국가 또는 전세계적으로 인구가 늘어났다고 해서
미시적 차원이든 포괄적 차원이든 그 어떤 문제의 장기적 해법에
도움이 되거나 힘이 생기거나 진전을 이루는 경우가 한 번이라도 있었나?"
— 앨버트 배틀릿Albert A. Bartlett, 〈세계 최악의 인구 문제*The World's Worst Population Problem*〉 1997

쉘 오일Shell Oil 사의 지질학자 겸 미국의 위대한 과학자인 매리언 킹 허버트Marion King Hubbert는 1962년 미국 정부를 위해 에너지에 관한 소논문 한 편을 발표했다. 이른바 '피크 오일peak oil'(석유 생산 정점이라고도 번역되는 표현. 전세계 석유 생산량이 어느 순간 정점에 달한 후 급격히 감소한다는 예측이다. ―옮긴이)이라는 표현을 만들어낸 허버트는 인간이 지구의 에너지 흐름을 무차별적으로 마구 훼손하고 있다고 경고했다. 하나의 생물 종에 불과한 인간이 강물을 막고 바람을 동력화하고, 원자 단위의 물질을 이용하고, 5억 년 전 태양과 식물이 만들어낸 석탄과 석유, 천연가스에 저장된 에너지를 착취하고 있다. 이런 식으로 엄청난 에너지 뷔페를 즐겨온 인류는 지속적으로 성장하는 세상을 만들어냈다. 하지만 인간과 무생물 노예의 개체수가 폭증하면서 "인간의

개체수 증가곡선에 맞춰 이루어지던 생태계 평형"은 어그러져버렸다.

허버트는 이런 인구폭발 현상이야말로 정상궤도를 크게 벗어난 것이라고 말했다. 거의 100만 년 동안 인류의 수는 아주 천천히 늘어났다. 10만 년 정도가 지나야 2배로 늘어나는 정도였다. 예수가 탄생한 후 인류의 배가시간(개체수가 2배가 되는 데 필요한 시간. ―옮긴이)은 약 560년으로 단축되었다. 그래도 전쟁과 각종 기후현상 및 전염병으로 인해 인간의 개체수는 3억 미만을 유지했다. 그러나 16세기에 접어들면서 인구를 표시하는 그래프는 엑슨모빌의 이윤과 마찬가지로 급상승하기 시작했다. 1850년에 이르러서 인류는 한계점을 넘어 10억 인구를 달성하기에 이르렀다. 석탄으로 움직이는 기계 노예의 도움을 받은 사람들은 더 오래 살게 되었고, 번식 성공률도 높아졌다. 급기야 전세계 인구는 매년 2퍼센트씩 증가했고, 그 중 미국은 가장 높은 3퍼센트의 증가율을 자랑했다. 1900년에 전세계 인구는 거의 15억에 달했고 1960년에 이르러 그 수는 다시 2배가 되었다. 1962년 허버트는 이 상황을 이렇게 설명했다. "최근 인류 역사상 유례가 없는 일들이 벌어지고 있다." 허버트는 이 같은 인구 급증 현상을 "화석연료의 에너지를 대량으로 저장하는 (…) 진보적인 솜씨"에 따른 결과로 보았다.

허버트는 한정된 탄화수소 자원에 중독된 미래의 모습을 세 가지로 그려냈다. 첫 번째 시나리오는 첨단기술인 원자력을 이용해서 사회가 안정되는 것이다. 두 번째 시나리오는 걷잡을 수 없는 에너지 소비 때문에 도를 넘는 수준으로 인구가 증가하다가 결국 극적으로 체제가 붕괴해 생활수준이 낮아지는 것이다. 마지막 세 번째 시나리오는 "핵전쟁을 비롯한 혼돈과 혼란에 빠져서 문화가 쇠퇴한다"는 것이다. 허버트는 정치인들이 관련 계획을 치밀하게 세운다면 안정된 세상이 올수도 있다고 생각했다. 하지만 그로부터 얼마 후 허버트는 에너지 사용 방식을 변화시키는 데 가장 큰 걸림돌은 우리 사회의 문화라고 지적했다. "지난 2세기 동안 우리는 기하급수적인 성장 외에 다른 방법은 알지 못하고 지냈다. 그와 동시에 우리는 기하급수적인 성장을 전제로 하는 문화만을 번성시켰다. 기하급수적인 성장을 전제로 안정성을 추구하는 우리 문화는 비성장 문제를 생각할 능력을 갖추지 못했다."

탄화수소가 인구통계의 드라마에 등장하기 전까지 인간 삶의 주된 유형은 스콧 피츠제럴드F. Scott Fitzgerald 식으로 "쫓기는 자와 쫓는 자, 분주한 자와 지친 자"였다. 인류 역사 내내 비비(아프리카, 남아시아산 원숭이. ―옮긴이)의 개체수가 인간보다 더 많았다. 허버트가 언급했듯이 약 8,000년 전에 도입된 노예 기반 단일경작 체제로 인해 잠시 인구수가 급증했지만 그 후 증가 추세는 안정화되었다. 좋은 날씨와 비옥한 토지, 건전한 행정부의 축복을 받게 되면 인간은 상당한 양의 잉여 식량을 확보해서 크게 번성할 수 있었다. 하지만 한파와 기근, 미숙한 통치자의 시대가 도래하면 인간사회는 다시 허리띠를 졸라맬 수밖에 없었다. 안정 상태를 회복하기 위해 사회는 출생 간격을 조절하거나 영아를 살해하기도 했으며 독신을 요구하는 종파에 자녀를 입적하거나 무인계급이 되도록 강제했다.

1750년 이전 사람들은 주목할 만한 몇몇 예외를 제외하고는 대개 적은 양의 에너지에 의지하면서 거의 모든 것들을 자연에서 얻어 활용했다. 농경사회와 수렵사회 모두 다산하는 경향이 있었다. 두 경우 모두 자녀와 확대가족의 가치를 높이 평가했다(자녀는 에너지원이자 애정의 대상이었다). 사망률이 높아서 노인은 많지 않았지만, 생존해 있다면 지혜로운 사람으로 존경받았다. 사람들의 먹거리는 동물성보다 식물성이 더 많았다. 가족은 소규모 복지사업체로서 경제생활을 관리할 뿐만 아니라 대부분의 상품과 서비스를 제공하기도 했다. 저에너지 문화권에서는 대개 이 세상을 하나의 순환주기로 상상했다. 성장 기조가 무한정 지속되리라고는 절대 생각하지 않았다. 돈을 빌리는 걸 삼갔고, 운명론적인 경향이 있었으며, 장소성sense of place(어떤 공간의 독특하고 고유한 특성. ―옮긴이)을 소중하게 여겼다. 인구통계학자 그래험 자벨Graham Zabel은 우리가 화석연료를 상업화하지 않았다면 인구가 10억 명 이상으로 늘어나지 않았을 거라고 주장했다.

그러나 인간 세상에 석탄이 투입되고 뒤이어 증기로 움직이는 기계 노예가 등장하면서 과거의 인구통계 질서는 무너져버렸다. 유럽 국가에서 최초의 인구 급상승을 기록한 시기는 1500~1820년 사이다. 이 시기에 유럽 인구는 놀라운 번식력을 자랑하는 칡넝쿨처럼 늘어나서 1억 8,700만에서 4억 명이 되었다. 이런 인구성장의 원인은 무엇일까? 역사학자 데이비드 해켓 피셔David Hackett Fischer에 의하면 "물적 조건의 향상이 원인 중 하나다. (…) 부부가 더 많은 자녀를 두기로 마음먹는 건 가정을 꾸릴 만큼 더 좋은 세상이 되었다고 느끼기 때문이다."

석탄이 19세기의 최음제였다면, 석유는 20세기의 비아그라라고 볼 수 있다. 역사학자 J. R. 맥닐J. R. McNeill은 1950년(석유가 세계 에너지 소비의 20퍼센트를 차지하게 된 해) 이후 전세계 인구 증가율은 "농업이 발명되기 이전보다 약 1만 배 더 높아졌다. 1950년 이전 기간과 비교하면 50~100배가 되었다." 그러면서 맥닐은 놀라운 통계수치를 제시했다. 지난 400만 년 동안 지구상에서 살다가 죽은 인류의 수는 약 800억이라고 한다. "이 800억 명 모두가 살았던 시간을 합하면 약 1조 1,600만 년이다. 그런데 정말 놀라운 것은 이 시간 중 28퍼센트가 1750년 이후 기간이고, 20퍼센트는 1900년 이후, 13퍼센트는 1950년 이후라는 점이다. 20세기는 전체 인류사의 0.00025퍼센트에 불과함에도 (400만 역사 중 100년이다) 모든 인간의 생명주기 중 5분의 1을 차지하는 것이다." 유엔 인구기금UNPF, United Nations Population Fund의 추정에 따르면 2011년 10월 31일 기준으로 세계 인구는 70억 명에 이르렀다.

이런 식의 인구혁명은 새로운 에너지값energy value(식품이나 사료 중에 함유된 생리적으로 유효한 에너지의 양. —옮긴이)을 만들어냈고, 이로 인해 저탄소 사회는 (말도 안 되는 존재까지는 아니지만) 낭비적이고 비경제적인 것으로 취급받게 되었다. 석유에 기대어 사는 사람들은 인류 역사상 가장 자기애가 강하지만 가장 지불 능력이 떨어진다. 또 끊임없이 쇼핑을 하고, 시장이나 국가 또는 상품과 서비스를 제공하는 업체에게 연신 굽실거리며 살아간다. 자녀는 거의 두지 않고, 핵가족이나 아예 가족이 없는 편을 선호하면서 주로 도시에 산다. 동물성 단백질을 많이 먹고 비만인 경우가 많으며 J.D. 록펠러만큼이나 장수한다. 콘돔을 사용하고 낙태를 지지하며 여성들이 일터에 있는 것을 받아들이고 결혼은 삼간다. 세속주의를 환영하고 개인주의를 장려한다. 그리고 무생물 생식기술(임신과 출산을 보조하는 기술. —옮긴이)의 도움을 받으려고 줄을 선다. 기동성이 대단한 이들은 특정 장소를 소중하게 생각하는 법이 없다. 이들이 사는 세상에는 노인들이 많지만 존경을 받거나 가치 있게 여겨지지 않는다. 일상 속 기계 노예의 압도적인 존

재감은 장차 나이 든 사람을 돌보아야 할 어린이들은 필요하지 않다
는 일시적인 착각을 낳는다.

*　*　*

이런 식의 인구 격변에서 에너지가 어떤 역할을 차지하는가에 관해
서는 오랫동안 전문가들이 갑론을박을 벌였다. 많은 학자들은 소위
말하는 인구통계학적 변이가 발생한 원인이 경제, 백신, 하수설비, 면
옷 그리고 다량의 편의시설에 있다고 주장한다. 그리고 약 500년 전에
화석연료 없이 중국의 농부들이 믿을 수 없을 정도로 증식했던 사실
을 사례로 든다. 하지만 다른 학자들은 그 돌발적인 경우야말로 에너
지의 우위를 잘 보여주는 예라고 반박했다. 즉 원예와 상당히 유사한
방식으로 통제가 잘된 농업 방식을 채택하면서 중국은 인구에 비해 더
많은 열량을 확보할 수 있었고, 그로 인해 대폭적인 인구 증가가 일어
났다는 주장이다. 중국 농업 인구의 증가 원인도 결국은 에너지라는
것이다. 석탄과 석유는 이와 같은 현상이 더 큰 규모로 일어나게 했을
뿐이다. 이 한정된 에너지 자원을 조작해 무생물 노예를 움직임으로써
인간을 위한 열량을 좀더 많이 확보한 것이다.

특히 화석연료는 농업생산성을 비약적으로 높여서 인구혁명의 동력
이 되었다. 앞서 언급한 대로 비료와 고수확 곡물, 공장식 사육 동물,
수십억 개의 무생물 농업 노예 덕분에 우리 식탁에 오르는 식품의 양
은 점점 늘어났다. 세계적으로 굶주리는 이들이 많으니, 그들을 먹이
기 위해서라도 더 많은 식량을 생산해야 한다고 일반적으로 생각한다.
하지만 콘월 대학교의 데이비드 피멘텔에 따르면, 인구의 성장과 감소

는 식량의 가용성(국내 생산 및 수입(식량 원조를 포함)을 통한 공급량의 확충 여부를 의미한다. —옮긴이)에 따라 달라진다. 레밍스와 토끼, 쥐의 개체수가 폭발적으로 증가하는 건 식량을 많이 구할 수 있을 때다. 인간 역시 다르지 않다. 화석연료는 작물 수확량만 늘린 것이 아니라 작물의 이동도 수월하게 만들었다. 트랙터와 전기톱, 관개용 펌프는 곡물 생산지형을 산업화시키는 데 일조했다. "다른 종의 희생을 발판으로 인간을 위한 식량생산을 늘리면서 생물학적으로 한정된 영향력이 발휘되어 인간의 개체수가 늘었다. 그리고 이런 증가세는 앞으로도 이어질 것이다." 피멘텔과 듀크 대학교 러셀 호헨버그Russell Hopfenberg의 말이다.

이 경이적인 인구 급성장과 함께 새로운 이데올로기가 생겨났다. 그중 가장 간계한 이데올로기가 바로 우생학eugenics이다. 여기서 지배자 민족(나치스 등이 생각했던 개념으로 타 민족보다 우수하다고 여겨지는 민족. —옮긴이)이라는 개념이 만들어졌다. 1900년대에 독일에서 캐나다에 이르는 산업국가의 과학자와 종교지도자, 경제학자, 정치가, 여권주의자들이 생각한 인구 급증 해결방안은 "부적격자"를 도태시키는 것이었다. 전문가들은 소위 말하는 적자가 잘 살 수 있도록 가난한 사람과 장애인, 심신미약자를 불임화하거나 감금하거나 퇴출시키는 프로그램을 열렬히 지지했다.

가톨릭 신앙을 가진 사회평론가 체스터턴은 이런 움직임의 실상을 성확하게 파악했다. 기계화된 생활에 필요한, 노예 같은 사람늘을 사육하려는 시도였다. "실용적인 측면에서 가장 간단하게 우생학을 정의하면 (…) 일부 가정을 이교도 노예 가구처럼 통제하라는 제언이다."

체스터턴의 글이다. 화석연료 에너지 노예에 기반한 사회 못지않게 인간 노예에게 힘입은 사회에서도 전통적인 확대가족은 큰 쓸모가 없었다. 노예 소유주 중에는 소처럼 노예들을 사육하는 이도 있었다. 또 개중에는 여자 노예의 일상을 포악하게 통제하며 아이에게 젖을 주는 기간도 마음대로 정하고 아픈 아이를 치료하지 못하게 했다. 이런 우생학적 행동지침은 오늘날의 첨단 생식기술에도 암암리에 남아 있다.

화석연료는 지구상에 더 많은 사람이 살게 했을 뿐 아니라 기대 수명과 "생물학적 보증기간biological warranty"을 늘려주었다. 1930년, 미국 남성의 평균 수명은 58세, 여성은 62세였다. 그런데 오늘날 이 수치는 각각 74세와 80세가 되었다. 100세 이상 고령자가 미국 전체 인구에서 차지하는 비중은 그 어느 연령대보다 가파르게 높아지고 있다. 그러면서 석유와 석유 기반 무생물 노예들 덕분에 인생의 마지막 단계는 질병과 요양시설 환경으로 점철되고 있다. 21세기 말이면 선진국의 평균 기대수명은 88세가 될 것이라는 예측이 나오지만, 에너지 소비가 축소되고 비만 비율이 높아지는 상황에서 이런 낙관론이 들어맞을지는 의문이다.

석유가 베푼 장수의 은총에는 대가가 따랐다. 화석연료를 이용하는 국가들의 산업화된 사회제도 하에서는 고령자가 학대받고 방치되면서 불편한 논란을 낳고 있다. 또 수명을 늘리는 첨단기술 중 상당수가 윤리적 논쟁을 불러일으킬 뿐 아니라, 더 많은 무생물 노예를 필요로 하고 더 많은 에너지를 소모한다. 프랑스의 유력한 철학자 자크 엘륄Jacques Ellul은 저서 《기술의 허세*The Technological Bluff*》에서 선진국 인구구조 변이(출생율 및 사망률의 주된 변화. ─옮긴이)를 심리사회적 교환

협정이라고 분류했다. 엘륄은 더 오래 사는 것이 더 잘 사는 것은 아니라고 생각했다. "슬픔과 피로, 궁핍함에 관한 우리의 저항력은 약해졌다. 음식물이 부족하거나 기후가 달라지거나 마음속 스트레스 및 외부 스트레스에 저항하는 힘도 약하다. 병균에 쉽게 감염되고 (…) 감각은 둔해졌다. 특히 시각과 청각이 많이 약해졌다. 신경은 훨씬 더 허약해졌다(불면증과 우울증에 시달리는 일이 더 많아졌다). 더 많은 예방책이 필요해졌으며 사소한 일로도 병상에 드러눕는다. 삶의 기회는 더 많아지고 수명은 늘어났지만 정작 위상이 떨어진 삶을 살며 활력도 예전만 못하다. 새로운 결핍을 인공적인 방법으로 보상받지만, 그 방법은 또 다른 결핍을 낳고 있다."

처음에 인구통계학자들은 인구 급증을 프로메테우스적 진보의 한 형태로 칭송했다. 지구에 사는 모든 이들이 곧 핵가족을 이루고 평균 1~2명의 자녀를 둔 채, 신과 같은 기대수명을 누리게 될 것이라고 예견했다. 하지만 급격한 에너지 과잉은 개체군의 안정성을 해쳤고, 저출산과 장수라는 인구통계학적 이상향은 사회적 난제가 되었다. "향후 50년 이내에 남아 있는 석유 자원을 다 소비하면 (…) 세계 인구는 가파르게 감소할 것이다." 그래험 자벨의 경고다.

지난 20세기 내내 인류의 화석연료 의존도는 임신과 출산의 동향을 크게 바꾸어놓았다. 무생물 노예가 등장하기 이전, 미국의 평균적인 여성은 8명 정도의 자녀를 출산했다. 오늘날에는 2명 미만에 불과하다. 중국에서 이란에 이르는 석유 기반 사회들도 규모가 작은 가족 형태를 선택하고 있다.

노동력 절감 기계가 확산되면서 가정에서 필수적인 물자와 서비스를 공급하기 위해 과거처럼 많은 자녀를 낳을 필요가 없어졌다. 사회학자 겸 에너지 전문가인 프레드 코트렐은 지금으로부터 50여 년 전에 다음과 같은 결론을 내렸다. "서구의 출산율 저하는 에너지 증가의 결과물이 분배되는 방식과 관계가 있다." 출산율 저하는 "늘어난 산출량의 가장 큰 몫을 받은 가정에서 제일 첨예한 문제로 대두했고, 가장 작은 몫을 받는 가정 사이에서는 전혀 신경 쓸 필요 없는 문제였다." 코트렐은 이어 다음과 같이 기술했다. "도시 가정의 어린이들은 기계만큼의 구실도 못한다. 도시의 주거비용과 의류, 오락, 교육비 상승은 자녀가 원가족(나고 자란 가족. —옮긴이)에게 기여할 수 있는 경제적 이익보다 훨씬 더 큰 부담을 지운다. 그러므로 부모는 자녀 양육비용 회피수단을 점점 찾게 된다." 화석연료로 시작된 인구 변동은 국가의 역할을 확대시켰다. 코트렐에 의하면 "자녀에게 보살핌과 애정을 아낌없이 쏟아도 노령기에 보답받으리란 보장이 더 이상 없다는 사실을 깨달은" 서구사회 시민들은 정부기관에 의지해 노령연금이라는 형태의 도움을 받게 되었다. 국가는 고령자들을 강제로 퇴직시킨 뒤, 소위 말하는 인간 창고(대규모 공공 수용시설)에 수용했다.

현대 산업국가에서는 출산율 하락으로 인한 '인구 부족' 현상이 벌어지고 있다. 기존 인구를 대체하기 위해 여성 1인당 평균 2.1명의 자녀를 낳아야 하지만 현재 많은 유럽 국가와 북미에서는 그렇지 못한 상황이다. 러시아와 일본, 한국에서도 출산율은 낮아지는 추세다. 이란과 태국 같은 나라마저 출산율이 낮아지고 있다. 일본과 이탈리아, 불가리아, 헝가리에서는 최근 고령자 수가 어린이 수를 능가했다. 인구통계학자 중에는 에너지 가격 상승이 전세계적인 경제 위기를 일으킬 경우, 늙어가는 수천만 명의 연장자들은 산업화된 요양원에 머물고 그 자녀들은 "오랜 기간 지나친 과세와 높은 범죄율, 정치적 불안정에" 시달리게 될 것이라 염려한다. "경제와 사회복지가 심각하게 위축되면 어떤 일이 벌어질까?" 미국의 인류학자 스텐리 커츠가 던진 물음이다. "십중팔구 다시 노령기의 안정을 가족에게 구하기 시작하면서 좀더 개인적인 차원에서 출산을 장려하게 될 것이다."

인구 감소는 사회보장제도와 의료보장제도를 설계한 사람들이 상상해본 적 없는 일이지만, 에너지와 관련된 몇 가지 동인이 있었다. 그중 하나는 여성의 노동시장 진출 움직임이다. 더 많은 석유를 사용해 엔진의 회전 속도를 올려야 하는 사회에서 여성 식자율은 높아지고 생식력이 떨어지는 것은 서로 상관이 있다. 나아가 생식력 감소는 석유 기반 농약과 약품, 공업용 화학물질에서 오염이 발생해 광범위하게 퍼져나간 상황을 반영하기도 한다. 레이첼 카슨의 《침묵의 봄》이 출간된 이래 과학자들은 저수위 노출low-level exposure로도 내분비 교란물질을 발생시킬 개연성이 있다고 본다. 오염물질에 미미하게 노출되어도 호르몬의 기능이 교란되어 생식 건강이 위축된다. 유럽 최고의 고에너지 국가로 손꼽히는 덴마크의 경우 남성 30퍼센트의 정액 품질이 "수성능력 부족 범위"에 든다고 한다. 2006년 농료늘과 함께 관련 연구를 수행한 닐스 스카케벡Niels Skakkebæk 박사는 다음과 같이 언급했다. "우리의 분석 연구가 시사하는 바는, 현대 생활양식이 우리의 생식 능력에 영향을 미치는 징후가 보인다는 점이다."

한편 수십억 에너지 노예의 조력을 받으며 사는 수십 억 명의 인간은 목화 플랜테이션 목장처럼 지구 전체를 정복할 기세로 일을 계속하고 있다. 현재 지구상에 사는 사람들이 식량생산을 위해 끌어모으는 식물 에너지 흐름은 지구 전체 에너지 흐름의 40퍼센트에 달한다. 바다에서 이루어지는 생물학적 생산성의 35퍼센트를 소모하기도 한다. 인간은 지표에 유출된 담수의 65퍼센트에 댐을 세워서 흐르는 방향을 바꾸거나 독점하고 있다. 지표면의 약 5분의 4와, 쌀 밀 옥수수 생산에 적합한 지역의 98퍼센트가 인간에게 예속되어 있다. 몇몇 전문가들은 2050년이 되면 이런 석유 플랜테이션이 전세계 포유류 절반을 멸종시킬 거라고 예언한다. "세계야생생물기금The World Wildlife Fund에서 인구성장과 소비, 기후변화에 관한 추정을 보수적으로 했을 때, 2030년에 필요한 천연자원을 확보하고 이산화탄소 폐기물을 흡수하기 위해서는 두 개의 지구가 갖는 수용력이 요구될 것"이라고 우려한다. 그리고 다른 생태학자들의 연구를 보면 자원이 채굴되고 그 폐기물이 버려지는 속도로 인해 우리의 빚(부채)은 훨씬 더 늘어날 전망이다. 또 다른 연구에서는 인간이 자신의 현재 소비 패턴을 억제하지 않는다면 2050년에 이르러 2.8개의 지구가 필요하게 될 것으로 보았다. 이것은 곧 인간 이외의 생물 형태가 대부분 멸종된다는 의미다.

인간이 자연계에 미친 영향은 1980년 절정에 달했다. 그해 미국의 경제학자 줄리언 사이먼Julian Simon은 《인구 폭발The Population Bomb》의 저자인 과학자 파울 에를리히Paul Ehrlich와 내기를 했다. 20세기에 가장 유명한 내기로 손꼽힐 만한 일이었다. 에를리히는 기하급수적인 인구성장이 절대 옹호될 수 없으므로, 결국 인구는 급감할 것이라고 주장했다. 조만간 원자재의 실질 비용이 상승해서 식량과 물이 부족해질 거라는 얘기였다. 석유기금으로 운영되는 카토 연구소Cato Institute의 총

애를 받는 사이먼은 인구가 늘어나면 독창적인 발명품이 더 많이 개발될 터이고, 시간이 지나면서 실질 비용은 자연히 하락할 거라고 반박했다.

두 사람은 구리와 주석, 니켈, 크롬, 텅스텐 등 다섯 가지 물자를 선택해 추적하기로 했다. 그로부터 10년 후 두 사람은 물자의 가격을 확인했다. 1990년 세계 인구는 8억 명에 이르렀고, 다섯 가지 물자의 가격은 하락해 있었다. 내기에 진 에를리히는 돈을 냈고 이른바 낙관론자들은 대단히 기뻐했다. 낙관론자들은 심지어 이런 번성은 끝없이 이어질 것이라고 단언했다. 하지만 에를리히의 잘못은 시기를 잘못 선택했던 것뿐이었다.

값싼 석유의 시대가 종말을 맞이할 무렵 내기를 했다면 사이먼은 내기에서 지고 말았을 것이다. 2011년 〈이코노미스트*The Economist*〉의 보도에 따르면 "다섯 개의 물자를 동일 비중으로 놓고보면 1980년 당시의 평균가격보다 실질적으로 그 값이 상승했다." 이 물자의 목록에 인산칼륨이나 밀 등의 원자재를 더 포함시키면 사이먼은 완패하고 만다. 2011년 4월, 미국의 유명 펀드매니저 제레미 그렌탐Jeremy Grantham은 2002년까지는 석유를 제외한 모든 물자의 가격이 하락했지만 2002년 이후 석탄에서 면화에 이르는 모든 것의 가격이 싱승하기 시작했다고 말했다. 그렌탐은 이런 식의 물가상승은 패러다임 시프트paradigm shift(시스템이나 구조의 변환. —옮긴이)를 의미한다고 보았다. 풍요의 시대는 끝났다. 이제 시장은 우리에게 "강력한 가격 신호를 보내고 있다. (…) 가격 압박과 자원 부족은 미래 우리 생활의 주요한 측면이 될 것이다." 그렌탐의 경고다. "이 세상은 놀라운 속도로 천연자원을 소비한다. 이 때문에 자원의 가치는 계속해서 변동할 것이다. 우리는 이 새로운 환경에 적응해야만 한다. 빨리 적응하면 할수록 좋을 것이다." 그리고 그렌탐은 에를리히와 사이먼의 내기에 대해 인간은 언젠가는 죽는 존재이므로 단기적인 내기만 한다는 사실을 보여주는 일화일 뿐이라고 첨언했다. 낙관주의자인 그렌탐은 분별력 있는 세상을 만들기 위해서는 이전과 다른 에너지와 농업 기술이 필요하고, 인구도 더 적어야 할 것이라고 생각했다. 자발적으로 더디게 쇠퇴하면서 세계 인구가 15억 명 정도로 줄어든다면 딱 맞을 것이다.

인구통계학자들은 지금 제3의 인구변동 즉 인구 감소를 이야기하고 있다. 출산율이 낮은 고령화 사회는 그 자체로 과거 인구를 통제했던 기근과 전쟁, 전염병과 같은 기능을 수행한다. 미국의 지질학자 게리 피터스Gary Peters는 최근 새로운 사회모델에 대해 언급했다. "그 어떤 노력에도 불구하고 값싼 화석연료의 시대는 종말을 맞이할 것이다. 석유가 희귀 에너지원이자 그 공급량이 한정되어 있다는 두 가지 측면을 근거로 이런 가정을 할 수 있다. 나아가 이런 사회모델은 석유 가격이 비싸지면 전세계적으로 식량생산이 후퇴할 것이라는 생각을 전제로 삼는다. 이는 결국 식량 가격 상승을 불러서 가난한 사람에게 급식하는 미덕이 점차 힘을 잃을 것이다."

하지만 스위스의 취리히 연방 공과대학교에서 물리시스템Physical system을 연구하는 프랑수아 셀리에François Cellier는 출산율이 떨어진다고 해도 세계 인구가 적정 수준으로 되돌아가는 건 쉽지는 않다고 생각했다. 현재 지구에 사는 평균적인 사람이 에너지와 의식주 문제를 해결하는 데 사용하는 표면적은 대략 5.4에이커 정도다. 고에너지 국가인 미국에서는 24에이커가 필요한 반면, 저에너지 국가인 마다가스카르 사람은 1.2에이커만 있으면 된다. 전세계 땅을 모든 사람들에게 공평하게 나누어준다면 1인당 4.4에이커의 땅을 받게 된다(최근 인구 통계를 기준으로 하면 이 수치는 더 작아진다). 현재 이 정도 면적으로 만족하게 살 수 있는 나라는 쿠바뿐이다. "쿠바 사람들처럼 지속가능한 방식으로 살려면 현재 인구를 20퍼센트 줄여서 50억 명으로 만들어야 한다. 미국인처럼 살고자 한다면 그 수치를 훨씬 더 줄여서 대략 10억 정도만 남게 해야 한다. 그리고 마지막으로 마다가스카르 사람들처럼 가난하게 살려고 마음먹으면, 세계 인구를 3배인 200억 명으로 늘려서 영원히 행복하지 않게 살 수 있다." 셀리에의 말이다.

대부분의 인구모델은 자원과 에너지를 많이 소모할 경우, 2030~2070년 사이에 인류의 급격한 자연 소멸이 일어날 것이라고 예측한다. 이런 식의 도태를 통해 인간 개체수는 70억에서 10억으로 줄어들 수 있다. 하지만 셀리에의 연구를 보면 사회가 화석연료 사용을 빨리 그만두면 둘수록 이런 결과가 더 빨리 일어난다는 걸 알 수 있다. 다른 각도에서 보면, 석탄과 석유에 장기간 의존하는 건 필연적으로 2040년경의 엄청난 인구 붕괴로 이어진다는 말이다(이탈리아의 물리학자 우고 바르디Ugo Bardi는 이를 가리켜 "세네가 효과Seneca Effect"라고 칭했다. 세네가가 나음의 글을 썼기 때문이다. "증가시키는 일은 천천히 이루어지지만 파괴의 길은 가파르다."). 화석연료 사용량이 급격하게 줄어드는 상황을 전제한 또 나른 인구 노넬은 석응 방식에 대해서만 설명할 뿐 급격한 자연 소멸은 이야기하지 않는다. "그 이유는 값싼 석유의 시대가 끝나면 기하급수적 성장 패턴이 더 이상 유지되지 않을 것이기 때문이다. 우리가 기하급수적 성장 패턴에서 더 빨리 벗어날수록 더 잘 살게 된다." 셸리에의 설명이다. 셸리에는 사람들에게 화석연료를 아껴 쓰고 저에너지 인프라를 구축할 것을 제언한다.

다양한 단체에서 인구 감소 목표를 내놓았다. 영국의 퍼퓰레이션 매터스Population Matters는 자국의 인구를 6,100만에서 2,100만으로 줄이고자 했다. 호주의 환경운동가들은 "지구 반대편" 사람들의 수를 현재의 절반인 1,000만 명 수준으로 줄여야 한다고 주장했다. 미국의 네거티브 파퓰레이션 그로스Negative Population Growth는 미국의 이상적인 인구수는 1억 5,000만 명이라고 주장했다. 이미 50년 전에 넘어선 수치다. 한 자녀 갖기 정책을 펴면 이런 목표를 80년 안에 이룰 수도 있다. 하지만 어린이가 적고 연금 수령자가 많은 세상은 결국 새로운 형태의 우생학적 음모를 야기할 것이다. "후대에서 20세기 후반을 역사의 종말을 안내한 때라고 보기보다는 근대성을 벗어나 인구가 줄어드는, 문화적으로 새로운 시대가 장기적으로 이어지기 시작한 시점이라고 볼 것이다. 여하튼 근대에 이룬 여러 가지 사회 혁신은 여전히 실험 단계고, 그 결과는 아직 정해지지 않았다." 스탠리 쿠르츠Stanley Kurtz의 말이다.

＊　＊　＊

사람이 직접 인구성장을 억제하지 못하면 자연이 그 일을 할 수도 있다. 저명한 에너지 분석가 바츨라프 스밀은 "세계적인 전염병이 유행할 시기가 무르익었다."라고 말했다. 일견 옳은 이야기다. 생물학자들은 1세기가 넘는 기간 동안 바이러스성 전염병이 야생동물 수를 축소시키는 놀라운 상황을 관찰해왔다. 다루기 어려운 이런 돌림병은 기후나 포식자, 식량 수급의 변화 등에 힘입어 매우 효율적으로 늘어났던 야생동물을 없애버렸다.

동물생태학자 찰스 엘튼Charles Elton은 바이러스성 질병이 토끼와 레밍, 참새 개체수를 대량으로 섬멸하는 상황을 흥미진진하게 관찰하고는 이런 혼란이 늘 "개체군의 과밀"과 연관된다고 언급했다. 자연에서 과밀은 대개 대규모 결핍 상황으로 이어진다고 엘튼은 덧붙였다. 이런 개체군의 변동은 예상치 못하게 발생하는 경우가 많다. 1815년 노바스코샤Nova Scotia에 쥐가 급증하면서 지역 일대가 엉망이 된 일이 있었다. 쥐떼가 가정과 농장을 습격했다. 고양이와 개, 여우, 담비 등이 나름 최선을 다했지만 쥐의 숫자를 줄이지는 못했다. 쥐들은 4,000평방마일 면적에 있는 옥수수와 건초 대부분을 게걸스럽게 먹어치웠다. 그러다가 갑자기 쥐의 급증 현상이 깨지기 시작했다. "힘없이 천천히 기어다니는 쥐의 모습이 목격되더니 수백 마리씩 죽어나가기 시작했다. 그리고 계절이 바뀌자 인근에서 쥐 한 마리 찾아보기 힘들게 되었다." 엘튼의 글이다.

프랭크 페너Frank Fenner는 95세의 나이로 사망하기 1년 전인 2010년, 인구 과잉 문제도 이와 같은 운명에 처하게 되리라고 예언했다. 호주의 저명한 면역학자인 페너는 생애 대부분을 바이러스 연구에 바쳤다. 그는 인간의 개체수를 억제해주던 천연두를 뿌리 뽑는데 기여했다(천연두는 20세기 동안에만 5억 명의 사람들을 죽음에 이르게 했다). 페너는 인간이 멸종 위기에 놓여 있다고 말하면서, 그 주요 원인으로 무분별한 인구증가와 과다한 소비, 기후변화를 꼽았다. 페너는 인류의 멸종까지

100년 정도가 남았다고 생각했다. "(호주의 토착민) 애보리진Aborigines 족은 과학과 이산화탄소의 생산 및 지구온난화만 아니라면 4만~5만 년 동안 생존할 수 있었을 것이다. 하지만 이 세상은 그럴 수 없다. 인류는 우리가 멸종을 목격해온 수많은 종의 전철을 밟게 될 것이다. (…) 돌이킬 수 없는 상황이다. 나는 이미 너무 늦었다고 생각한다. 사람들이 나름의 노력을 하는 상황에서 이런 말을 하고 싶지는 않지만, 그런 노력조차 멸종의 시기를 뒤로 미루는 것에 불과하다. 사태를 진정시키는 걸로 속도를 다소 늦출 수는 있겠지만, 이 지구에는 이미 사람이 너무 많다." 페너가 니얼 퍼스Niall Firth와의 인터뷰에서 했던 말이다.

과거 아리스토텔레스는 청년, 장년, 노년과 같은 인생의 단계를 아침과 정오, 밤에 비유했었다. 그동안 석유는 아침보다는 밤이 더 많은 세상을 만들어왔다.

7장

욕망의 용광로가 된 도시

❖

"도시의 주요 기능은 권력을 하나의 양식으로 바꾸고,
에너지를 문화로, 무기물을 살아 있는 예술적 상징으로,
생물학적 번식을 사회적 창의력으로 바꾸어놓는 데 있다."
— 루이스 멈포드Lewis Mumford, 《역사 속의 도시*The City in History*》 1961

석유와 그 단짝인 석탄은 사람과 권력을 집중시킨다. 이런 불편한 진실을 가장 잘 보여주는 것은 인구 100만 명 이상의 거대 도시(메가시티)가 폭발적으로 증가하는 현실이다. 현재 세상 인구의 절반 이상은 도시계획가가 건축의 진보라고 광고하며 인공적으로 조성한 도심에서 살아간다. 도로와 건물이 미로처럼 복합하게 얽힌 이런 지역은 지구 면적의 3퍼센트에 불과하지만, 에너지 대부분을 실신들린 듯 써버리고 있다. 그러므로 지구의 새로운 지배자는 도시라는 짐승이고, 그를 섬기는 노예는 이 세상의 자원이다. 1970년에는 세 개의 도시만이 1,000만 명 넘는 인구를 자랑했다. 하지만 2015년이 되면 이 세상에는 같은 규모의 메가시티가 22개로 늘어날 것이다. 병들고 노쇠해가는 금융제도처럼 이런 식의 도시 구조는 거대한 심판을 맞이할 준비를 하고 있

는 것 같다.

역사적으로 도시는 에너지의 흐름과 토양의 비옥함, 바람의 방향, 강의 흐름, 만의 형태, 시민들의 근력, 인근 숲의 다양성을 이용해 창출한 잉여재화에 의존했다. 이런 한계 때문에 중세 도시에서는 그 직경이 800미터를 넘는 경우가 드물었다. 하지만 메가시티에게 경계란 없다. 군사력에 맞먹는 에너지 노예들을 동력으로 삼은 메가시티는 전 세계의 물자를 소모한다. 사람 손으로 세운 도시(베니스, 바르셀로나, 아바나)와 기계가 건설한 도시(상하이, 마이애미, 라스베이거스) 사이의 차이점을 분별하기란 어렵지 않다. 전자는 사람을 섬겼지만, 후자는 에너지와 무생물 고객을 섬긴다.

어찌 보면 근대 도시는 인간 사육장이라 할 수도 있다. 또 에너지를 마구 먹어치우는 돼지이자 탄소 폭탄이다. OECD에 따르면 현재 지구상에 존재하는 도시들이 이 세상 에너지 흐름의 대부분을 독차지하고 있다. 현재 도시들은 전세계 천연가스의 82퍼센트, 석탄의 76퍼센트, 석유의 63퍼센트를 써버린다. 이 에너지로 전세계 25개 도시에서 이 세상 부의 절반을 창출해낸다. 비좁은 공간에 동물을 가둬서 공장식으로 키워내는 일만큼이나 부자연스러운 발전이라고 하겠다.

인류 역사 대부분의 기간 동안 도시는 그 구성상 그다지 크지 않은 규모를 유지했었다. 중세 런던은 정비가 잘된 장터였다. 700에이커 땅에 6만 명을 수용했다. 두 다리로 이동해야 하는 까닭에 도시는 아담하고 절제되어 있었다. 1800년까지 도시에 거주하는 사람들은 세계 인구의 3퍼센트 미만에 불과했다. 고대 도시 중에는 영적 성지로 기능하는 곳도 있었고, 성벽이 잘 정비된 곳은 안보를 보장해주거나 군사력을 제공하기도 했다. 하지만 태양력과 인력으로 세상이 운영되던 시기의 도시는 나름의 독특한 정체성을 지닌 독립체로서, 세심하게 관리된 잉여에너지에 의존하고 있었다. 도시는 권력과 힘을 시골의 지역공동체와 연결했고, 지역공동체는 도시의 수익이 어디서 오는지를 상기시켜주었다. 훌륭한 도시는 시골을 존경하고 조화로운 균형을 이루며 살았다. 그런데 산업화된 기계는 이런 균형을 깨뜨려버렸다. 농업철학자 웬델 베리Wendell Berry는 값싼 물건과 값싼 교통수단 그리고 값싼 도덕규범으로 인해 이런 균형이 깨졌다고 말했다. "로마는 노예의 노동력으로, 우리는 '값싼' 화석연료로 이 균형을 깨뜨렸다."

산업혁명이 도시에 미친 여파를 분명하게 꿰뚫어본 사상가 중에는 패트릭 게데스Patrick Geddes가 있다. 스코틀랜드 출신 식물학자로 후에 도시계획의 아버지가 되는 그는 성급하게 도시를 재설계하는 과정에서 오래된 아름다움과 기품에 관한 기억이 깡그리 지워진다는 걸 인식했다. 탄광 근처에 서둘러 지어놓은 흉측한 모습의 도시는 광석을 정련하고 남은 돌찌꺼기를 쌓아놓은 것과 비슷하다고 게데스는 생각했다. 장소성이라고는 눈을 씻고도 찾아볼 수 없는 이 새로운 탄화수소 지역은 도시의 진화가 급속하게 진행되고 있음을 단적으로 보여주었다. 게데스는 이런 지역을 일컬어 "기계와 시장질서"를 위해 사람들이 모인 곳이라고 했다. 1915년, 도시 비평가늘은 영국 산업주의자들이 "천연자원의 고갈을 딛고" 일어서서 노동자의 삶의 양식을 "기본적으로 빈민가와 같은 식으로" 바꾸어놓았다고 결론지었다. 스모그가 자욱하게 낀 광역도시권(몇 개의 도시가 팽창하여 형성된 하나의 거대한 도시권. ─옮긴이)은 에너지를 함부로 낭비해서 부를 축적한 다음 기껏 "보잘것없는 거리와 보잘것없는 집, 보잘것없는 뒷마당을 무한대로" 만들어냈다고 게데스는 기록하고 있다. 집에는 정원이 있고, 도시에는 영혼이 있어야 한다고 생각했던 게데스는 새로운 도시가 이런 형태로 전락한 것은 에너지를 중시하는 풍토에 기인한다고 보았다. 산업 시대는 "닥치는 대로 석탄을 퍼올려서 닥치는 대로 증기력을 만들어내고, 닥치는 대로 기계를 돌리고, 닥치는 대로 싸구려 물건을 만들어 싸구려 사람들을 부양하고, 그 사람들을 이용해서 석탄을 더 퍼올리고, 더 많은 증기력을 만들고, 더 많은 기계를 돌리고, 더 많은 사람을 부양하기 위해 수단방법 가리지 않았다. 그러면서 그 결과를 '부와 인구의 진보'라고 불렀다."

미국의 위대한 저널리스트 루이스 멈포드는 1960년대 초에 게데스의 날카로운 논평을 좀더 발전적으로 논했다. 《역사 속의 도시》에서 멈포드는 인력과 말, 배에서 동력을 얻었던 농경사회는 필연적으로 다양한 인구 중심점을 옹호했다고 언급했다. 그러나 석탄과 증기기관은 달랐다. 석유는 사람들을 한 곳으로 모았고, 기계는 그 정도가 더 심했다. 석탄 광산 근처에 광역도시권이 생겨났고, 유전 지역이나 제조업체 근처에도 우후죽순처럼 도시가 들어섰다. 유럽과 북미에서 값싼 석유로 지어진 도시들은 자랑할 만한 중심지 없이 오직 통상을 목적으로 인근 시골로 뻗어나갔다. "석탄층에서 얻어낸 엄청난 에너지는 환경 개선 여지를 조금도 남기지 않고 아래쪽으로 흘러 내려갔다. 사회적인 의미에서 공장이 집적해 이루어진 공장촌은 중세시대 영주의 지배를 받던 마을보다 더 조악했다." 멈포드의 글이다. 에너지가 풍부하던 이런 집단은 문화나 예술 심지어 뛰어난 과학도 이루어내지 못했다고 멈포드는 지적한다. "잉여자본이 창출될 때마다 부유한 사람들이 빠르게 달려들어서 부질없는 개인적 사치에 전용하거나 다른 도시에 대한 자선 용도로 사용해버렸다."

광역도시권이라는 개념으로 도시 건설의 기준을 새롭게 만들어낸 선도자는 미국이다. 뉴욕과 시카고, 로스앤젤레스에서 초고층 건물들이 우뚝 솟아오를 때, 도시의 빈민가와 창문 하나 없는 공장도 불규칙하게 뻗어나가기 시작했다(1920년대에 관광차 뉴욕을 방문했던 G.K. 체스터턴은 거대한 건물들을 보고는 미국은 파라오라고 비꼬면서 "그런데 피라미드가 아니라 피라미드 탑을 세웠다"고 했다). 1850년에는 미국인의 12퍼센트만이 도시에 살았지만 1910년에는 40퍼센트가 도시인이 되어 있었다. 오늘날에는 80퍼센트 이상의 미국인이 도시와 그 외곽지역에 모여 살고 있다.

급성장한 미국 도시의 혼잡은 "너무나 명백해서 증거가 따로 필요 없을 정도의 현상"이라고 멈포드는 기록했다. 1907년 〈뉴욕 헤럴드〉는 분명한 논조로 "도시를 차로 이동하는 게 가능해지고, 새로운 도로가 개설되고, 사업이 벌어지는 속도에 맞춰 도시 유입 인구는 늘어났다. 그리고 같은 속도로 도시 문제도 엄청나게 복잡해졌다."라고 말했다. 1917년 엔지니어 시드니 리브Sidney Reeve는 자신의 저서 《지리학적 고찰The Geographical Review》에서 메가시티를 고안한 도시계획가들이 아직도 논쟁을 벌이고 있다는 사실을 강조했다. 이런저런 과학적 사실과 새로운 엔지니어링 기술을 서둘러 적용하는데도 도시의 혼잡과 과밀 현상이 갈수록 악화되는 이유는 뭐란 말인가?

사람들은 에너지가 가장 많이 집약된 곳으로 이끌리게 되어 있다.

리브는 그 이유를 그런 곳에 가야 "가장 좋고, 가장 저렴하며, 가장 확실한 생활을" 영위할 수 있기 때문이라고 설명했다. 하지만 이런 고에너지 도시는 소란스럽고 오염도 심한데다 너무 많은 사람들로 붐볐다. 그래서 사람들은 대대적으로 도시 외곽으로 탈출했다. 자동차 덕분에 미국인들은 대형마트와 교회가 마련된, 옥수수밭 한가운데에 기계로 찍어낸 듯 들어선 단독주택에 살 수 있었다. 사회비평가 제임스 하워드 컨스틀러James Howard Kunstler는 그 결과로 빚어진 무질서한 교외지역의 확산을 "역사상 가장 비효율적인 자원배분"이라고 불렀다. "우리는(미국인은) 이전 수십 년 동안 축적해놓은 약간의 부와 미래의 몫인 모든 부를 다 차지하고 앉아서" 값싼 석유에 전적으로 의존하는 생활방식에다 "그 부를 투자하고 있다. 설상가상 처음부터 제대로 된 생활양식을 만들어내지 못한 까닭에 이곳은 퇴락하기 시작했다. 급속도로 퇴락이 진행된 탓에 사람이 살기 어려운 곳이 되어가고 있다."

＊　＊　＊

이전보다 훨씬 더 시끄럽고 더러우며, 더 혼잡하고 과밀한 오늘날의 도시는 에너지 효율성이 매우 낮은 기계가 되었다. 강물을 삼켜버리고, 산더미 같은 음식과 엄청난 양의 석유를 게걸스럽게 먹어치우고는 쓰레기 더미와 먼지와 탄소가 자욱한 구름을 토해내는 것이 바로 도시다. 2000년에 도시계획 전문가 허버트 지라르데Herbert Girardet는 "메가시티의 어머니"인 영국 런던을 면밀히 살펴보다가 병적인 신진대사 상황을 발견했다. 700만 런던 시민들은 주로 다른 곳에서 얻어온 에너지와 자원을 1,500만 톤의 쓰레기로 바꾸어놓았다. 또 이 도시는 매년

2,200만 톤에 달하는 석유를 소모하고, 그 결과 6,600만 톤의 탄소 오염물질로 대기를 오염시키고 있었다. 런던의 거주자들이 차지하고 있는 표면적은 610평방마일에 불과했지만, 런던의 이산화탄소를 상쇄시키고 목재와 식량을 제공하기 위해 필요한 전체 토지는 7만 6,000평방마일에 육박했다. 이것은 런던이 지리적으로 차지하는 공간의 125배고, 영국 국토의 4분의 3에 달하는 규모다. 다시 말해서 런던은 영국의 4분의 3에 달하는 에너지 흐름을 독점한다는 뜻이다. 지라르데의 설명에 의하면, 실질적으로 런던의 욕심 사나운 에너지 전용은 영국 국경을 넘어서까지 이어진다고 봐야 한다. 런던의 생태발자국Ecological Footprint(EF, 인간이 지구에서 삶을 영위하는 데 필요한 의·식·주 등을 제공하기 위한 자원의 생산과 폐기에 드는 비용을 토지로 환산한 지수. —옮긴이)은 브라질의 목장, 캔자스의 밀밭과 중국의 어장, 아삼(인도 북동부의 주)의 차밭에서도 찾아볼 수 있다. "우리는 더이상 문명사회에서 살지 않는다. 우리는 동원 사회를 살고 있다. 사람을 동원하고 자원을 동원하고 생산품을 동원하고 있다." 지라르데의 말이다.

아시아의 메가시티 선호는 소설 속 거인, 가르강튀아만큼이나 거대하다. 가령 방콕은 스웨덴에서 철강과 구리를, 중국에서 자기 제품을, 일본에서 차를, 이탈리아에서 브랜드 패션을, 미국에서 기계를 수입해 들여와서 석유 범벅이라고 해도 좋을 이런 물자들 내부분을 쓰레기 매립지와 운하, 거리, 폐기물 소각장으로 방출한다. 방콕의 600만 인구가 하루에 쏟아내는 쓰레기는 1955년 7,300톤에서 2007년에는 9,600톤으로 늘어났다. 그리고 그 중 40퍼센트는 음식 쓰레기다. 대기오염과 소음 공해는 허용치를 넘어섰고 수질오염 때문에 수많은 운하에서는 코를 찌르는 악취가 풍긴다. 지하수의 과잉 양수 때문에 많은 메가시티는 땅 속으로 가라앉고 있는 실정이다. "동양의 베니스"라 불리는 방콕의 일부 지역은 매년 1인치 씩 가라앉고 있다. 전세계 인구가 홍콩에 사는 사람들처럼 종이와 맥주, 해산물을 소비하려면 이 세상은 현재의 2배로 커져야 한다.

메가시티의 급증은 이런 규모의 도시를 적극 홍보하는 학자와 컨설턴트를 양산해냈다. 이 헌신적인 도시계획가들은 세상에서 가장 형편없는 산문체로 이 괴물 같은 도시가 부를 창출하고 그 결과 지구의 건강을 증진시킬 것이라고 선전한다. 초고층 건물에 사람들을 마구 몰아넣으면 에너지 효율성이 더 높아질 거라고도 말한다. 경제학자 에드워드 글레이저Edward Glaeser는 생각이 비슷한 사람들이 한 곳에 모여 부를 창출하는 한, 도시는 승승장구할 것이라고 예견했다. 이와 같은 맥락에서 도시 컨설턴트 리처드 플로리다Richard Florida는 "창의적인 계층"의 경이로운 업적을 야단스럽게 떠벌려댔고, 사회학자 존 카사다John D. Kasarda는 대형 공항을 갖춘 관료주의 도시야말로 더 크고 더 부유해지려는 각축전에서 살아남을 것이라고 예견했다.

중국 정부는 카사다가 주장하는 내용의 정당성을 몸소 보여주었다. 사회적 의견수렴 과정도 없이 즉결로 촌락을 쓰러뜨리고 물줄기를 막아 댐을 세우고 아름다운 풍광을 파괴해서 초광역도시권을 만든 뒤 4,100만 명에 이르는 인구를 수용한 중국은 "민주주의는 효율성을 희생시킨다."라고 설명했다.

세계화로 발생한 모든 문제의 해결책 역시 메가시티에서 찾아낼 수 있다고 도시 전문가들은 이구동성으로 말한다. 캘커타와 뭄바이의 인도 농장을 침수시키면 물을 운반하는 비용 및 교육비용이 30~50퍼센트까지 감소할 것이라고 그들은 말한다. 그리고 도시에는 다양한 편의시설이 있다고 자랑한다. 마치 그런 것들을 시골에서는 누릴 수 없다는 식으로 말이다. 테크노크라트technocrat(많은 권력을 행사하는 과학기술 분야 전문가. ─옮긴이)들은 고에너지를 집약적으로 이용하면서 약간의 변형을 가한 "수직 농경vertical farming" 등을 활용하면 메가시티에서 자급자족을 이루어낼 수 있다고 말한다. 맥킨지 글로벌 연구소McKinsey Global Institute는 이런 부류의 전형적인 주장을 다음과 같이 펼쳤다. "도시화란, 무수한 잠재력을 동력 삼아 끊임없이 성장하며 경제적 이득을 추구하는 힘이다. 하지만 급속도로 성장하는 도시를 효과적으로 관리하는 방법을 터득해야만 우리가 이런 장점을 현실화시킬 수 있다." 이 도시 컨설팅 에이전시에서는 말하는 도시와 그 성장 속도를 통제할 수 있는 유일한 방법은 "도시의 규모가 커짐에 따라 증가할 수밖에 없는 복잡성을 관리하는" 사업가와 정치가의 능력이었다.

흙과 나무를 없앤 자리에 콘크리트와 아스팔트를 깔아놓은 현대 도시는 도시의 매력에 덜 현혹된 학자들이 "도시 열섬urban heat islands"이라고 부르는 현상을 만들어냈다. 기후가 온난한 도시에서 교통과 도로, 고층건물이 가장 밀집한 지역을 정확히 찾아내면 그곳에 주요한 열 흡수원(열을 흡수하는 환경 또는 매체. ─옮긴이)이 있다(아스팔트 도로는 태양 전지판처럼 열을 흡수했다가 방출한다). 호주의 시드니 기온이 섭씨 28도를 기록할 때, 도심의 기온은 그보다 7도 더 높다. 이렇게 도시에 모인 열기는 시민들을 바짝 구워놓는다. 그러면 기술자들은 화력발전소에서 더 많은 화석연료를 태워 더위에 시달리는 사람들을 위해

에어컨을 가동시키도록 권유한다. 하지만 이는 다시 더 많은 온실가스 배출과 대기오염의 원인이 된다. 2010년에 〈시드니 헤럴드〉의 칼럼니스트인 폴 시헌Paul Sheehan은 문제가 자꾸 커지는 것에 대해 다음과 같이 불평을 했다.

현대 문화는 도시의 열 흡수원을 만들어내는 것을 기반으로 세워졌다. 그런데도 행정부는 이런 현실에 존재하는 일상적인 문제보다는 탄소 오염과 같은 추상적인 문제에만 매달린다. 첫 번째 문제를 해결하면 두 번째 문제를 개선하는 데 도움이 될 것이다. 하지만 주요 도시의 검은 아스팔트 도로망을 흙색으로 바꾸어놓을 원대한 구상을 하고 있는가? 아니다. 오솔길과 공공지역에 초목을 더 늘리기 위한 종합계획은 세우고 있는가? 아니다. 도로 경계석 홈통과 폭우 시스템을 정비해서 더 많은 물이 도로 옆 녹지에 스며들게 할 계획은 세우고 있나? 아니다.

대도시는 지역 기후를 바꾸어서, 비가 더 많이 내리고 뇌우가 심해지게 한다. 가령 텍사스의 휴스턴은 고층건물과 폐열, 대기오염과 같은 문제들이 복합적으로 작용해서 번개를 자석처럼 끌어당기고 있다. 루이지애나의 석유산업 단지도 같은 신세다. 방콕과 상하이, 도쿄 등에서는 콘크리트 건물과 아스팔트 도로가 저장해두었던 에너지를 방출하면서 기온이 계속 올라가고 있다. 도쿄는 그 자체가 열기관 같은 것이 되어버려서 20세기 동안 기온이 2.2도나 상승했다. 메가폴리MEGAPOLI라는 컴퓨터 프로그램이 6개의 메가시티가 공기 청정도와 기후에 미치는 영향을 추적했다. 런던과 파리, 라인—루르Rhine-Ruhr 지역,

포 계곡Po Valley, 모스크바, 이스탄불이 그 대상이다. 파리의 오염은 도시 밖 97킬로미터까지 영향을 미쳤다.

메가시티의 혼잡과 과밀은 어쩔 수 없는 현실이다. 주중 출퇴근 혼잡 시간대에 자동차 속도는 시속 10킬로미터에도 미치지 못한다. 방콕과 델리, 자카르타, 마닐라, 서울의 자동차들은 말 그대로 거리를 꽉 막고 선 채 경제활동을 억압하면서도 엄청난 양의 연료를 소모한다. 이런 광역도시권 교통망의 복잡성은 결국 "방치로 인해 그 기능이 완전히 와해하거나 적절한 서비스와 보수를 위해 많은 경비를 지불해서 재정적으로 와해하거나" 둘 중 하나의 결과를 낳는다고 루이스 멈포드가 수년 전 경고했다. 값싼 석유로 성급하게 구축한 미국의 도시 인프라는 낡고 침식된 도로와 항만, 항공 교통망을 재정비하기 위해 2조 달러의 비용을 쏟아부어야 한다.

거주자의 3분의 1이 빈민가에 사는 대부분의 메가시티에는 물 안보가 약하거나 거의 불가능한 상황이다. 값싼 석유 시대의 종말은 이동과 질병 치료, 깨끗한 물 확보를 위해 더 많은 비용을 지불해야 한다는 걸 의미한다. 200만이던 인구가 불과 50년 만에 2,100만 명으로 늘어난 멕시코시티는 지하수를 품고 있는 대수층을 거의 말려버렸다. 또 매년 지반이 16인치씩 가라앉고 있다. 부에노스아이레스에서는 리아추엘로 강Riachuelo River으로 1,200만 명의 목을 축이고 있지만, 강물의 중금속 오염도가 법적 기준치의 50배에 달할 만큼 오염되어 있다. 먼지가 자욱한 나이로비에서는 도시에 거주하는 400만 명 중 60퍼센트가 음용수를 키오스크kiosks(가두에 있는 신문·잡지·담배 등의 매점. —옮긴이)에서 구입한다. 기후변화 문제와 얽혀 강물이 오염되고 고갈된 대수층에 바닷물이 범람하는 문제 때문에 상하이 당국과 거주민 2,300만 명은 불안에 떨고 있다.

탄화수소를 연료로 삼는 도시와 메가시티는 의외로 생물학 법칙 몇 가지를 따르고 있다. 로스앨러모스 국립연구소Los Alamos National Laboratory의 연구가 루이스 베텐코트Luis Bettencourt와 제프리 웨스트Geoffrey West는 1,000개의 데이터를 분석해서 도시의 작동원리를 알아냈다. 에너지 문제만 놓고보면 계속 몸집을 불려가는 대도시는 대형 동물과 닮았다고 한다. 코끼리는 기니피그보다 몸집이 1만 배나 더 크지만 에너지는 1,000배 더 사용한다. 대도시도 일반적으로 비슷한 스케일링 규칙scaling rule(어떤 것의 치수를 변경할 때 그것이 일정한 한계 내에 들도록 하는 변경 규칙. ─옮긴이)을 따른다. 도시의 크기가 두 배로 커질 때마다 그에 따라 필요한 거리와 주유소, 가게, 집의 수는 85퍼센트만 증가한다. 15퍼센트가 적어진다는 건 그만큼 밀집도가 높아지고 에너지 효율성이 올라간다는 의미다. 하지만 웨스트와 베텐코트가 발견한 바에 따르면 이런 방정식에는 어두운 이면이 있다. 범죄와 교통 문제, 폐 질환 등의 일반적인 복잡성은 똑같은 정도로 늘어난다. "이 사실로 미루어보건대, 경제성장은 원치 않는 것들까지 똑같은 비중으로 늘려놓는다." 웨스트의 말이다. 그런데 이게 전부가 아니다. 메가시티는 안정성과 반대선상에 있는 지속적인 적응을 일용할 양식으로 삼는다. "다른 생물들은 몸집이 커지면 움직임이 둔해진다. 계속 몸을 움직이기 위해 필요한 열량이 늘어나기 때문이다. 그래서 코끼리가 터벅터벅 걷는 것이다. 하지만 도시에서는 그 반대 현상이 벌어진다. 도시가 커지면 모든 것들의 속도가 빨라진다. 자연 상태에서는 벌어질 수 없는 일이다. 쥐보다 더 빠른 코끼리를 본 것과 같다고 생각하면 된다.”

웨스트와 베텐코트는 메가시티가 창의력과 권력, 부의 기반이 되리라고 예고했다. 하지만 이 둘은 거대 조직체의 신진대사가 유지되기 위해서는 끊임없는 잉여에너지와 잉여 물, 잉여 인간이 필요하다는 걸 잘 이해하고 있었다. 2010년 〈네이처〉에 발표한 논문에서 이 두 과학자는 자신들이 생각하는 문제를 다음과 같이 요약했다. “도시는 인류 문명의 용광로이며 잠재적 파괴로 몰고가는 원동력이자 인류의 문제를 해결할 근원적 방법이기도 하다.”

마치 전쟁 치르듯 위협적으로 진행된 도시화를 가장 잘 볼 수 있는 곳이 바로 중국이다. 향후 25년 동안 전세계에 새롭게 들어설 건물의 절반은 중국 땅을 무대로 할 것이다. 뉴욕이 10개는 되어야 감당할 정도인 5만 채의 건물이 앞으로 중국에 들어설 예정이다. 중국의 관료들은 심지어 ‘끝없는 도시’를 꿈꾸고 있다. 〈가디언〉의 기자 조너선 와츠Jonathan Watts는 최근 출간한 충격적인 저서 《중국 없는 세계When a Billion Chinese Jump》에서 영국에는 100만 명이 사는 대도시가 5개 있지만 중국에는 120개나 된다고 기록했다. 그 도시들의 이름은 쑤첸, 싱화, 충칭 등 대부분 서양인에게도 익숙한 것들이다. 이런 위업을 이루기 위해 중국은 매년 5,500만 톤의 석유를 때고, 매주 두 개의 석탄 화력빌전소를 추가로 세웠나. 중국에서 기차로 실어나르는 화물의 절반은 석탄이다. 중국의 도시화를 위해 탄광 인부 17만 명의 목숨이 희생되었다. 지난 10년 동안 탄광 폭발과 붕괴로 죽어산 인부들의 수가 이정도 규모다. 1980년대 이래 4억 명의 농부와 시골 거주자들이 중국의 도시로 모여들었다. 충칭은 매년 50만 명씩 인구가 늘어서 현재 2,800

만 명이 사는 대도시가 되었다. 10만 명의 짐꾼은 대나무 장대를 이용해서 산악지역에 있는 부유한 기업가들을 위해 값싼 에너지를 제공한다. 2020년 한 해에 중국 도시에서 쏟아낼 폐기물은 4억 톤에 이를 것이란 전망이다. 이는 1997년 전세계에서 토해낸 폐기물 양에 맞먹는 수준이다. 1980년대 이래 중국의 도시들은 460만 평방마일의 땅을 파괴해왔다. 그리고 이런 성장에는 규격화라는, 진저리나는 표시가 따라다녔다. "그 많은 도시의 건축 양식이 똑같다." 중국의 한 관료가 투덜거린 말이다.

미국의 도시계획가 토머스 캄파넬라Thomas Campanella는 새것만 좋아하는 중국이 광역도시권을 위해 진행하는 유례없는 파괴를 드레스덴 폭격이나 히로시마 나가사키에 떨어진 원자폭탄에 비유했다. "건설을 위해 그렇게 무차별로 파괴하는 건 처음 본다."라고 캄파넬라는 말했다. 뉴잉글랜드의 비옥한 농경지와 크기가 같은 4만 4,000평방마일 면적이 시멘트로 포장되고 있다. 중국 도시 난개발의 특징은 속도와 규모에서도 찾아볼 수 있다. 캄파넬라는 이를 "마치 초신성이 사방에서 폭발"하는 것 같다고 했다. 사무실 바닥 마감공사는 사흘이면 끝나고 고속철도 시스템은 2년이면 만들어진다. 도시 하나가 완성되는 데 몇 개월이면 되는 것 같다. 캄파넬라는 중국이 "세계에서 가장 큰 교량과 가장 긴 터널, 가장 높은 건물"의 기록을 모두 갱신하고 있다고 말했다. 런던 히드로 공항 건설에는 13년이 걸렸지만, 중국 베이징의 서두우 국제공항 건설을 위해 필요했던 기간은 단 3년이었다. 하지만 우수성과 영구성, 안전성은 중국의 도시계획 서사시에는 등장하지 않는 것 같다. 쇼핑몰은 무너지고, 고속철도의 탈선은 규칙적으로 언론의 헤드라인을 장식한다. 캄페넬라에 의하면 "성급하게 들어선 수많은 중국 건물은 벌써 사용가능한 수명을 다해가고 있다. 중국 건축물의 생명주기는 개의 그것과 같다고 봐야 한다." 1980년대에 난징에 세워진 사무용 건물 12채는 이미 2006년에 철거되었다. "흥청망청 들어선 건물은 엄청난 양의 도시 쓰레기를 양산한다." 캄파넬라는 말한다. 여러 가지 면에서 중국은 북미의 석유 기반 도시가 저지른 모든 실수를 한층 극대화시켜서 보여주고 있다.

조만간 중국은 세계에서 가장 큰 국도망을 보유하게 될 것이다. 매킨지 앤 컴퍼니McKinsey & Company는 중국에서 향후 20년 동안 4,000만 평방킬로미터 면적의 주상복합 광역도시권을 추가로 건설할 계획을 세우고 있다고 전하면서, 이를 위해서는 대륙 전체를 다 뒤져 얻을 수 있는 시멘트와 광물, 목재가 필요할 것이라고 추정했다. 이런 자원의 대부분은 아프리카산이 될 것이다. 중국은 아프리카 대륙의 부를 추출해줄 인프라를 위해 수십억 달러를 투자했다. "이 그림의 마무리는 아름답지 않다." 캄파넬라의 말이다. "최악의 상황을 고려한 시나리오에 따르면, 중국은 서방이 겪어온 것처럼 석유로 뒤덮인 길을 걷게 될 것이다." 중국은 친환경 정책을 펼 수도 있다. 물론 세계에서 가장 규모가 큰 태양에너지 사업체를 보유하고 있지만 부정행위가 난무하는 가운데 수립된 에너지 정책 때문에 가망이 없어 보인다. 설령 중국에서 대규모로 재생가능한 에너지원을 만들고 효율적으로 사용하는 기적 같은 일이 벌어진다고 해도, 중국 대형 도시의 극단적인 에너지 취향을 만족시키기 어려울 것이라는 게 에너지 전문가 바츨라프 스밀의 생각이다. "머잖아 중국에는 5,800만 인구가 사는 대도시가 수십

개 들어설 것이다. 그런 대도시를 풍력발전용 터빈이나 광전지로 운용할 방법이 있을까? 거주민 대부분이 고층건물에 사는 현대의 메가시티를 (…) 재생가능한 에너지원에 기대어 운용할 방법이 어디에 있단 말인가?" 스밀의 지적이다.

＊　＊　＊

교외로 뻗어나간 도시에 관해 그 누구보다 잘 표현한 평론가는 라스 르럽Lars Lerup이다. 스웨덴의 건축가이자 대학 교수인 르럽은 세계의 에너지 수도 휴스턴에서 살고 있다. 대부분의 현대 도시와 마찬가지로 휴스턴은 석유가 제공하는 자유와 개인적인 쾌락 추구를 혼돈스럽게 보여주는 곳이다. 교외 지역과 도시 사이의 돌연변이로 탄생한 이런 곳을 르럽은 "제3의 광역도시"라고 불렀다. 이곳은 100만 에이커의 땅을 차지하면서도 토지사용제한법의 적용을 받지 않았다. 휴스턴을 설립한 사람들은 떡갈나무가 빽빽하게 들어섰던 대초원을 100여 년 사이에 고속도로, 주차장, 쇼핑센터, 호젓한 교외 사유지로 구획된 복합도시로 탈바꿈시켰다. 심지어 생명 유지에 필수적인 늪지대를 콘크리트 배수관으로 가득 채워서 물의 흐름을 장악하려 했다. 르럽은 도시의 마천루를 원유 생산에 사용하는 펌프잭에 비유했다. "석유 분출 유정은 그 모습을 바꾸어 남근을 상징하는 탑 안에 석화되어 있다. 땅은 비워지고 하늘은 채워졌다."

이런 식으로 지형을 대규모로 개량하는 과정에서 르럽이 유독한 환경이라고 부른 것이 만들어졌다. 오존경보가 발령되면 휴스턴의 병원에는 어린아이와 노인들로 가득 찬다. 허리케인이 지나가면 "원래 정해진 범람원 지역을 넘어선" 거리 전체가 몇 주 동안 물에 잠긴다. 르럽은 엄청난 바람이 불어 도시의 에너지 공급원을 부수어버리면 어떻게 될지를 예견했다. 도시의 정수 처리시설과 양수 장치가 해체되고 인간이 설계한 하수 시스템은 순식간에 질병을 유통시키는 지름길이 될 것이라고 그는 보았다.

교외로 뻗어나간 도시 역시 정도의 차이는 있겠지만 나름의 재난 시나리오를 안고 있다고 르럽은 말한다. "그런 시나리오는 모두 자연재해와 인재가 결탁해서 나온다는 공통점이 있다. 로스앤젤레스는 지진이 있고, 피닉스에는 가뭄과 고온현상이 있으며, 휴스턴과 뉴올리언스는 허리케인이 있다. 멕시코시티에는 기온역전층(고도가 높을수록 온도가 높아지는 대기의 공기층. 기온역전층이 생기면, 공기는 상하의 이동이 느려지기 때문에 아래층에 먼지나 수분이 모여 안개 혹은 스모그가 발생한다.—옮긴이)이 있고, 네덜란드의 란스타드에는 침수 문제가 있다." 르럽은 그 어떤 형태의 사회의식도 메가시티의 구성이나 휴스턴과 같은 독불장군식 교외지역을 변화시킬 수 있을 거라 생각하지 않았다. 또 첨단기술 혁신이 일어나리란 기대로 희망을 품지도 않았다. 르럽은 결국 전염병과 침수, 지진, 허리케인이 만연하게 되리라 예상했다. 그 후 도시는 인간적인 규모로 새건될 서라고 그는 보았다. "우리는 바다와 강, 삼각수에게 다시 자리를 내어주어야 할 것이다. 숙명적으로 쿨드삭스cul-de-sacs(프랑스어로 막다른 길이라는 의미. —옮긴이)를 확장시키는 일은 불가능하다." 현대 문명은 언젠가 반드시 막다른 길에 다다를 것이라고 르럽은 생각한다.

르럽의 말이 옳을지도 모른다. 상하이에서 뭄바이에 이르는 이 세상의 많은 메가시티는 해안 평야에 자리잡고 있다. 많은 이들은 기후변화가 결국 이런 도시의 일부를 침하시키리라고 추정한다. 해수면 상승은 빈민가를 물에 잠기게 하고 담수가 있는 대수층을 오염시켜 결국 대규모 이주가 불가피하게 만들 것이다. 해수면이 3피트(약 0.9미터)만 상승해도 2,300만 인구가 사는 뭄바이에서 치러야 하는 비용은 2조 3,000억 달러다. 도시의 하수 배출 시스템은 대개 기후변화로 닥쳐올 폭우를 감당할 수준이 못 된다. 폭풍과 해일 역시 예상치 못한 방식으로 광역도시권을 강타하고 풍화시킬 수 있다. 그럴 경우 현재의 메가시티 대부분은 재건축이나 이전 비용을 감당할 처지가 못 된다.

전세계적으로 메가시티가 급증하는 현상에 대한 해결수단은 단 하나, 바로 규모를 줄이는 것이다. 이 처방을 한 주인공을 만나려면 1941년으로 거슬러 올라가야 한다. 재치 넘치는 유머감각을 소유한 오스트리아인 레오폴드 쾨르Leopold Kohr는 급진적인 경제학자로서, 조지 오웰과 어니스트 허밍웨이의 친구였다. 쾨르는 《국가의 붕괴The Breakdown of Nations》라는 흥미로운 저서를 집필하면서 모든 것이 병적으로 커져가는 것에 대해 이야기했다. 이 책의 출간은 1957년에 이루어졌고 이를 토대로 슈마허E.F. Schumacher는 《작은 것이 아름답다Small Is Beautiful》라는 책을 썼다. 이 두 권의 책은 좌파와 우파 사람들 모두를 멀리했다. "무언가 잘못되어 있는 곳에는 무언가 너무 커져 있다." 오스트리아가 나치 독일에게 합병되자 미국으로 이주한 쾨르의 글이다. "인체에 질병이 생기는 건, 암처럼 한 개의 세포나 한 무리의 세포가 원래 할당된 한계 이상으로 커졌기 때문이다. 사람의 단체가 공격성과 잔혹성, 집산주의(모든 농장이나 산업을 정부나 집단이 소유하는 정치

제도. ―옮긴이), 심각한 바보짓과 같은 열병에 감염된다면, 잘못된 리더십이나 정신착란의 피해자가 되었기 때문이 아니다. 개인이나 소규모 집단으로 보면 매력적이었을 인간이 군중이나 조합, 기업연합, 강대국처럼 과잉 집중화된 사회 단위로 변했기 때문이다. 이럴 때 인간은 통제할 수 없는 대참사에 빠져들기 시작한다."

동시대 도시 사상가들과 달리 쾨르는 석유와 전기, 원자력 동원이 우리 사회가 겪는 어려움의 본질을 바꾸지 못할 것이라는 걸 인지했다. 오히려 문제를 심화시키기만 한다고 그는 보았다. "이제 문제는 전쟁이 아니다. 진짜 문제는 '대형'과의 전쟁이다. 실업이 문제가 아니라 대규모 실업 사태가 문제고, 탄압이 아니라 엄청난 규모의 탄압이 문제다. 예수가 언제나 우리와 함께 있을 거라고 믿는 가난한 인간이 문제가 아니라 그 가난한 사람들이 불명예스러운 규모로 많아진 게 문제다."

이와 반대로 우리 선조들이 살던 시대의 작은 도시국가는 모든 것을 인간적인 규모로 제공했다. 시민들의 사회 참여를 장려하고 모든 곳을 걸어서 갈 수 있었다. 작은 도시는 헤라클레이토스Heraclitus와 플라톤, 소크라테스처럼 기민한 문제해결사를 많이 배출했다고 쾨르는 말했다. 이탈리아의 도시국가에서는 단테와 미켈란젤로, 라피엘Raphael, 티치아노Titian, 타소Tasso와 같은 사람들이 세상을 풍요롭게 만들었다. 독일의 작은 도시에서는 괴테, 하이네, 바그너, 바흐가 태어났다. 작은 도시의 신물인 아리스토텔레스는 동시대의 사상가와 물리학자 대부분이 보지 못한 한계를 이해하고 있었다. "국가의 크기에는 한계가 있다. 식물과 동물, 도구와 같은 것들에 한계가 있는 것과 마찬가지다. 이런 것들은 너무 커지거나 작아지면 원래의 힘을 유지하지 못하고 결국에는 그 본성을 완전히 잃게 된다." 아리스토텔레스의 말이다. 대형 도시와 대형 국가의 문제는 궁극적으로 그 낭비의 규모와 같다고 쾨르는 적고 있다. 이런 집단은 에너지를 창출하지 않고 빨아들이기만 한다.

쾨르는 자신의 주장을 입증하기 위해 미국 상원에서 1946년에 작성한 보고서를 인용했다. 이 보고서에 의하면, 몇몇 외국 기업이 노동 인구의 대다수를 고용하고 있는 광역도시권은 대공황 시기에 극심한 실업에 시달렸다. 하지만 다양한 사업이 이루어지던 소규모 도시는 그렇지 않았다. 게다가 작은 도시에는 중산층과 상류층이 더 많아서 진정한 의미의 지역 충성도를 찾아볼 수 있었다. "그러므로 소기업이 많이 분포한 도시에는 시민이 운영하는 사업체가 더 많고, 노동자와의 협업도 더 잘 이루어진다. 그래서 더 살기 좋은 곳이 된다. 통계자료도 이런 점을 증명한다. 소규모 사업이 이루어지는 도시에는 빈민가가 차지하는 면적이 여타 도시의 절반 정도이며 영아 사망률도 훨씬 더 낮다. 잡지 정기구독자의 수는 더 많고 사설 전화기와 전기계량기도 더 많으며 교회에 다니는 사람 수도 더 많다. 도서관과 공원의 규모도 훨씬 더 크다."

1955년부터 1973년까지 푸에르토리코에서 교편을 잡다가 웨일스로 이주한 쾨르는 오래 지속될 수 있는 도시는 에너지를 함부로 낭비하지 않고, 건물을 세울 때도 적절한 규모의 장비를 사용한다고 말했다. "궁극적으로 살아남는 피라미드와 성당, 공장, 도로는 가장 부유한 나라에서조차 여전히 부족하다고 여기는 돈이나 기계로 만든 게 아니다. 그 모든 것은 가장 가난한 공동체에서도 풍부하게 확보하고 있는 사람의 손으로 이루었다. 이런 사실은 절대로 고갈되지 않는 유일한 대체에너지가 바로 인력임을 보여준다. 모든 사람이 갖고 태어나는 에너지이기 때문이다." 1983년 바른생활상Right Livelihood Award을 수상하면서 쾨르가 한 말이다. "하지만 다시 한 번 인간 근력을 경제적으로 쓸 수 있게 해주는 매개적 기술을 활용하기 위해서는 사회 규모가 작아야 한다. 웨일스의 애버리스트위스에 있는 작은 대안 마을에서 지내보니 이를 더 잘 알 수 있다. 그곳에서 나는 비용이 전혀 들지 않는 발로 자동차를 사용할 때보다 더 많은 것을 해낼 수 있다. 비용이 드는 자동차로는 마을을 떠나는 일 이외에 다른 걸 할 수가 없다. 그러니 우리 시대의 풀리지 않는 문제 하나를 해결하도록 하자. 통제불가능할 정도로 터무니없이 커진 사회가 양산한 이 고소성 질병이라는 문제를 해결하는 데는 좌우를 막론해 소규모 사회환경이라는 대안이 최적이다. 세계적이고 다원주의적이며 협동 지향적이고 확장된 중앙통제가 아닌, 지역 중심적이며 독립적인 자급자족 공동체를 건설하는 것이다. 이 공동체의 핵심에는 중세의 수도원과 같은 형태를 띠면서 제한적인 권력을 독립적으로 보유한 기관이 존재하면 된다."

루이스 멈포느의 《역사 속의 노시》는 석유를 기반으로 세워신 광역 도시권의 미래 예측이자 거울이다. 메가폴리스가 휘두르는 절대적인 힘은 도시의 원래 사명인 올바른 삶의 양성을 어렵게 만들었다. 경제적 생산성과 효율성을 높이려는 모든 시도가 석유 속에 잠겨버리기 전에 책을 썼던 멈포드는 도시가 부를 창출해내리라고 기대하지 않았다. 그에게 도시는 도덕의 잣대였다. 인간의 에너지와 인간의 관심사를 희생해 화석에너지를 집중시킨 메가시티는 그 일대를 폭파하고 소진시켜버렸다. "그런 힘은 자연과의 상징적 협동과 인간 사이의 협동을 모두 파괴했다. 살아 있는 유기체는 한정된 에너지만 사용할 수 있다. 에너지가 '너무 많아도' 혹은 '너무 적어도' 유기체에게는 치명적인 상황이 닥친다. 유기체뿐만이 아니다. 사회, 인간 그리고 도시도 에너지를 조절해 생명 유지에 사용하도록 정교하게 고안되었다."

8장

공상과학 소설을 쓰는 경제학자들

❖

"사회의 프로세스 전체를 우리 취향대로 만들 힘과 지식이 없는데도
마치 그럴 수 있는 것처럼 생각하고 행동하는 건 큰 해를 끼칠 가능성이 높다."
— 리드리히 아우구스트 폰 하이에크Friedrich August von Hayek,

노벨상 수상 연설문 중에서, 1974

매일 100만 명에 달하는 학생들이 시장과 돈, 수학 그리고 약간의
욕심이 경제학의 주요한 특징이라고 배우고 있다. 두툼한 교과서와
최고의 학벌을 자랑하는 금융전문가들은 비용의 최소화와 수익 극대
화에 관한 이야기를 떠들어댄다. 가정에서는 대기업의 상품과 서비스
를 구매하고, 이들 기업은 개별 가정에서 토지와 노동력, 자본을 구매
하거나 대여한다. 임금과 수익은 합리적 시스템에 활기를 불어넣는다.
이 시스템은 강수량의 유입 없이도 매년 기하급수적으로 넓어지는 기
적의 강처럼 돌아간다. 오늘날 정치인들은 경제학자와 그들이 제시하
는 주요 컴퓨터 모델(시뮬레이션 등에서 시스템이나 프로젝트의 내용 동작
을 프로그램화한 것. —옮긴이)에 연신 굽실거린다. 그 모양새는 과거 왕
들이 교황과 모사꾼, 추기경들에게 무릎 꿇었던 것과 흡사하다.

하지만 이런 신자유주의 모델은 통화주의자(거대 시장의 지배)나 케인즈 학파(거대 정부의 지배)를 막론하고 모두가 이용하는 탄화수소를 주인공으로 하는 만화책이다. 게다가 주요 원동력인 석유의 비용이 올라가고 채굴이 어려워지면서 만화의 내용은 암울해지고 있다. 노동력과 시장, 과학기술이 세상을 돌아가게 한다고 주장하는 신고전주의 경제학자들은 이 모든 부를 창출해낸 1차 자원을 무시하고 있다. 그들은 열역학 법칙을 묵살하고 수학을 남용한다. 또 화폐의 교환과 창출이 실질적인 부의 창출이라고 착각하고 있다. 석유로 인해 전례 없는 망상이 활개를 친다. 기하급수적인 성장이 정상상태이고, 사리 추구는 늘 이성적이며, 자본이 물적 자원과 단절되어 있다고 보게 된 것이다. 한때 권위를 인정받던 윤리학은 이제 일기예보보다 더 부정확한 예견을 내는 사이비 과학으로 전락했다. 생태학자 찰스 홀Charles Hall은 이런 상황을 다음과 같이 설명했다. "넘칠 만큼 많은 석유가 있기에 (경제학자들은) 에너지에 관한 생각을 하지 않아도 되었다."

경제학자들의 연구는 사회에서 사용하는 에너지의 질과 그 능력을 반영해왔다. 태양열과 노예의 근력에서 동력을 얻던 농경사회에서 경제학자들은 토지와 희소성과 한계에 관해 주로 고민했다. 석탄이 주요 동력원이 되었을 무렵, 일명 "우울한 과학dismal science"(토머스 칼라일이 명명한 경제학의 별칭. 대중의 빈곤과 극심한 불평등을 필연적으로 전제하며 우울하고 비관적인 어조를 구사했던 19세기 경제학 사조를 보여준다. ─옮긴이)의 관심은 재화의 생산 및 '불변의 법칙'과 더불어 새로운 노동력 절감 기계 등장으로 창출된 잉여 부의 분배 방법에도 주의를 기울였다. 그리고 석유가 미국 경제에 이어 세계시장의 윤활유 역할을 하면서 자아도취증에 빠져버린 경제학자들은 위태위태한 사회과학의 한 분야에 불과한 자신들의 지식을 "사회물리학"으로 탈바꿈시키려 시도했다. 그 과정에서 인류는 지배계층이 되었다. 동시에 경제학의 사회모델에서 에너지가 생략되고 유한한 자원에 대한 언급 역시 생략되고 말았다. 이제 시장과 자본의 흐름은 삶의 유일한 결정요인으로 받아들여졌다. 자본주의에 대한, 다소 과장되었으나 통찰력 넘치는 비판을 아끼지 않았던 마르크스와 엥겔스조차 19세기에 벌어진 자본 증식 현상을 믿을 수 없어했다. "부르주아 계급은 100년도 채 못 되는 지배 기간 동안 그 전 모든 세대를 통튼 것보다 더 많은, 엄청난 규모의 생산력을 창출해냈다."

인간의 근력과 광합성의 제약을 떨쳐버린 경제는 나무처럼 천천히 성장하던 과거의 모습을 버리고 기차처럼 속도를 냈다(나중에는 제트기처럼 땅을 벗어나 하늘로 날아가버릴 기세가 되었다). 탄화수소를 때서 기계 노예에게 동력을 공급하던 시절의 유럽 사회는 매년 3~4퍼센트 정도씩 기하급수적으로 성장했다. 1800년에 7,000억 달러였던 세계 경제생산 가치는 1900년에 이르러 2조 5,000억 달러를 돌파했다. 그리고 2000년에는 35조 달러라는 가공할 수치를 선보였다. 같은 기간 동안 선세계 연평균 임금은 600달러에서 6,000달러로 늘어났다. 대체적으로 추정하자면, 20세기 말의 세계 경제는 1500년경 경제 규모의 120배로 커졌다고 볼 수 있다.

이렇듯 역사상 전례 없는 소비 지출의 폭발적 증가는 에너지 흐름과 직접적으로 연관되어 있다. 역사학자, J. R. 맥닐J. R. McNeill은 "20세기는 1900년 이전 1,000년 동안 사용한 에너지의 10배를 쓴 것으로 추정된다. 그리고 농업을 시작한 이후부터 1900년에 이르는 100세기 동안 인류가 사용한 에너지는 20세기 사람들이 사용한 에너지의 3분이 2였다." 하지만 주류 경제학자들은 여전히 값싼 에너지 공급이라는 요소는 생략한 채, 돈과 과학기술에만 초점을 맞춰 미래를 예측하고 있다.

1800년에 세상은 석탄과 말, 인간 노예, 바람의 형태로 석유 4억 4,000만 톤에 해당하는 에너지를 소모했지만, 1990년에는 석탄이나 석유의 형태로 330억 톤의 에너지를 게걸스럽게 먹어치웠다. 성장의 규모를 판단하는 척도로 주로 사용하는 국내총생산GDP, gross domestic product과 석유 소비의 상관관계는 로스앤젤레스 고속도로의 평행도로처럼 보인다. 1950년대 이후 수많은 연구에서 석유를 소비하는 국가의 GDP가 상승했음을 증명했다. 따라서 석유 가격이 상승하면 GDP는 떨어진다. 국제에너지기구IEA, International Energy Agency의 추정에 의하면 GDP가 1퍼센트 상승하기 위해서는 기본적으로 석유 수요가 3퍼센트씩 증가해야 한다. 스위스의 경제학자 쉘 알레크렛Kjell Aleklett은 현대 경제도 이와 마찬가지로 작동한다고 말했다. 다시 말해 석유 없이는 경제가 돌아가지 않는다는 이야기다. 알레크렛과 웁살라 탄화수소 고갈연구회Uppsala Hydrocarbon Depletion Study Group는 이것이 무얼 의미하는지 현대 경제학자를 제외한 모든 사람이 분명하게 알 수 있다고 주장했다. "GDP가 계획대로 지속적인 성장세를 유지하기 위해서는 석유 외의 연료에 의존해야만 한다는 것이 우리의 결론이다. 이는 곧 '석유 시대'의 종말이 시작되었음을 명백히 보여주는 일이다. 그러므로 사회는 미래 GDP 성장의 원동력이 될 대안을 찾아야만 한다."

경제 문제에 대한 석유의 지배력은 역사적 분석을 통해 좀더 확실히 살펴볼 수 있다. 2011년, 캘리포니아 대학교의 경제학자 제임스 해밀턴James Hamilton은 제2차 세계대전 이후 미국이 겪은 경제불황을 연구하던 중 총 11차례의 불황 중 10번이 석유 가격 상승 직후 발생했다는 사실을 발견했다(1960년의 불황은 예외적인 경우였다). 값싼 석유는 경제성장을 낳지만 값비싼 석유는 작물을 말라죽게 만들었다. "오일쇼크와 경기불황의 상관관계는 너무나 분명해서 절대 우연의 일치라 볼 수 없다." 해밀턴의 글이다. 1973년, 아랍 석유 금수조치Arab Oil Embargo가 취해지는 동안 석유의 실제 시장가격은 50억 달러까지 급등했고, 이로 인해 미국에서만 380억 달러의 손실이 발생했다(이때 미국의 GDP는 2퍼센트 하락했다). "경기불황기의 총생산 손실을 달러로 환산한 가치는 그 중요성 면에서 손실 에너지의 달러 가치를 훨씬 상회한다." 해밀턴의 말이다.

과거에는 경제사상이 에너지 현실과 밀접하게 연관되어 있었다. 세계 최초로 경제사상을 가르친 정식 교육기관은 중농주의자의 소유였다. 18세기 프랑스의 토지균분론자와 철학자들은 토지를 모든 부의 원천으로 여겼다. 루이 15세의 주치의였던 프랑수아 케네François Quesnay는 태양에너지를 집약하는 농업이 이루어져야 경제가 지속될 수 있다고 믿었다. 케네는 프랑스 사회에서 잉여 작물이 경제성장을 만들어낸다고 명확하게 지적하면서, 농부에게 부과하는 세금과 관세 감면을 공개적으로 지지했다. 중농주의자들 역시 강수량, 재배, 부패, 계절의 변화 등 자연법칙과 물리법칙에 관한 지식이 경제학의 기초라고 생각했다. 케네는 농부 한 명이 몇 마리의 말과 소를 써야 하고 얼마만큼의 먹이를 먹여야 하는지를 계산하는 일에 관심을 가졌다. 다시 말해 에너지 입력이 부의 창출에 기여하는 바를 정리했던 것이다. 케네와 중농주의자들은 자연의 한계를 분명히 인지한 사회가 잘 먹고 잘 사는 경향이 있다는 데 주목했다. 그렇게 하지 못한 사회는 굶주렸다. 케네에게 모든 경제적 노력의 목적은 "가능한 최소한의 경비를 지출해서 최대한의 만족을 확보하는 것"이었다.

그러던 중에 새로운 종자의 경제학자들이 등장하기 시작했다. 1776년, 스코틀랜드 출신 윤리학자 애덤 스미스Adam Smith는 세계 최초로 무생물 노예 소유주와 제조업자들을 위한 초대형 경제 베스트셀러인 《국부론The Wealth of Nations》을 출간했다. 석탄 붐이 한창이던 당시, 스미스의 책은 경제적 진보가 사리사욕 추구와 분업, 자유무역이라는 세 가지 본질에 의해 결정된다고 주장했다. 경제 풍조를 정확하게 관찰하는 능력이 있던 스미스는 땅에서 얻은 "원생산물" 수출보다 제조업을 더 우위에 놓으면서, 공산품이야말로 새로운 부의 원천이라고 말했다. 그러나 후대의 스미스 추종자들과 다르게 스미스 자신은 이데올로기 신봉자가 아니었다. 그는 생산에 한계가 있다는 걸 이해했고, 자연의 생식력이 부의 창출에 기여한다는 사실도 인정했다. 하지만 석탄의 열로 벼려서 만든 새로운 기계가 석탄의 열기를 동력으로 삼아 우리 문명이 태양계의 한계를 넘어서게 만든 방식에 대해서는 한 마디도 하지 않았다. 그저 그 결과를 찬양하기에 급급했다. "항상 느끼는 일이지만 위대한 사건은 돈을 벌어준다." 하지만 중농주의자들은 이 의견에 절대 동의하지 않았다. 피에르 사뮤엘 뒤퐁 느무르Pierre Samuel du Pont de Nemours는 스미스의 추종자였던 장 밥티스트Jean-Baptiste에게 이런 글을 전했었다. "그대는 경제의 범위를 지나치게 좁혀서 오직 부에 관한 학문으로만 바라보고 있소. 경제란, 자연법칙을 다루는 과학을 문명사회에 적용시킨 것이어야 하오."

스미스 이후 자유방임주의 경제학자들이 정계에 급속히 퍼졌다. 과장되게 글을 쓰는 불행한 전통의 시조라 할 경제학자 데이비드 리카르도David Ricardo는 나라마다 가장 잘하는 일에 자본과 노동력을 집중시켜야 한다고 주장했다. 리카르도는 대영제국의 번영과 새로운 유행이 된 산업화를 전제로 제러미 벤담Jeremy Bentham, 존 스튜어트 밀John Stuart Mill 등 추종자들과 더불어 자본의 실용적 창출을 중시했다. 노동자 계급에게 좀더 많은 자본이 가야 한다고 주장한 걸로 유명한 카를 마르크스 등의 경제학자들은 노동을 중시했다. 하지만 애초 이 같은 논쟁을 촉발시킨 에너지 흐름의 급속한 증가는 정통 고전주의 경제학자들의 관심 밖에 있었다. 거의 100년 동안 자본주의자와 공산주의자들은 무생물 탄화수소 노예가 만들어낸 잉여를 어떻게 처리할 것인가를 두고 싸움을 벌였다. 마치 상속유산을 어떻게 분배할지를 두고 다투는 형제들과 같은 모습이었다.

이러한 이데올로기 다툼의 어리석음을 처음으로 맹렬히 비난한 사람은 프레드 코트렐이다. 미국 사회학자인 코트렐은 1955년 고에너지 테크놀로지 사용을 정당화하는 자본주의 시스템의 실체를 밝혀냈다. "자본주의를 지지하는 이는 마르크스 부류를 지지하는 이든, (에너지를) 식량과 근력에 의존하던 상태에서 화석연료에 의존하는 상태로 변화했다는 사실을 인식하지 못했다. 또 새로운 에너지 변환기가 그 전까지 필수적이던 생산량과 인간 노동력 사이의 직접적 연관성을 철저히 파괴해버렸다는 사실도 알지 못했다. 마르크스의 시스템으로도 예견할 수 없었던 것은, 프롤레타리아 계급이 더 가난해지지 않고 인간 노동력을 매우 효율적으로 사용하고 제아무리 동기부여를 한다 해도 도저히 얻을 수 없는 수준의 많은 재화를 고에너지 테크놀로지를 활용해서 생산하게 되었다는 점이었다." 코트렐의 글이다.

*　*　*

경제학자들이 편을 갈라 반목하는 동안 독일의 물리학자 루돌프 클라우지우스Rudolf Clausius는 두 가지 중요한 열역학 원리를 발견했다. 증기기관이 생성한 에너지를 연구하던 그는 1865년에 에너지는 파괴되거나 창출될 수 없으며 사물의 구성요소로서 한결같은 수준을 유지한다는 걸 알아냈다(열역학 제1법칙first law of thermodynamics. 일반적으로 에너지 보존 법칙이라고 부른다. ―옮김이). 석탄을 때는 과정에서 발생해 증기기관에 동력을 제공하는 화학에너지는 열기와 기계적 에너지 산출량을 합한 것과 동일하다는 말이다. 인간은 에너지를 변환시킬 수 있지만 에너지의 양을 더 늘리지는 못한다. 클라우지우스는 이 못지않게 중요한 또 다른 원리를 발견해냈다. 에너지를 변환시키는 과정에서 일을 하는 능력이 손실된다는 사실을 알아낸 것이다. 다시 말해 열을 전부 일로 추출해내는 것은 불가능하다는 뜻이다(열역학 제2법칙 second law of thermodynamics. 미시적 현상은 항상 가역적으로 변화가 일어나지만 거시적으로는 비가역적인 변화들이 존재한다는 법칙. 일을 얻기 위해서는 고온의 열원 일부를 저온의 열원에 버려야만 한다는 의미다. ―옮긴이). 증기를 만들기 위해 석탄을 때는 동안 발생하는 에너지의 3분의 2 이상이 연기나 열기 속으로 사라져버린다는 말이다. 이 열역학 제2법칙은 자연계에 한계가 있음을 분명히 보여준다. 그러므로 완벽한 기관機關(열을 완벽하게 일로 전환하는 변환기)이란 존재하지 못한다. 클라우지우스는 이런 식으로 유용한 에너지가 어쩔 수 없이 손실되는 것을 '엔트로피'라고 불렀다. 엔트로피는 일을 하는 데 드는 비용의 일부다. 하지만 이것으로 사람들이 나이 들어 늙는 것과 문명이 정점에 달했다가 쇠락하는 것, 기업이 무너지게 되는 것까지 두루 설명할 수가 있다. 떨어진 사과는 나무로 되돌아가지 않고, 자동차는 배기가스를 이용해 움직이지 못한다(에너지의 일부를 잃어야만 일을 할 수 있다. 따라서 한번 진행된 일을 되돌리려 할 때, 잃어버린 에너지를 되찾는 것은 자연상태에서 불가능하다. ─옮긴이).

클라우지우스와 그의 동료 연구자들은 이 발견이 경제에 시사하는 바를 곧 포착해냈다. 공학자이기도 했던 클라우지우스의 추정에 의하면 사회는 결국 열, 즉 에너지를 잃게 된다(클라우지우스는 우울한 어조로 '열죽음heat death'을 이야기했다). 19세기의 많은 과학자들과 마찬가지로 클라우지우스는 자연에 비축된 자원을 탕진해버리는 것에 관해 걱정했다. "우리는 예전에 만들어진 석탄을 찾아냈다. 지금 우리는 마치 많은 유산을 물려받아 펑펑 써대는 행복한 상속자인양 그 석탄을 이용하고 있다."

"영국의 검정 다이아몬드"는 높은 평가를 받았다. 고전주의 경제학자들에게 석탄 연기가 하늘을 가리는 것은 진보의 구름으로만 보였다. 영국 본토에 풍부하게 매장된 석탄은 "타고난 에너지"로 나라에 생기를 불어넣었고, 사람들은 이를 "운명적으로 주어진 선물"로만 여겼다. "석탄이 없었다면 우리는 사람이란 칭호를 사용하지 못했을 수도 있다." 찰스 디킨스가 스스로 편집한 간행물에서 단언한 내용이다. 하지만 석탄 생산량이 줄어들자 스탠리 제번스Stanley Jevons 같은 새로운 부류의 경제사상가들이 등장해 영국 경제의 에너지는 사라지게 될 것이라 예측했다. 가장 풍부했던 광맥마저 산업화로 인해 황폐해지자 광부들은 더 깊이 땅을 파고 들어가야 했다. 비용은 점점 늘어났지만 생산량은 줄어들었다. 1865년, 제번스는 매장된 석탄이 고갈할 수 있으며 "지금부터 1세기 이내에 우리의 발전을 저해하는 일들이 가시적으로 드러날 것"이라고 경고했다. 또 제번스는 영국 석탄의 빈자리를 미국에서 나는 값싸고 풍부한 자원이 대신 차지하게 될 거라고 우려하기도 했다. 〈타임스〉에서는 제번스의 생각을 이렇게 요약했다. "우리는 용감한 조상이 이룬 업적을 자랑스러워하고 앵글로색슨 족 특유의 정신과 육체적 자질을 뽐낼 수 있다. 푸른 초원과 황금빛 옥수수밭을 보며 기뻐할 수도 있으며, 검댕투성이 맨체스터와 버밍엄이 산산이 부서져 폐허가 되고 쟁기가 더 이상 필요 없는 날이 오기를 영주처럼 흡족한 마음으로 고대할 수도 있다. 하지만 분명한 사실은 엄청난 부가 없었다면 우리는 상대적으로 미천한 상태에 머물렀을 테고, 대규모의 조업이 이루어지지 않았다면 많은 부를 축적하는 건 불가능했다. 그런데 이 모든 일은 석탄이 없었다면 불가능했다."

돈을 추구하는 지식인들의 동향을 가장 격렬하게 비판한 사람으로 존 러스킨John Ruskin을 들 수 있다. 유명한 화가이자 수필가이며 사회개혁운동가로서 "빅토리아를 제외하고 가장 위대한 빅토리아인"이라 불리던 러스킨은 고전주의 경제학자들이 주장하는 '현명한 사익 추구enlightened self-interest' 개념에 대해 별일 아닌 과거를 소급해 추후에 인정한 것에 불과하다고 했다(다시 말해 예측을 한 것이 아니라 그동안 인간들이 해온 일을 훗날 보충하여 법칙화했다는 의미다. —옮긴이). 독실한 기독교인이었던 러스킨은 기계 노예를 이용해 자유방임적으로 돈을 좇는 것은 인간사회를 그 토대로부터 분리시키는 행위라고 주장했다. 그는 새로운 사회과학으로 자리잡은 경제학이 생물학이나 지리학과 같은 학문, 즉 "생물에 관한 건전한 지식"에 바탕하고 있음을 당대의 경제학자들에게 상기시켰다. 러스킨은 모든 부는 자연에서 시작된 무생물 에너지의 흐름에 의존한다고 믿었다.

러스킨은 산업혁명의 본질을 정확히 꿰뚫어본 뒤, 노예를 또 다른 노예로 대체한 일이라고 말했다. 예전의 노예는 강제 노역에 대해 불평을 호소했다. 하지만 오늘날 자유민들은 살인적인 과열경쟁과 재미없는 노동을 반복하면서 스스로 기계의 노예가 되었다. "하지만 현대의 정치·경제적 노예는 이전과 다르게 훨씬 더 불쌍하다. 다른 이의 교역을 망치면 안 되기 때문에 '강제 태만'을 언도받고 있다. 국가적 차원의 경제이론을 생각하면 상당히 논리적인 전제조건이다. 신발을 만들어 파는 사람이라면, 다른 제화공이 물건을 팔지 못하도록 싸게 물건을 파는 게 하늘의 법칙이다. 하지만 신발을 만들어 파는 사람이 아니라면, 신발이 없어 나리를 절고 있을시라노 스스로 소가죽을 살라 발과 돌바닥 사이에 대지 않는 것이 하늘의 법이다. 그런 일을 하게 되면 신발을 만들어 파는 일 전체에 지장을 주기 때문이다." 러스킨은 현대의 경제학자들이 자신늘의 분야를 과학을 닮은 것으로 가장한 뒤 무미건조하고 어려운 수학으로 자신들의 아이디어를 표현하면서, 사회 전반을 비정상적으로 장악하려 할 것이라고 예견했다. 식물학자 패

트릭 게디스가 러스킨에 관해 쓴 논문에 의하면 이런 어려움과 무미건
조함은 "대중의 접근을 차단하고, 진심에서 우러난 존경심을 갖게 만
들었다."

대세에 반하는 이단적 목소리는 오스트리아에서도 들려왔다. 이
번에는 수요공급의 법칙에 의문을 제기했다. 저서 《사회 역학의 기초
Foundations of a Mechanics of Society》에서 에드바르트 자허Edward Sacher는
바람에서부터 석탄에 이르기까지 모든 에너지원의 핵심 원천은 태양
복사라고 결론지었다. 자허는 진정한 의미의 최초 자본가는 태양이라
고 보았다. 이 오스트리아인은 석탄과 어업, 수력, 역축(수레 끄는 동물)
그리고 사냥에 이르기까지, 활용가능한 모든 에너지를 철저히 계산했
다. "이용가능한 노동력의 경제적 과업은 자연에서 가능한 많은 에너
지를 얻어내는 데 있다." 자허가 보기에 현대 경제학은 이 잉여에너지
의 전용과 그로 인해 거둬들인 수익과 지분 그리고 대여에 따른 임차
료의 사용만을 주로 기술하고 있다. 하지만 세계적인 교역을 부의 원
천으로 보는 세상에서 돛에 부는 바람에 대해 기술하는 자허에게 귀
기울이는 청중은 없었다.

대중의 취향에 조금 더 부합하는 견해는 1924년 세상을 뜨기 전까
지 활발하게 활동했던 영국의 저명한 경제학자 앨프레드 마셜Alfred
Marshall의 것이었다. 마셜의 교본인 《경제학 원리*Principles of Economics*》
는 학계를 장악한 뒤 교묘하게 고전주의 경제학의 메시지를 설파했
다. 마셜은 노동과 자본이 수요와 공급의 부름에 응해서 부를 창출한
다고 적고 있다. "우리는 빠른 속도로 앞으로 나아가고 있다. 매년 그
성장속도는 빨라져서 어디서 멈추게 될지 가늠할 수도 없을 지경이다.

(…) 인류 역사를 통틀어보면 인간의 욕망은 지식과 부가 커지는 정도에 따라 확장되었다." 주요 목표는 경제적 자유였다. 기업가는 "공장을 세우고 증기기관을 만들고 말과 노예를 길러서 그것들이 만들어내는 최종 서비스의 혜택을 모두 누린다. 모든 것을 독점하는 한 혜택은 무한하게 이어진다." 마셜이 중요하게 생각한 에너지는 오로지 사회계층의 사다리를 올라가려는 투지뿐이었다.

*　*　*

대서양 건너편에서는 노벨상을 수상한 화학자 프레더릭 소디 Frederick Soddy가 1920년대에 몬트리올에서 진행하던 원자력 과학 연구를 그만두고 "경제학은 어떻게 정의되고 있는가"를 비판적으로 검토했다. 소디가 생각하는 부는 저장이 불가능하고 소비만 가능한 에너지 흐름이다. 그리고 자본은 특정 상품에 포함된 에너지여서 엔트로피의 대상이 된다. "에너지 공급에 실패하는 즉시 현대문명은 종말을 맞이할 것이다. 오르간에 바람을 불어넣지 않으면 소리가 나지 않는 것과 마찬가지다." 현대 경제학자들의 무지를 드러내기 위해 소디는 증기기관차를 들어 은유적으로 설명했다.

"어떻게 보면 소위 말하는 '기관사'와 자상, 신호수, 관리자, 자본가, 주주에게 공을 돌려야 할 것 같기도 하다. 아니면 불의 성질을 발견한 과학의 선구자와 그 사용법을 개발한 발명가 그리고 철도와 기차를 만드는 노농자늘의 덕이라고 볼 수도 있다. 하지만 이런 이들의 노력과 수고를 모두 더해도 기차에 동력을 공급할 수 없다는 사실에는 변함이 없다. 진짜 기관사는 (태양에너지가 만들어낸) 석탄이다. 그러니 현재 과학의 수준에서 인간이나 그외 다른 생물이 어떻게 생명을 부지하고 사느냐 물으면 그 답은 (…) 거의 예외 없이 '햇빛'이라고 해야 한다."

소디는 《돈의 역할*The Role of Money*》에서 경제학자들이 부의 획득과 교환을 '부의 창출과 같은 것으로' 착각하고 있다고 주장했다. 하지만 이전에 무거운 짐을 끄는 소와 노예에게서 추출했던 것보다 훨씬 더 많은 대량의 물리적 에너지가 부를 생성한다는 점은 부인할 수 없는 사실이다. 소디는 이 부분에 대해 열역학 법칙을 적용할 수 있다고 적고 있다. 무한한 부와 안정적인 성장이란 모두 환상이다. 소디는 돈을, 이용가능한 에너지 공급에 따라 제약을 받는 한정된 재화로 보았다. 은행가들은 "지역사회의 이해관계나 돈의 진정한 역할"에는 신경 쓰지 않는다. 이들은 심지어 물리법칙 대신 수학법칙의 적용을 받는 빚을 만들어냈다. 저에너지 사회에서는 용납할 수 없는 잘못이다(바로 이런 이유로 중세 유럽에서는 고리대금업을 금했다). "열역학 법칙의 적용을 받는 부와 달리 빚은 시간이 지나면서 줄어들거나 생활 과정에서 소모되지 않는다. 정반대로 빚은 연이율에 따라 잘 알려진 수학법칙인 단리와 복리로 늘어만 간다. (…) 이렇게 빚과 부를 근본적으로 혼동하기 때문에 과학 시대에 비극이 발생한다." 소디가 《부, 가상 부, 채무*Wealth, Virtual Wealth and Debt*》에 적은 글이다.

당연하게도 주류 경제학자들은 소디를 괴짜 취급했다. 이 우울한 업계는 계속해서 자기들에게 유리한 이론을 만들어냈다. 텍사스 석유 산업계에서 존경받는 에릭 짐머맨Erich Zimmerman은 1951년에 자원은 자연이 아니라 사람이 만들어내는 것이라고 주장했다. "자원은 고도의 역동성을 지닌 기능 콘셉트다. 자원은 존재하는 것이 아니라 생겨나는 것이다." 짐머맨의 주장에 따르면 석유는 매우 역동적인 존재이므로 "자원 생산력이 왕성해지는" 환경을 조성하는 일이 가장 중요하다. 첨단기술과 자본, 지식, 금융기관의 힘이 있으니 "다음 세대의 몫을 보호하기 위해" 자원을 보존하는 일은 "불필요하다"고 짐머맨은 말한다.

제2차 세계대전 이후 세계의 경제사상을 이끄는 일은 미국이 맡았다. 지금 미국은 석유를 윤활유 삼아 잘 돌아가는 석유국가다. 경제학자들은 과시적인 소비를 위한 변명거리를 제공해주었고, 미국 경제학자들은 저명한 권위자의 반열에 오르게 되었다. 1955년, 빅터 르보Victor Lebow는 〈리테일링 저널*Journal of Retailing*〉에서 고에너지 경제의 역할을 다음과 같이 설명했다.

엄청난 생산력을 보유한 우리 경제는 소비를 하나의 삶의 양식으로 만들 필요가 있었다. 그로 인해 구매와 상품 사용은 하나의 제례의식이 되었고 우리는 영적 만족과 자아 만족을 소비에서 찾기 시작했다. 이제 사회적 인정과 위신, 지위를 가늠하는 척도는 소비 패턴에 있다. 우리 삶의 의미와 중요성은 소비로 표현된다. 안전한 사회적 기준에 순응하라는 압박을 받을수록 개인은 자신의 욕망과 개성을 입고 먹고 운전하는 것으로 나타내려는 성향이 있다. 심지어 자동차, 식사 패턴, 취미 등으로 나를 드러내는 것이다. 이런 상품과 서비스는 절박하고 긴급하게 소비자에게 제공되어야 한다. 그래서 우리는 '최대 능력치'의 소비를 넘어서 '비경제적' 소비를 필요로 한다. 그 어느 때보다 더 빠른 속도로 물건들을 소비하고 태워버리고 닳게 만들고 다른 물건으로 대체하거나 폐기처분해야 한다. 사람들이 먹고 마시고 입고 타고 살아가는 일은 더 복잡해지고, 그에 따라 비경제적 소비가 끊임없이 이루어져야 한다. 가정용 전동공구와 'DIY' 열풍은 '비경제적' 소비의 좋은 예다.

화석연료와 폭발적인 성장 그리고 급속한 기술발전으로 활성화되는 경제체제 아래서, 미국 경제학자들은 문명사회에서 이루어지기 어려운 비정상적인 발달에 일견 과학적으로 보이는 질서를 부여했다. 세상에서 가장 영향력이 막강한 현대 경제학자라고 손꼽히는 폴 새뮤얼슨Paul Samuelson이 경제학 분야를 주름잡으면서 쉘Shell이 나이지리아에서 했던 것과 같은 일을 벌였다. 새뮤얼슨은 날로 명망이 높아지는 경제학에 새로운 법칙을 추가했다. 그 중에는 시장의 효율성에 관한 것도 있었다. 그리고 존 메이너드 케인스John Maynard Keynes의 연구와 고전주의 경제학 이론을 결합시켜서 "신고전주의 경제학neoclassical economics"이라 불리는 사생아를 만들어내기도 했다. 케인스는 정부가 개입해서 불황과 불경기의 출구를 마련하는 것이 옳다고 주장한 반면, 프리드리히 하이에크Friedrich Hayek 같은 이들은 그래서는 안 된다는 주의주장을 폈다(새뮤얼슨도 이후 사기성 짙은 파생금융상품을 지지했다).

경제학 교과서로 꼽히는 새뮤얼슨의 《경제학Economics》에서 이 노벨상 수상자는 록펠러가 석유 생산을 표준화했던 것과 같은 방식으로 경제학에 관한 사상을 표준화시켰다. "한 국가의 법을 누가 쓰는지는 관심이 없다. (…) 내가 경제학 교과서를 쓸 수만 있다면 말이다." 새뮤얼슨이 자랑스레 했던 말이다. 이 의기양양한 인디애나 토박이는 자신의 저서에서 에너지에 관해 거의 언급하지 않았지만 상품 가격이 올라가면 생활수준이 낮아지고 쇼핑도 적게 할 것이라 추측했다.

신고전주의 경제학자들은 대개 자신들이 관찰한 것, 즉 유례없는 에너지 소비로 만들어진 돈이 계속해서 쌓여가는 현상을 신봉했다. 시카고 대학교의 자유주의 경제학자 밀턴 프리드먼Milton Friedman은 특히 시장의 자유와 정부 개입 최소화를 옹호했다. 하지만 새뮤얼슨과 마찬가지로 프리드먼도 돈의 흐름을 만들어내는 과정에서 값싼 에너지가 기여한 바를 무시했다. 통화 공급을 위한 안정적인 성장의 중요성은 강조했지만 돈이 실제로 무엇을 나타내는지는 분명히 밝히지 않았다. 그는 금전 문제가 엔트로피의 징후이자 에너지 수익 악화의 조짐이라는 걸 결코 알지 못했다. 뿐만 아니라 값싼 에너지는 경제 네트워크를 점점 더 크게 만들어서 복잡성만 키울 뿐 그가 홍보한 자유를 주지 않는다는 것도 알지 못했다.

끝없는 성장이라는 복음을 설파한 또 다른 미국 경제학의 거장으로는 로버트 솔로우Robert Solow가 있다. 솔로우는 이 세상이 돌아가는 것은 자본과 노동 때문이 아니라 많은 교육을 받은 엘리트가 효율적으로 과학기술 혁신을 하기 때문이라고 보았다. 자동차와 항공, 우주산업이 1950년대에 대인기를 누리는 걸 관찰한 솔로우는 경제성장의 87퍼센트가 과학기술의 발전 덕분이라고 추정했다. 그러면서도 솔로우는 이런 기술의 동력이 되어준 값싼 석유에는 선혀 관심을 두지 않았다. 오히려 그는 유한한 자원의 중요성을 최소화시켰다. 노벨상 수상자인 솔로우는 "재생가능한 자본"을 늘리기만 한나면 석유를 비롯한 광물자원을 고갈시켜도 충분히 타당성이 있다고 주장했다. 하지만 이런 일을 해낸 기업이나 국가는 거의 없었다. 1974년 솔로우는 "천연자원 없이도 이 세상은 사실상 잘 지낼” 가능성이 있다고 말했다. 과학기술과 통화가 대체재를 찾아내줄 것이기 때문이었다. 물론 나중에 솔로우는 이런 자신의 견해를 다음과 같이 수정하기는 했다. “본질적으로 천연자원 없이는 생산이 이루어질 수 없다.”

1970년대까지 신고전주의 경제학의 기본 신조는 종교적 형태를 취하고 있었다. 영국의 경제학자 로이 해러드 경Sir Roy Harrod은 “경제성장은 원대한 목표다. 그 자체가 경제 정책의 목적이다.”라고 단언했다. 신고전주의 경제학자들은 시장에 자정능력이 있으며, 자연계와 별도로 운용된다고 믿었다. 희소성은 존재하지 않는다. 인간의 이성이 대안을 찾아낼 것이기 때문이었다. (무생물 노예가 아닌) 과학기술이 경제의 미래를 이끌어나갈 것이다. 개인은 언제나 자신의 이익을 위해 이성적으로 가격에 반응한다. 그리고 정부는 시장에서 적정 가격이 형성되도록 놔두어야 한다. 돈의 흐름을 유지하는 것이 에너지 흐름이나 종의 다양성 심지어 인간의 건강보다 중요한 일이었다. 경제학자 줄리언 사이먼Julian Simon은 이런 자유주의 관점을 새로운 수준으로 끌어올리면서 “‘유한’이라는 용어는 천연자원에 적용하기에 부적절한 표현일 뿐만 아니라 오해의 소지가 많다.”라고 말했다. 사이먼은 자본주의란 사람에게서 동력을 얻는 영구 운동기관(연속적인 운전에 의하여 에너지를 창출하는 기계장치 및 열을 모두 남김없이 일로 변환하는 기계장치로 열역학 1, 2법칙에 위반되기 때문에 실제할 수 없는 장치. —옮긴이)이라고 주장했다. 따라서 세계 인구의 폭발적 증가가 자원 고갈 문제를 해결할 수 있다고 보았다. 더 많은 과학자와 기술자가 경제체제에 참여하면서 아인슈타인과 같은 인재들이 새롭게 등장하고, 이는 한계 없는 경제성장으로 이어져 결국 문제는 해결된다는 것이다.

철학자 자크 엘륄Jacques Ellul이 "사이비 과학의 어리석은 소리"이라고 일갈했던 이런 주장의 대부분은 엑슨모빌이 부분적으로 자금을 대고 로버트 브래들리 주니어Robert L. Bradley Jr가 시작한 경제 블로그, 마스터리소스MasterResource에서 되풀이되고 있다. 과거 엔론Enron(미국의 7대 기업에 속했던 에너지 회사. —옮긴이)의 공동 경영자였고 2004년 《에너지 : 주요 자원Energy: The Master Resource》을 공동 출간한 자유주의자 브래들리는 이 세상에서 이루어진 의미심장한 진보는 "자유롭게 살아가는 사람들이 이루어낸 에너지 과학기술의 진보에 따른 결과"라고 주장했다. 그러므로 세상은 틀림없이 지속적으로 발전해나갈 것이라고 그는 말했다. 브래들리는 성장을 저해하는 진정한 적은 암울한 소리만 해대는 디플레이션론자가 아니라 큰 정부의 '국가 통제주의'(사회·경제적 문제를 중앙정부가 통제하는 정치체제. —옮긴이)와 공원, 바다, 공지에 구멍 파는 걸 제한하는 환경 철학이라고 말했다. "개별 연료의 가격은 올라갈 수 있지만 에너지 자체가 부족해지고 비용이 올라가는 일이 벌어질 것이라고 믿을 근거는 거의 없다. 역사적으로 보아도 자유로운 사회에서 개인은 소비하는 양보다 더 많은 에너지를 생산해냈다." 브래들리의 글이다. 그리고 낙천적인 브래들리는 여느 때처럼 다음과 같이 덧붙였다. 자원은 "보이는 것에 있지 않고 상상하는 곳에 있다. 자원의 한계는 우리 이성의 한계로 생겨나는 것이지 물리적인 우주에 의한 것이 아니다."

하지만 브래들리는 무생물 노예의 중요성을 인식하고 있었다. 미국에서 인간의 손으로 수행하던 산업 노동의 비율은 탄화수소 덕택에 100년 사이 90퍼센트에서 8퍼센트로 낮아졌다. 신의 은총으로 이룬 이런 노동해방으로 미국인들은 일인당 300여 명의 노예와 맞먹는 화석연료를 보유하게 되었다. 브래들리는 가상 노예의 수는 계속 늘어날 거라고 예견했다. "이런 경향의 중요성은 아무리 강조해도 지나치지 않다. 이는 삶을 안락하게 하는 것들이 더 많아진다는 걸 의미할 뿐 아니라 인간의 환경에도 근본적인 변화가 생김을 뜻한다. 현재 미국의 인구가 약 2억 8,000만 명이라고 본다면 미국 전체에는 840억 명의" 에너지 노예가 있는 꼴이라고 브래들리는 적었다.

1970년대에 에너지 소비가 정점에 이를 무렵, 솔로우와 몇 명의 경제학자들은 경제 전문가들이 수학적 모델과 공식에 의존하는 경향이 심해지는 현실에 의문을 제기했다. 1982년 〈사이언스*Science*〉에 보낸 서한에서 바실리 레온티예프Wassily Leontief는 경제학의 배타성에 관해 경고를 했다. "경제 전문 저널에는 온통 수학 공식이 가득하다. 이로 인해 독자들은 일견 그럴듯한 데이터처럼 보이지만 임의적 추정에 지나지 않는 자료에서, 정확하게 진술된 듯하지만 사실은 부적절한 이론적 결론을 내리도록 유도받고 있다." 레온티예프는 역사학자와 과학자 심지어 예술가들도 경제 담화에 참여해야 한다고 권고했다. 2008년 경제 붕괴 이후 로버트 솔로우는 마지못해 다수의 희생을 발판으로 소수가 부유해지는 경제모델이 득세하면서 피해가 발생한 현실에 대해 우려를 표명했다. 과학기술위원회House Committee on. Science and Technology에 보내는 진술서에서 솔로우는 다음과 같이 역설했다.

흔히들 경제 전체를 모순이 존재하지 않는 무결한 사람이나 왕조처럼 생각하는 경향이 있다. 그러므로 경제가 이성적으로 설계한 장기계획을 실행하고, 때로 예상치 못한 충격에 동요하되 일관성 있는 합리적 방식으로 상황에 적응한다고 믿는다. 하지만 이런 식의 상황 인식은 냄새를 맡아보는 정도의 검증으로도 그 진위가 금방 드러난다. 이런 아이디어를 주창한 사람들은 미시경제학적 행동에 대해 알고 있는 내용을 근거로 주장을 퍼뜨리면서 사회적 존경을 받지만, 나는 이 주장 대부분이 거짓이라고 본다. 이런 주장을 옹호하는 사람들이야 당연히 자신의 주장을 진심으로 믿고 있겠지만, 내가 보기에 그들은 코로 냄새를 맡는 일을 그만두었거나 아예 후각을 잃어버린 사람 같다.

라발 대학교의 버나드 보드로Bernard Beaudreau와 같은 비평가들은 경제학자들이 공학자와 성장에 대해 대화하지 않는 이유를 특히 궁금해했다. 공학자들은 경제학의 신적 존재인 성장의 요인을 에너지 소비와 자재 기능 개선에서 찾았다. 공학자들에게 에너지는 자본과 노동을 먹여살리는 아침밥이고 점심밥이며 저녁밥이었다. 보드로는 2001년 발표한 논문에서 미국과 일본, 독일의 전후 성장을 산업화된 에너지가 대량 융합된 측면에서 설명할 수 있다고 주장했다. 하지만 "어떻게 된 영문인지 경제 전문가들은 경제성장에 대한 연구를 하면서 물리학과 열역학을 무시했다. 그리고 무엇보다 중요한 것은 (…) 이런 소홀함이 막심한 피해를 일으켰다는 점이다."

경제 전문가들은 과거 소비에트 연방의 경험도 무시했다. 신고전주의 경제학자들은 공산주의 제국의 붕괴가 비효율성과 계획경제 그리고 로널드 레이건의 무력에 의한 위협 때문이었다고 주장했다. 그러나

실상은 그렇지 않다. 미국과 마찬가지로 소련은 값싼 석유가 상존할 것이라고 믿고 있었다. 1920~1930년대에 공산주의자들은 값싼 석유를 이용해 농가경제를 근대화시켰다. 미국처럼 소련은 제2차 세계대전 이후 우주과학과 군산복합체에 엄청난 투자를 했다. 석유로 거둬들인 수익을 근거로 국민경제발전 5개년 계획을 세운 소련은 현재의 중국처럼 몸집을 불려갔다. 석유에 취한 소련은 과학자, 공학자, 연구기관을 대규모로 동원하는 거대과학(대규모로 진행되는 과학 연구. ―옮긴이)과 거대교육에 아낌없이 투자했다. 소비에트 테크노크라트들도 원자력과 재생에너지 연구에 돈을 쏟아부었다. 소련의 붕괴를 지켜본 독설가 드미트리 오를로프Dmitry Orlov는 미국과 소련은 서로 대척하는 고에너지 국가일 뿐이었다고 말했다. "20세기의 초강대국 둘은 과학기술 발전과 경제성장, 완전고용, 세계 패권 등을 원한다는 점에서는 다를 것이 없었지만, 원하는 것을 이루는 방식에서는 입장을 달리했다. 그리고 둘은 비슷한 결과를 얻었다. 하는 일마다 성공했고 전 지구를 위협하는 힘을 가졌고 계속해서 서로를 겁먹게 만들었다. 그리고 결국 각각 지불불능 상태에 이르게 되었던 것이다."

결국 소련은 석유 때문에 벼랑 끝에 몰렸다. 1980년대에 석유 가격이 붕괴된 이후 소련의 주요 재원은 사라졌다. 부진했던 석유 생산은 에너지 가격이 상승하기 시작한 1988년 정점에 도달했다. 그리고 3년 후 소련은 빚더미에 휩쓸려 무너졌다. 석유 때문에 8,000만 명의 농민이 도시로 이주하면서 정치·사회적 소요에 식량 위기까지 더해졌다. 이런 긴급 상황은 현금이 없는 행정부가 차관을 얻어 기금을 막도록 만들었다. 글라스노스트глácность(개방 정책)와 아프간 전쟁, 레이건

독트린이 소련 붕괴라는 연극에서 단역을 맡았던 것은 사실이지만, 주연은 소련이라는 기계에 연료가 떨어진 일이었다. 알래스카 대학교의 에너지 경제학과 교수로 재직 중인 더그 레이놀즈Doug Reynolds는 소련 붕괴 직전 2년 동안 카자흐스탄에서 지냈다. 레이놀즈는 일련의 사건의 동인은 분명 에너지라고 기록하고 있다. 소련은 "1989년에 첫 번째 스태그플레이션을 겪으며 통화가치가 90퍼센트까지 하락했다. 결국에 소련 경제는 몰락하고, 리투아니아에서 카자흐스탄에 이르는 소비에트 공화국 구성원들이 연방에서 탈퇴했다. 그러는 내내 소비에트와 후기 소비에트의 일일 석유생산량은 약 1,200만 배럴에서 약 700만 배럴로, 40퍼센트나 떨어졌다. 그러므로 소련 몰락의 진짜 이유는 석유파동이었다. 1973년과 1979년의 석유파동 이후 20세기에 일어난 세 번째 주요 석유파동이 소련 붕괴의 원인이었지만 이에 관해 들어본 사람은 아마 없을 것이다."

소련 붕괴 이후 러시아는 석유 자원을 민영화하고 여러 개혁적 제도를 도입했다. 이런 조치들로 인해 일시적으로 석유생산량이 늘어나면서 러시아는 석유와 천연가스로 거두는 매년 2,000억 달러 가치의 수익에 전적으로 의존하게 되었다. 러시아는 극한 환경에서 얻는 값비싼 북극 석유 생산을 재개했지만 공공서비스의 안정성을 되찾거나 이전 수준으로 회복시키지 못했다. 레이놀즈에 의하면, 러시아는 석유 가격이 상승할 때 고에너지 사회가 어떤 일을 겪게 되는지를 시사하는 대표적 사례다. "우선 세계 경세 붕괴와 높은 실업률을 예상할 수 있다. 현금이 없는 행정부가 의료서비스와 연금, 환경문제, 수감 제도, 교육, 국방비를 지불해야 하는 사태가 벌어질 것이다. 사회 기반시설은 쇠락

하고 심지어 인구도 감소한다. 결국 후기 소비에트와 마찬가지로 시위
와 정치 혼란, 혁명이 일어나는 수순을 밟게 될 것이다.”

*　*　*

　신고전주의 경제학 처방의 문제점을 그 누구보다 강력하게 지적한
사람은 아마도 니콜라스 조지스쿠−로젠Nicolas Georgescu-Roegen일 것이
다. 우락부락한 루마니아 사람인 그는 요제프 슘페터Joseph Schumpeter
의 제자로 경력을 시작했다. 조지스쿠−로젠은 경제학을 일컬어, “돈으
로 굴러가는 시장만 쳐다보는 외눈박이 분야”라고 불렀다. 프레더릭
소디와 마찬가지로 1970년대와 1980년대에 공개된 조지스쿠−로젠의
눈부신 업적 대부분은 주류 경제학자들에게 묵살당하고 무시당했다.
하지만 오늘날에도 여전히 유의미한 그의 연구의 시작은 훨씬 이전부
터였다. 1950년대에 루마니아에서 가장 큰 강의 다리 위에 서 있던 조
지스쿠−로젠은 인간의 경제가 엔트로피를 특성으로 한다는 생각을
문득 했다. “최종 종착지를 향해 맹렬히 흘러가는 다크초콜릿 색 물결
을 가만히 응시하고 있었다. 그 단순한 전경을 보다가 불현듯 떠오르
는 생각 하나가 있었다. 나는 속으로 중얼거렸다. ‘저기 내일의 일용할
양식이 흘러가는구나!’” 그는 현대의 고에너지 경제를, 유산으로 은행
을 물려받은 광부가 터널을 파서 금고를 훔쳐낸 뒤 재산을 더욱더 빨
리 고갈시켜버리는 것으로 해석했다. 조지스쿠−로젠은 뛰어난 수학자
였음에도 불구하고 연구를 시작한 초기에 경제현상을 설명하는 데 수
학체계를 사용하지 않겠노라고 선언했다. 1929년, 하버드의 경제학자
들이 엄청난 경제성장을 예견하자마자 주식시장이 폭락한 뒤의 일이

었다. 루마니아 플로이에슈티 유전이 지속적으로 쇠퇴하고 토양 침식이 일어나는 상황을 연구한 조지스쿠-로젠은, 가치가 높은 천연자원을(저엔트로피 상태) 가치 없는 쓰레기더미로(고엔트로피 상태) 바꾸는 일이 경제학의 핵심이라는 인식을 하기에 이르렀다. 태양열 변환장치인 비옥한 토양을 장기적으로 상실하고 유전이 고갈되는 건 또 다른 종류의 퇴보였다.

조지스쿠-로젠은 농민 공동체를 연구하고 나서 마르크스주의자나 신고전주의 경제학자 모두 인간의 행동을 이해하지 못한다는 확신을 하게 되었다. 경제는 이익을 극대화하는 개인이나 초개인super-individual을 주인공으로 하는, 뻔한 예측 동화가 아니었다. 전통에 대한 농민의 충성도는 종종 효용 극대화라는 생산원리와 정면으로 배치되었다. 소규모 농경사회 구성원들은 지역사회의 평화와 선을 잣대로 행동과 소비를 선택하는 경우가 자주 있었다. 이들은 생계유지를 원할 뿐, 살생을 원치 않았다. 인구 과잉 경제체제에서 최대 수익을 추구하는 게 친구를 일자리에서 내쫓는 일이 된다면 절대로 합리화할 수 없는 일이다. 이 루마니아 경제학자는 화석연료 발견으로 사익 추구이라는 개념이 경제학에 도입된 것이지, 그 반대가 아니라고 보았다. 조지스쿠-로젠은 직실화법에 소질이 있었다. "경제학자들은 아직도 말 앞에 수레를 달아놓은 채 가격만 적절하면 갈수록 늘어나는 인류의 혼란이 없어질 것이라고 주장한다. 하지만 우리의 가치관이 적절해질 때 가격도 적절해지는 것이 진실이다." (이로부터 수십 년 후 대니얼 카너먼Daniel Kahneman을 비롯한 학자들이 개척한 행동경제학이라는 새로운 경제학에서 대부분의 개인과 사회가 경제적 의사결정을 비합리적으로 내리는 일이 비일비재하다는 사실을 확인해주었다. 수치심이나 집단사고가 동기로 작용할 때도 있고, 손실을 회복하려는 의도로 무모한 도박을 하는 경우도 많다. 무엇보다 사람들은 신고전주의 경제학자들보다 훨씬 더 이타적이고 집념도 강하다. 또 비행을 저지른 사람을 벌주기 위해서 일부러 손해를 보기도 한다).

조지스쿠―로젠은 무한의 세계에서 살고 있다고 착각하는 경제학자들의 궤변에 의문을 제기했다. 천연자원 매장량 추정치가 부정확하다고 해서 그것이 곧 "자원의 무궁무진함을 증명하는 건 아니다." 풍부하다고 믿었던 자원조차 경제적 측면에서는 접근이 용이하지 않을 수 있다. 희소성 문제는 "자원 집약적 상품을 줄이고 다른 것을 더 늘리는" 대안으로 해결할 수 있다는 주장을 들은 조지스쿠―로젠는 웃어버렸다. "먹을 것이 충분하지 않은데 셔츠를 더 입는다고 주린 배가 채워질 리 없다." 영원불변의 성장이란 "모든 사람이 불멸의 존재가 될 수 있다는 말에 버금가는 거짓말이다." 마찬가지로 정상경제stationary economy를 제안한 경제학자 역시 조지스쿠―로젠에게 일축당했다. 경제가 일정 지점에 머무르는 상태와 같은 기적이 일어난다 해도 머지않아 위기에 직면하게 되고, 그 위기로 인해 "모든 의도와 본질이 무력화될 것이다." 인류가 생태계 구원 청사진을 그리는 게 "가능하다고 생각하는 사람은 진화와 역사의 특성을 이해하지 못한다. 진화와 역사란, 끊임없이 새로운 형태를 취하면서 영원히 고군분투하는 것이다."

하지만 이 루마니아인의 다른 동료들은 돈과 포트폴리오 이론portfolio theory 및 경제 디즈니랜드에 대한 수학적 묘사를 계속 옹호했다. 그러다가 2008년의 경제 위기를 경제학계가 예견하지 못하는 상황이 빚어지자 맹렬한 비판여론이 등장했다. 그 선두에 선 이는 나심

니콜라스 탈레브Nassim Nicholas Taleb였다. 전직 주식중개인이자 비즈니스 평론가인 탈레브는 노벨 경제학상을 사기성 짙은 속임수라 불러야 한다고 주장했다. 《블랙 스완Black Swan》의 저자인 탈레브는 대학생들에게 현재 경제학 교과서의 신뢰도와 정확성이 15세기의 의학논문 정도라고 경고했다. 특히 노벨상을 받은 솔로우와 새뮤얼슨의 문하생을 비판했는데, 위험한 파생금융상품을 정당화시키는 수학 모델을 제안한 로버트 머튼Robert C. Merton 같은 이가 그 대표적 인물이다.

소디와 조지스쿠–로젠처럼 주류 경제학에 비판을 가했던 탈레브는 상존하는 진정한 리스크와 예측불가능성을 빠뜨린 경제모델이 실패하는 건 필연이라고 주장했다. "마치 멍청한 하인처럼 덜떨어진 이해력과 기술력이 오묘하게 조합"된 신고전주의 경제학자들은 대자연의 기본적인 가르침을 무시했다. 석유에 의존하지 않았던 초기 문화권에서는 자연이 주는 교훈을 명심하고 있었다. 그들은 빚지는 일을 두려워했고, 한 마을에 빵집이 두 개 있는 것과 같은 과잉의 위험성을 예리하게 감지했다. 또 비효율성을 우수함의 원천으로 찬양했으며, 낭비하지 않으면 아쉬울 일도 없다는 신념으로 견실함의 가치를 인정했다.

탈레브에 의하면 로버트 솔로우와 폴 새뮤얼슨의 부정확하고 진부한 믿은 "오류가 발생하기 쉬운 사회구소가 형성되는 데 지대한 기여를 했다." 그리고 덧붙이기를 현대 경제학자는 "폐와 콩팥을 두 개씩 갖고 있는 것조차 비효율적이라고 말할 것이다."라며 날선 비판을 가했다.

뉴욕 주립대학교 찰스 홀Charles Hall 같은 생태학자들 역시 신고전주의 경제학의 종식을 요구하고 있다. "진정한 경제학은 자연을 사람들의 요구에 맞춰 변형시키는 방법을 연구한다. 신고전주의 경제학은 열역학 법칙에 부합하지 않는다." 홀의 말이다. 해박한 지식을 자랑하면서 《에너지와 국부*Energy and the Wealth of Nations*》를 집필한 홀은 신고전주의 대신 새로운 생물물리 경제학biophysical economics을 제안했다. 그는 모든 부가 천연자원의 개발과 이용을 통해 창출되었다고 인식했다. 그러므로 경제정책이란, 이 자원을 가치 있게 이용하기 위한 에너지 정비 방법을 제시하는 것이라고 그는 주장한다. "1인당 에너지 소비가 증가하면 1인당 부 역시 상승한다." 홀의 말이다. 텍사스 A&M 대학교의 고재영과 함께 진행한 연구에서 그는 "미래의 에너지 효용성은 매우 불확실하다. 따라서 국민 1인당 복지 수준을 증진시키는 가장 효과적인 정책 방법은 머릿수를 줄이는 것이다!"라는 결론을 내렸다.

홀이 경제학을 공부하기 시작한 이유는 생태학에 흥미를 잃었기 때문이었다. 생태학자들은 실재하는 것들(사람, 물고기, 나무)의 행동에 대해 숙고하는 일에서 벗어나면 어김없이 말도 안 되는 생각을 하게 된다는 사실을 깨달은 것이다. 그런데 똑같은 현상이 경제학에도 있었다. 이메일 서한에서 홀은 다음과 같은 글을 적었다.

기본적인 모델이 생물물리학적으로 말이 되지 않았다. 게다가 수학적 엄밀함과 과학적 엄밀함을 기본적인 차원에서 혼동하고 있었다. (…) 에너지가 경제체제를 비롯한 생태계에서 어떻게 통용되는지, 그리고 생태계가 이용 가능한 에너지의 많고 적음에 어떻게 반응하는지 파악하려 애쓰는 과정에서 경제학자들은 지적인 창의성을 마구잡이로 발휘하고 있었다.

홀은 우월함을 생물물리학적으로 설명하면서 코스타리카를 사례로 들었다. 전형적인 경제학자들은 코스타리카를 평화로운 열대 천국으로 여기면서, 그 땅을 지속가능성의 모델이자 북미의 베이비붐 세대가 은퇴 후 여생을 보내기 위한 최적의 투자 대상으로만 보았다. 하지만 그곳에서 에너지와 자원이 사용되는 양상을 관찰한 홀의 생각은 전혀 달랐다. 우선 농업에 투여된 석유의 양은 늘어갔지만 경작지 면적 당 수확량은 토양 침식과 고갈, 그리고 비료 남용 등의 원인으로 격감하고 있었다. 코스타리카는 전적으로 수입 화석연료에 의존했기 때문에 석유 가격 상승과 그에 따른 석유 자원의 감소에 극도로 취약했다. 그 와중에 인구는 지속적으로 늘어서, 문제는 나날이 심각해지고 있었다.

홀은 켄트 클리트가드Kent Klitgaard와 함께 결론내리기를, GDP의 5~10퍼센트인 에너지 비용을 현재 세계 경제에서 빼내면 나머지의 97퍼센트가 사라지게 된다고 했다. "에너지 추출비용만 부담하고 있다는 점에서 우리는 매우 운이 좋은 사람들이다. 메커니즘만 마련되었다면, 대자연은 우리에게 생산비용과 사회적 가치 그리고 대체 가치까지 모두 청구할 수 있었을 일이다. 또 에너지 가격을 전부 지불해야 한다면, 자연의 가치 하락 비용까지 포함시켜야 할 것이다. 연료 자체의 가치 하락은 물론이거니와 에너지를 추출하고 선적하고 사용함으로써 피괴되는 자연, 나아가 자원 효용성을 확보하기 위한 군사비용까지 계산해야 한다는 말이다. 하지만 현재 우리는 이런 비용을 부담하지 않는다. 만에 히니 우리의 운이 다해서 이런 비용의 지급일을 맞이하게 된다면(조만간 그럴 가능성이 농후하다) 경제학은 새로운 종목이 되어서 그 목표를 생산으로 다시 정한 뒤, 에너지 투자와 통화에 관해 새로운 사유를 하게 될 것이다."

세상을 위한 경영대학원을 표방하는 인시아드INSEAD의 물리학자 겸 경제학자 로버트 아이레스Robert Ayres 역시 새로운 방향에서 경제 담론을 제기했다. 그는 벤야민 와르Benjamin Warr와 함께 고속 경제성장은 고도의 에너지 소모에 대응한다는 사실을 통계학적으로 증명해냈다. 미국과 일본, 유럽의 경제에서 지속적으로 관찰된 바에 따르면 "유효 일useful work(작용을 통해 힘에 의해 변환된 에너지의 총합을 일이라 일컫는다. 이중 유효하게 쓰인 일이 유효 일이다. ─옮긴이)은 GDP 성장의 동인이다." 그래서 값싼 석유의 시대가 종말을 맞으면 급격한 석유 가격 변동에 따른 경기 둔화와 경기침체가 일어날 수 있다. 석유 생산이 정점에 다다른 뒤 에너지 가격이 상승할 경우, 다음 세대는 "우리보다 더 부유해질 것이다."라는 오래된 생각은 현실성이 없는 이야기가 된다는 게 아이레스의 입장이다. 뿐만 아니라 우리의 후손들은 석유 문화가 만들어놓은 곤란한 상황을 간단히 돈으로 타개하는 것조차 힘들어진다.

자본과 노동의 생산활동에서 에너지가 맡은 역할이 없다는 일반적인 경제학 개념은 "매우 위험한 가정이고, 이는 정치 지도자들에게 위험천만한 조언이 될 가능성이 높다."라고 아이레스는 말했다. "당장 생각할 수 있는 사례는 에너지 사용에 세금을 부과하거나 이산화탄소 배출량을 제한하는 정책을 펴면서도(두 가지 정책 모두 에너지 가격 상승을 초래한다) 경제성장에는 아무런 영향을 주지 않기를 바라는 모순된 모습이다."

40여 년 전, 니콜라스 조지스쿠─로젠은 석탄과 석유의 형태로 물려받은 에너지를 이용해 얻는 것보다 더 많은 에너지가 비용으로 사용되는 날이 오리라고 예견했다. "전쟁 도구는 물론이고 캐딜락 자동차나 짐Zim의 선적 컨테이너 하나를 사용할 때마다 미래 세대를 위한 쟁기날이 그만큼 줄어든다는 사실을 명심해야 한다. 이것은 결국 미래를 살아갈 인간의 수가 줄어든다는 뜻이다." 세상은 결국 태양에너지 흐름에 의존하는 형태로 회귀하고 길고긴 경기침체를 맞이할 것이라고 이 루마니아 경제학자는 예측했다. 그리고 이런 곤경에 처하지 않기 위해 실천해야 할 여러 가지를 제안했다. 대량 살상무기 사용을 금지하고, 인구를 서서히 감소시키는 것도 그 제안에 포함된다. 조지스쿠-로젠은 기계 대신 사람과 동물을 쓰는 유기농 농업을 통해 식량을 생산해야만 한다고 믿었다. 또 낭비가 심한 에너지 사용 습관과 "낭비벽이 있는 기계장치"를 엄격하게 규제해야 한다고 주장했다. 내구성이 강하고 수선이 가능한, 더 좋은 품질의 상품을 만들어야 한다고 생각했다. 더 많은 에너지를 쓰는 일로 여가 시간을 보낼 게 아니라, 주변 환경을 더 아름답게 하고 마음을 더 너그럽게 하고 머리를 더 신중하게 다듬는 데 써야 한다고……. 하지만 이 루마니아 사람은 이런 것들이 불가능할지도 모른다는 인식을 하고 있었다. 인류는 어쩔 수 없이 생긴 대로 살다가 사라질 운명인지도 모른다. 에너지 위기는 인류의 현명함이 위기에 봉착했다는 뜻이기도 하다. "어쩌면 인간의 운명은 오랫동안 특별한 사건 없이 식물인간처럼 존재하는 것보다는, 짧지만 강렬하고 흥미로우며 낭비벽이 심한 삶을 사는 것인지도 모른다. 정신적 야망이라고는 찾을 수 없는 아메바류의 생물이라야 후손에게 햇빛 가득 담은 흙을 물려줄 수 있는 건 아닐까."

오늘날 경제학이라는 사이비 과학은 (과학과 마찬가지로) 그 정점에 달한 듯하다. 미국의 경제학자 타일러 코웬Tyler Cowen과 제임스 해밀턴James Hamilton을 보면 산문체의 간결함과 경제적 사고를 겸비한 경제학자를 찾기 힘든 이유를 알 수 있다. 조지메이슨 대학교에서 연구하는 코웬은 짧막한 책 《거대한 침체Great Stagnation》를 써서 베스트셀러 저자가 되었지만, 캘리포니아의 석유경제학자 해밀턴이 고갈되는 천연자원과 경제성장에 관해 명쾌하게 쓴 짧은 글은 읽은 이가 거의 없다. 하지만 두 사람 모두 현대 경제학의 기반을 약화시키는 이념적 가설이 빙하처럼 녹기 시작했다고 주장하고 있다.

코웬의 분석에서는 에너지에 대한 언급을 찾기 어렵지만 수익 감소, 침체하는 연구소, 복잡한 정부, 혁신 감소로 무력해진 민간산업 등 여러 징후를 나열하고 있다. "지난 40년 동안 평균적인 미국 가정은 성장 둔화를 겪어왔다." 코웬의 글이다. 1972년 미국 국내 석유 생산과 제조업은 정점을 찍었고, 값싼 석유 시대는 조용히 막을 내렸다. 코웬의 분석에 의하면, 미국은 이미 가장 낮은 곳에 달린 과실을 모두 따먹었고 최고의 자원도 다 써버렸다. 이에 대해 코웬이 제시한 해법은 전형적인 미국 방식이다. "과학자의 사회적 지위"를 높여서 더 나은 과학기술을 만들면 된다는 것이다. 코웬은 미국인이 "당면한 불황이 지나간 후 지속적인 성장 둔화가 이어질 가능성에" 대비해야 한다고 보았다.

제임스 해밀턴은 석유 가격 상승이 경기불황의 도화선이 된다고 기록하고 있다. 지난 1세기 동안 값싼 석유가 미국 경제의 동력이 되었고 원자재는 마치 고갈되지 않는 자원인양 가격이 매겨졌다. "1960년에 이르면서 석유의 실질 가격이 1900년의 3분의 1 수준으로 떨어졌다. 같은 기간 동안 미국의 원유생산량은 1900년의 55배로 늘어났다.

그러나 1970년에서 2010년에 이르는 기간 동안 석유의 실질 가격은 8배 상승한 반면, 미국의 원유생산량은 43퍼센트 감소했다." 가격을 올리고 과학기술을 발전시켜도 이런 상황은 달라지지 않았다. 에너지 집약도가 높고 자본이 많은 노스다코타의 셰일 오일을 가지고도 미국의 석유생산량은 1970년의 25퍼센트 수준에 그쳤다. 1970년 당시 석유 가격은 현재의 8분의 1수준이었다. 세계의 유전 대부분이 고갈되고 있다는 징후가 감지되는 상황을 고려한 해밀턴은 다음과 같이 적고 있다. "석유 가격이 결정되는 방식에 변화가 생길 것이다." 간편한 석유가 고갈되는 상황과 중국, 브라질, 인도의 경제성장 가속화가 맞물리면서 "석유를 무한한 자원으로 여기던 시대는 종말을 맞이하게 되었다."

석유 가격이 점점 상승함에 따라 사람들은 기계 노예를 사는 데 더 많은 돈을 써야만 한다. "신고전주의 경제학에서 주장하는 마찰 없는 경제frictionless economy 모델을 전제로 하더라도, 에너지 감소에 따른 경제적 결과가 심각하다는 결론을 내릴 수밖에 없을 것"이라고 해밀턴은 적었다. 그 과정에서 미국 경제는 허둥지둥 달려나간 주자가 종착 지점이 가까워질수록 속도가 현저히 줄어드는 것과 같은 양상을 보일 것이다. "앞으로 펼쳐질 수십 년이 지난 5년과 같다면 어려운 시기가 도래한다고 봐야 한다. 대부분의 경제학자들은 지난 1세기 반 동안의 가파른 경제성장이 지속적인 과학기술의 발달에 기인했다고 본다. 과학의 진보가 가장 인상적이었다는 사실은 의심의 여지가 없다. 하지만 중요한 행운이 있었다는 점을 간과해서는 안 된다. 이용가치가 막대한 자원을 발견하고, 이를 활용할 수 있었다는 사실 말이다. 그런데

이 자원은 유한하며 고갈될 수 있는 것이다. 이런 행운의 시대와 작별하는 일이 과연 쉬울지는 분명치 않다.”

스웨덴의 물리학자 쉘 알레크렛은 2008년 OECD에 제출한 논문을 통해 액체 화석연료 가격이 비싸질수록 유럽 대륙의 경기침체와 부채 상황이 심화될 것이라고 정치 지도자들에게 경고했다(미국처럼 현재 유럽은 매일 10억 달러의 자산을 석유회사와 산유국에 넘겨주고 있다). “우리는 ‘석유 사다리’의 맨꼭대기에 올라왔지만 이제는 어떻게든 아래로 내려가야만 한다. 완만한 하강을 하기에는 이미 늦었을 수도 있다. 그렇더라도 추락의 충격을 완화시켜줄 두툼한 안전매트를 만들 시간은 아직 남아 있을지 모른다.” 알레크렛의 글이다.

9장

과학은 이미 정점을 찍었다

❖

"미래세대가 짊어지게 될 역경에 대한 비난을 우리 사회가 받아야만 한다면
과학자도 예외는 아니다. 그들의 연구가 인간관계에 초래한
격변과 파괴에 대한 책임을 지지 못했다는 점에서 그렇다."
– 프레더릭 소디, 타이프라이터 인쇄물, 보들리언 도서관, 1953

프레더릭 소디는 경제학의 불안정한 토대를 정확히 기술했지만, 그
보다 앞서 이 이단적 사상가는 과학의 미래를 걱정했다. 핵분열의 아
버지인 소디는 1910년, 과시적 소비로 화석연료를 낭비하는 문명에서
원자 연구와 같은 과학이 곤경을 면하게 해줄 수도 있다고 말했다. 하
지만 장애물이 하나 있었다. 과학 분야에서 "신참자의 성공"은 아주
예전의 이야기가 되었고, 과학적 노력을 통해 얻을 수 있는 미래란 새
로운 것을 발견하기보다는 소비성이 더 강한 서비스를 제공하는 데 있
었다. 에너지 노예를 이용해서만 혁신이 일어나는 상황 하에서, "정작
어려울 때는 믿지 못할 친구"인 과학은 에너지 소비와 함께 정점을 찍
게 될 것이라고 소디는 예견했다.

소디는 대부분의 교수와 관료가 과학을 완전히 오해하고 있다고 보

았다. 과학은 "지식을 적용해서 부를 창출하는 것이라는 오해를 받아왔다." 하지만 소디는 그런 건 과학이 아니라, 화석연료가 만들어낸 잉여에너지 흐름을 운 좋게 상속받은 존재에 불과하다고 생각했다. 때마침 원자력이 등장하지 않았다면 탄화수소의 총아인 과학은 산업혁명이 초래한 것보다 훨씬 더 극심한 사회·정치·관습의 변화를 해결하려 애써야 했을 것이다. "수도원에 은둔한 호기심 많은 사람들이 새로운 에너지원에 대한 실험을 하고 있다. 그 새로운 에너지원을 활용할 수만 있다면 석탄과 석유는 노와 돛처럼 쓸모없는 것이 되어버릴 수도 있다. 하지만 그들이 추구하는 바를 이루지 못하거나 너무 많은 시간이 걸려 타이밍을 놓쳐버리고 사방에서 석탄과 석유를 찾아 쓰다가 결국 더 이상 찾을 수가 없어 인류에게 남은 유일한 희망이 예로부터 전해내려온 햇빛을 포집하는 장치가 된다면, 이 세상에 다시 한 번 갤리선을 젓는 노예와 고대 스파르타의 노예, 헬롯helot과 같은 존재가 등장하리란 사실에 의심을 가질 사람은 없을 것이다." 소디의 강연 내용이다. 화석연료는 휘발유가 자동차를 움직인 것과 같은 방식으로 과학에 동력을 제공했다. 수십 년 동안 화학자와 물리학자들은 자동차에 투입된 연료의 14~25퍼센트만이 운송을 위해 만들어진 기계 노예를 움직이는 데 쓰인다는 점을 지적해왔다. 나머지 연료는 열을 발생시키는 과정에서 소실되거나 좌석을 따뜻하게 하는 등의 위락시설에 낭비되는 것이다. 탄화수소로 움직이는 과학도 이와 같은 방식으로 일을 한다. 진정한 발견으로 사회를 새로운 길로 인도하는 장한 과학자도 있지만 대부분의 경우 과학이 하는 일은 복잡하고 정교한 형태의 열방출일 뿐이다. 이 세상 다른 모든 일이 그렇듯 과학은 결과에 대해 숙고하지 않는다. 단지 화석연료를 사용해서 규모와 크기를 늘리고 속도를 높이는 데 열을 올릴 뿐이다. 고에너지 흐름이 없었다면 애초에 과학은 존재할 수도 없었다.

과학의 지위가 급상승한 것은 1820년 이후의 일이었다. 노예폐지론이나 대도시 건설과 마찬가지로, 집약적인 탄화수소 소비과정에서 생겨난 존재가 과학이었다. 산업혁명 이전, 자연계의 작동방식에 관한 연구는 몇몇 호기심 많은 학자와 철학자들의 전유물이었다. 태양의 힘과 인간의 힘에서 동력을 얻었던 과학은 진보와 퇴보를 반복했고 종종 침체되는 일도 있었다. 지구의 움직임을 측정하는 놀라운 계산기가 기원전 80년에 그리스에서 등장했지만 금방 자취를 감추고 마는 식이었다. "햇빛에 의지해 살던 고대인의 지혜"에 의존하던 사회에서는 과학 연구에 많은 에너지를 쏟을 여력이 없었다고 소디는 말한다. 잉여가 충분치 않아서 연구비용을 감당할 수 없었던 것이다. 하지만 석탄이 발견된 덕에 과학은 증기기관차처럼 힘차게 출발할 수 있었다.

이 무모하고 의기양양한 현상은 앨프리드 월리스Alfred Wallace와 찰스 다윈Charles Darwin, 마리 퀴리Marie Curie 등 사회 각계각층의 우수한 남녀에 의해 더욱 세차게 확산되었다. 이들 중 과학자로 정식교육을 받은 이는 거의 없었나. 분명한 사실은 19세기 과학을 장악했던 나라가 가장 많은 석탄과 기계 노예를 보유한 영국과 독일이있다는 점이다. 화학의 아버지 바론 유스투스 폰 리비히Baron Justus von Liebig는 문명이란 결국 최소의 농력을 늘여 최대 효과를 얻는 것이라는 말을 했다. "동력의 놀라운 우월성"이 존재하던 시대였으니 당연한 일이었다. 리비히는 과학이 "이전에 노예가 했던 일을 기계가 수행하도록" 했을 뿐 아니라 인간과 "자연의 위력 사이에서 적절한 균형을 잡아주는" 일을 해냈다고 적고 있다.

석탄이 전세계 에너지 수요를 충당하고 있을 때, 대부분의 과학자들은 세상이 유한하고 인식가능하며 엄밀한 자연법칙에 적용받는다고 생각했다(프레더릭 소디가 1918년에 한 강연에 의하면 "수백만 마력의 에너지를 이용해 과학이 부리는 참을성 많은 무생물 노예 부대는 매년 늘어나고 있었다."). 그러던 중에 석유가 등장하고 훨씬 더 많은 잉여의 부가 생겨났다. 미국에서 시작된 화산 폭발과 같은 잉여 부의 창출은 진실만을 맹렬하게 추구하는 학문이었던 과학을 인간 발전과 진보에 골몰하는 기술자들로 이루어진, 유능한 집단의 작업으로 바꾸어놓았다. 뉴멕시코의 인류학자 조지프 테인터Joseph Tainter와 텍사스의 공학자 타데우드 패젝Tadeusz Patzek은 이로 인해 모든 것이 더 복잡해졌다고 언급했다. "우리는 더 복잡한 응용 방식으로 더 많은 에너지를 사용하고 있다. 그리고 사회에서 에너지 흐름이 증가하는 것을 관리하기 위해 더 큰 복잡성을 요구하게 되었다." 이것이 바로 150년 간 탄화수소를 연료로 삼은 과학의 전말이다.

엄청난 속도와 규모로 과학이 진보하면서 초기 몇몇 과학자들은 자기 탐구를 시작했다. 놀라운 혁신의 결과로 제2차 세계대전이 벌어지고, 유럽의 전장에서 수백만의 사상자를 낸 석유 동력 무기가 만들어지자 많은 이들이 의구심과 우려를 표했다. 소디는 과학이 발전이라는 미명 하에 "방탕하고 헤픈 씀씀이를 더욱 다그쳐 파괴에 이르게 하는 일"에 대해 가장 먼저 통렬한 반성을 한 사람이었다. 대부분의 과학자들은 사회 변혁의 주체라는 새로운 역할을 맡은 것에 미혹되어 의기양양하다가 이내 불안해하기를 반복하고 있었다. 장기이식의 개척자로 노벨상을 수상한 알렉시스 카렐Alexis Carrel은 과학의 양면성을 최악과 최고의 모습으로 모두 보여주었다. 프랑스 태생의 외과의였던 그는 생애 대부분을 록펠러 의학연구소Rockefeller Institute for Medical Research에서 인간 수명을 연구하면서 보냈다. 그는 심지어 닭 심장세포를 34년 동안 살아 있게 만들기도 했다. 이때 카렐은 과학이 기계 노예를 무분별하게 동원해서 도시와 공장을 표준화하고 타락시키는 것을 비판했다. "우리의 나약함 때문에 이 모든 것을 최선으로 이용할 수가 없다면, 문명의 복잡성과 규모, 아름다움, 화려함, 안락함을 신장시키는 게 무슨 소용이 있단 말인가?" 1935년 출간한 《미지의 존재, 인간Man the Unknown》에서 카렐이 한 말이다. 하지만 책을 몇 장 더 넘기면 살인자, 도둑, 아동 납치범은 "적절한 가스를 갖춘 작은 안락사 시설에서 인도적이고 경제적인 방법으로 처리해야 한다."라는, 그의 유명한 제언을 만나게 된다. 그리고 카렐은 너무나 많은 에너지가 통제되지 못하는 현실 속에서 적절하게 "문명의 궁극적 목적"을 지휘할 수 있는 건 몇몇 우수한 과학 연구자들로 이루어진 소규모 집단뿐이라고 결론지었다.

미국에서 석유가 생산되면서 과학에는 연소 친화적인 도덕률이 다시 주입되었고, 프랑스의 철학자 자크 엘륄이 말한 미국식 "과학기술 지배 사회"가 생겨났다. 석탄이 세상에 기계화된 사상을 주었다면, 석유는 혼돈과 불안정성을 지배하고자 하는 강력한 실용학문, 즉 과학기술을 탄생시켰다. 석유와 석유로 인해 발생한 잉여는 이 세상에 뛰어난 성능을 자랑하는 무기와 우주산업, 의료공학, 거대한 정보시스템을 주었다. 석유의 아낌없는 후원을 받는 미국의 과학자들은 사람들이 행복하게 오래 사는 일과 많은 소비재를 만들어내는 일을 위해 노력하고 있다. 과학자들은 화학물질과 기계가 우리 삶을 풍요롭게 할 뿐만 아니라 국경을 허물고 수많은 에덴동산을 만들어주리라고 장담한다. 사회학자와 경제학자, 심리학자들도 누가 더 "과학적인"지 가리는 경주에 뛰어들었다.

하지만 이 '멋진 신세계'에 뭔가 빠졌다는 걸 알아차린 사람들도 있었다. 소설가 겸 과학 저술가인 올더스 헉슬리Aldous Huxley도 그중 한 명이다. 1946년 《과학, 자유, 평화Science, Liberty and Peace》에서 헉슬리는 고에너지 사회에 대한 짧지만 신랄한 비판을 보여주었다. 헉슬리는 가장 큰 위험요소로 소수에게 에너지가 집약되는 것을 꼽았다. 헉슬리는 과학의 진보로 인해 큰 정부와 거대 기업에 힘이 집중되는 상황이 꾸준히 이어진다고 경고했다. 이른바 이해관계를 초월했다는 전문가들은 국가와 기업이 대량생산과 대량살상을 위한 더 커다란 기계를 갖추도록 도와주면서도 낮은 수준의 기술, 즉 로테크low-tech 방식에 관심을 갖고 체력을 키우려 애쓰는 개인과 지역사회는 무시했다. 헉슬리는 전문 기술교육을 받은 개인도 기만적인 선전선동에 영향을 받고 "가장 위험한 비이성적 편견"을 가질 수 있다고 주장했다. 그리고 수많은 과학자가 나치와 일본 군국주의자, 소련 치하에서 연구했다고 덧붙여 말했다.

캘리포니아의 고옥탄 석유 문화를 예리하게 관찰한 헉슬리는 고도의 에너지가 주입된 과학적 성과인 집중화 문제를 해결할 해독제는 단 하나, 지역에서 식량과 에너지원을 개발하는 대중적 분권 운동이라고 주장했다. 석유는 "정치적 관점에서 가장 바람직하지 않은 연료"다. 몇

몇 국가에게 권력을 집중시키기 때문이다. "석유 자원이 엄밀하게 일정 지역에 제한되어 있는 상황과 지금 중동에서 강대국들이 페르시아와 메소포타미아, 아랍의 석유에 대한 소유권을 앞다퉈 주장하는 상황은 불길한 미래를 암시하는 나쁜 징조다." 헉슬리는 과학자들이 히포크라테스 선서와 비슷하게 "나는 인류의 선을 위하고 이 세상의 파괴적인 힘과 인간의 무모한 의도에 반하도록 나의 지식을 사용할 것을 맹세한다."라는 선서를 해야 한다고 제언했다.

물리학자이자 저명한 과학사학자인 데릭 솔라 프라이스Derek de Solla Price도 1960년대에 헉슬리와 비슷한 생각을 했다. 과학은 전세계 경제와 인구의 기하급수적인 성장을 그대로 반영할 뿐만 아니라 그 복잡성을 관리하기 위한 대형기관을 필요로 한다는 게 그의 주장이었다. 과학 분야의 에너지 소비가 늘어나면서 액수가 커진 비용(늘어난 실험실 인력)을 충당하기 위해 과학 종사자들은 더 많아져야 하고 연구기관과 국가에서 마련해주는 시설, 전세계적인 네트워크가 더 늘어나야 한다는 것이다. 거대과학은 고에너지 사회의 집중화 경향을 반영할 뿐 아니라 회복탄력성이 고사되었음을 의미했다. 소규모의 독립적인 실험실 형태로 운영되는 작은과학Little Science은 비용도 많이 들지 않고 민첩하게 운영할 수 있고, 지역사회의 요구에 좀더 민감하게 반응할 수도 있다. 작은과학은 변화에 빠르고 예민하게 적응한다. 하지만 거대과학은 거대 석유업계와 같다. 효과를 가늠할 수 없는 요식 체계를 갖추고 거대 자본과 큰 정부에 충성하는 거대과학은 대개 혁신적인 아이디어를 묵살하고 단순한 해법을 무시한다. 프라이스는 지식을 무기한적으로 증식하는 일은 불가능할 거라 생각했다. 천장에 가로막히는 시점이 반드시 온다는 말이다. 그 시점에 이르게 되면 진보와 발전이 혼돈에 빠질 수도 있고, 아니면 새로운 혁신이 생겨날 수도 있다. 그도 아니면 과학 연구가 자취를 감추게 될 수도 있다.

프라이스가 1963년에 추정한 바에 의하면, 지금껏 생존한 모든 과학자의 80~90퍼센트는 유럽과 북미 그리고 일본의 연구기관이나 연구시설에서 일한 것으로 드러났다. "아니면 지금 연구를 시작해서 평균 수명을 살다가 자신의 경력을 되돌아보는 과학자는 자신의 생애가 끝나는 시점까지 이루어진 모든 과학적 업적의 80~90퍼센트를 자신이 목도했으며, 나머지 10~20퍼센트 정도만 앞선 세대의 성과라는 사실을 알게 될 것이다." 프라이스는 과학 분야의 외적 성장이 기하급수적인 인구성장보다도 지속가능하지 않다고 보았다 "지난 5년 동안 우리는 두 자릿수의 발전을 이루지 못했다. 만약 그랬다면 지금 우리는 남녀노소에 애완견까지 포함해서 2인당 과학자 1명이 있는 모양새를 갖추었을 것이다. 그럴 경우, 현재 우리가 보유한 자본의 2배를 과학에 쏟아부어야 할 것이다. 그러므로 과학 분야의 최후 심판일은 채 1세기도 남지 않았다고 볼 수 있다."

프라이스가 거대과학의 한계를 계산했다면, 유럽의 위대한 사회평론가 자크 엘륄은 역동적인 과학기술의 특징을 밝혀주었다(엘륄은 1944년에 세상을 뜨기 전까지 50여 권의 저서를 집필하며 독자적으로 연구를 수행한 저명한 학자로서 과학기술 사회의 정체를 폭로한 공이 크다). 먼저 엘륄은 동력을 제공한 화석연료처럼 과학기술은 태생적으로 상반되는 양면성을 가졌다고 했다. 좋거나 나쁘거나 중립적인 입장이 정해지지 않고 그저 "의사결정의 원동력"이 되었다. 엘륄의 주장에 따르면, 페니실린의 발견은 원자력 기술로 히로시마가 대대적으로 파괴된 것이나 과학적 석유 채굴로 파괴된 니제르 델타에 대한 보상이 되지 못한다. 과학기술의 유익한 영향력은 파괴적인 영향력과 따로 분리해서 생각할 수 없다. 그래서 뜻하지 않은 결과와 부작용이 급증할 때마다 과학기술은 새롭고 강력한 기계를 만들어냈다. 오늘날 비행기 예매를 간편하게 해주는 과학기술은 은행과 보험회사, 정치인 그리고 사기꾼이 사람들을 하루 24시간 감시하도록 돕는다. 석유 채굴기술이 지구와 해양을 2마일 이상 되는 깊이까지 관통하면서, 그로 인해 지진이 발생하고 지하수는 오염된다. 심지어 역청 정제시설이나 연안 굴착장치 등 복잡한 설비가 잘못되어도 사람들은 그리 놀라지 않는다.

화석연료와 원자력 에너지는 나방들이 모여드는 밝은 전등과 같은 과학 세계를 만들어 사람들을 현혹한다고 엘륄은 믿었다. 엘륄의 염려는 과학에서 복잡성이 늘어나고 평범한 사람들에게 요구하는 것이 많아지면서 "무엇이 필요하고 의미 있는지"를 분별하는 일이 더 어려워졌다는 데 있었다. 디지털 기기가 폭풍처럼 세상을 휩쓸기 전까지 대다수 사람들은 세계 역사를 에너지 동원 능력의 변화라는 관점에서 생각했다. 동물에서 노예로 그리고 화석연료를 거쳐 원자력 에너지로 에너지원이 달라진 것이다. 빛나는 컴퓨터 스그린과 관련 기기들은 세상이 엄청난 양의 정보를 바탕으로 진보하고 있다는 착각을 불러일으킨다. "새로운 사회모델이 등장하고 있다. 전산화된 사회, 즉 네트워크 사회는 ( ) 우리가 에너지의 제약에서 벗어나 엔트로피 상태를 억제시킬 것이라고 착각하게 만든다!" 엘륄의 글이다.

하지만 얼핏 에너지 보존 및 관리의 경이로운 업적으로 보이던 디지털 하드웨어의 급증은 에너지 거품 현상에 다름 아니었다. 100년에 가까운 기간 동안 산업계는 석유 1파운드를 태워서 플라스틱이나 금속 제품 1파운드를 얻어 일반적인 물자를 제조해왔다. 가령 자동차는 길 위에서 달리는 동안 사용하는 석유보다 자동차를 만드는 데 드는 연료가 더 적었다. 그런데 디지털 혁명이 이런 에너지 방정식을 완전히 뒤집어놓았다. 노트북 컴퓨터의 1파운드를 만들기 위해서는 석유 26.5파운드가 필요하다. 대부분의 노트북 컴퓨터가 3년 이상 사용되지 않는다는 점을 감안하면 컴퓨터에 들어간 총에너지 중 대부분은 노동환경이 매우 열악한 아시아 공장의 제조과정에서 소모된다고 볼 수 있다.

컴퓨터는 또 다른 에너지 집약적 과정인 마이크로칩에 의존한다. 일반적인 기계식 주입공정과 주조과정으로 상품 2파운드를 만드는 데 소모되는 에너지를 이용해 평면 TV를 켠다면 1시간에서 10시간 정도 시청할 수 있다. MIT에서 연구하는 티모시 구토우스키Timothy G. Gutowski는 최근 반도체 생산을 위해 필요한 에너지로 평면 TV를 42일에서 114일까지 켜 놓을 수 있다고 계산했다. 다시 말해서 컴퓨터 산업은 1파운드의 마이크로칩을 생산하기 위해서 화석연료 800파운드를 필요로 한다는 뜻이다. "자재와 에너지원을 헤프게 사용하는 새로운 생산공정이야말로 걱정스러운 일이다. 이 생산공정으로 제조된 상품의 지속가능성이 향상되었다고 주장할 때는 이런 점까지 고심할 필요가 있다." 구토우스키와 그의 동료들의 말이다. 지금 세상은 10억 개의 개인용 컴퓨터와 30억 개의 휴대 전화기를 두들기고 클릭하고 있다.

자크 엘륄은 컴퓨터를 이용해서 지식을 얻는다는 것도 하나의 망상이라고 생각했다. "영양가 없는 정보의 과다"에서 흥청거리지만, 정작 양질의 음식은 없는 격이라고 엘륄은 적고 있다. 작물이나 숲, 지하수를 희생시킬 필요 없는 에너지 형태에 접근할 기회가 점점 사라지는 현실에서도, 사람들은 여전히 "무의미하게" 스크린만 응시하고 있다.

컴퓨터는 거대과학의 한 측면과 그 엄청난 에너지 소비욕을 반영하고 있다. 헉슬리와 마찬가지로 엘륄은 새로운 귀족층인 과학기술자들이 너무 많은 권력을 소유한다고 생각했다. 산출량과 속도, 효율성에 병적으로 집착하는 그들의 특성 때문에 세상은 포뮬러 원Formula One(경주용 차 분류법의 하나로 최고의 등급으로 간주됨. —옮긴이) 레이싱 카처럼 망가지기 쉬운 것이 되었다. 거대과학이 빠르게 발전하면 할수록 전체 네트워크의 취약성은 커질 수밖에 없다. "취약성은 더 큰 불확실성과 함께 간다." 엘륄의 글이다. 하지만 전문가들은 이런 취약한 상태를 보지 못한다. "과학기술의 진보가 어디로 이어질지는 알 수 없다. 이런 이유로 과학기술의 진보는 예측불가능하다. 그래서 사회 전반적인 불가측성이 생겨났다."

현대 과학자들이 보여주는 지식 격차 역시 엘륄을 망연자실하게 만들었다. "테크노크라트들은 민주주의와 생태학, 문화, 제3세계, 정치에 대해 말하지만 가슴 아플 정도로 단순히고 찌증이 날 만큼 무지하다." 어떤 문제가 생기거나 이의가 제기되어도 더 많은 과학기술을 만들면 된다는 해법만을 만병통치약처럼 들이미는 이들이다(그 누구보다도 이런 해법을 종교 교리처럼 반복해서 치용히는 이들은 석유와 가스업체지만, 정작 이들은 혁신이나 과학기술에 전혀 열성을 보이지 않는다. "과학기술과 혁신으로 역청사를 더 많이 개발할 수 있다." 로비스트들의 호언장담이다.

"과학기술로 지속가능성을 이룰 수 있다." 이건 또 다른 광고 슬로건이다).

엘륄은 기술 지배 사회가 엔트로피의 대상까지는 아니더라도, 수확 체감의 대상은 된다고 주장했다(수확체감이란 어떤 재화를 생산할 때 생산에 필요한 요소가 투입되는 양이 일정수준을 넘으면 그 요소로 인해 생산되는 재화의 증가분이 상대적으로 줄어든다는 뜻. ─옮긴이) 그의 예측은 오늘날 사실로 증명되고 있다. 역청사에서 오일셰일oil shale(원유 성분을 갖는 역청(케로진kerogen)질 물질을 함유한 퇴적암. ─옮긴이)에 이르는 새로운 극한 석유extreme-oil는 비용은 더 들고 개발 시간도 더 걸리는 데다 예측 비용을 초과하는 경우가 비일비재함에도 불구하고, 그로 인해 발생하는 에너지의 양이나 수익은 더 줄어들고 있다. "강력하고 압도적인 과학기술이 주는 충격을 반복적으로 무한정 흡수할 수는 없다. 새롭고 강력한 과학기술이 생겨날수록 세상은 더 혼란스러워지고, 그러는 과정에서 과학기술 시스템은 더욱 취약해진다." 엘륄의 글이다. 이뿐이 아니다. "폐기물과 과학기술의 궤도 일탈 및 부작용이 늘어나고, 혁신에서 적용에 이르는 진행과정이 점차 느려짐으로서 생산 가치가 떨어진다. 이것은 전세계적인 과학기술의 능력을 보여주는 것으로, 필연적인 생산성 저하로 이어진다." 엘륄은 위축 상황을 저지해주는 일시적인 혁신이 이루어져 끝없는 진보와 발전이 가능하다는 망상이 들겠지만, 열역학 제2법칙은 결국 경제학과 과학기술의 진보 모두에 적용된다고 보았다. 그의 논리에 의하면 과학이란 한 분야가 샛별처럼 폭발적인 발전상을 보여준다는 건, 일종의 붕괴이자 무질서 상태 증가를 의미한다. "최종적인 진보는 없다. 전진하기만 하는 진보도 없다. 그림자 없는 진보도 없다. 모든 진보는 쇠퇴의 위험을 무릅쓰고 있다. 진보와 퇴행은 함께 간다. 19세기는 산업 발전의 그림자를 무시했고, 오늘날 우리는 기본적으로 과학기술 진보의 그림자를 무시하고 있다."

선경지명이 뛰어난 엘륄의 예측을 뒷받침해주는 증거는 많다. 과학에서 수확체감 현상을 정량화해볼 수도 있다. 이는 전세계 과학을 이끌어나가고 있는 미국에서 가장 분명하게 나타난다. 미 국립과학재단National Science Foundation에서 2010년에 과학 분야의 출판 동향을 살펴본 후, 연구기금이 꾸준하게 늘고 있음에도 불구하고 상황이 점점 나빠진다는 걸 알아냈다. 이 보고서에 의하면 "2001년 100개의 간행물을 만들어 출간한 공급원이 1990년에는 129개의 간행물을 세상에 내놓았다." 보고서를 작성한 사람은 충격적인 동향이라고 말하면서도 그 원인이 무엇인지에 대해 실체적인 설명은 내놓지 못하고 있다. 자연과학 분야에 종사하는 젊은 박사들은 이런 현상을 낮은 임금에 주당 60~80시간의 근무에 시달리는 환경 때문이라고 말한다. 이탈리아 물리학자 우고 바르디Ugo Bardi는 자신의 동료들이 현재 "예산 삭감과 많은 서류 작업, 치열한 경쟁에" 직면하고 있다고 말했다. 심지어 미국 혁신태스크포스Task Force on American Innovation에서도 과학기관에 대한 정부 투자가 2004년 정점에 달했다가 그 이후 지속적으로 감소하는 양상을 보인다고 인정했다. 과학기술 지배 사회를 건설했던 국가에서 그 체제를 유지하지 못하고 있는 것이다.

수확체감은 사이비 과학의 극적인 증가에서도 찾아볼 수 있다. 상온 핵융합과 플루토늄 중독에 관한 터무니없는 이야기가 사라진 자리를 줄기세포 연구와 가짜 만병통치약을 만들어 파는 제약회사가 차지하고 있다. 많은 이들이 과학사기 범죄가 금융사기 범죄보다 더 급속도로 늘어나고 있다고 본다. 2001년에서 2010년에 이르는 기간 동안 과학저널에 실린 표절과 실수, 속임수에 대한 철회 요청은 15배 늘어났다. 한 의학 연구가는 과학자답게 "위법한 행위의 수준이 과거보다 더 높아진 것 같다."고 말했다. 세계에서 손꼽히는 에너지 소비국인 중국에서는 많은 과학자들이 공상과학을 전문으로 삼고 있다. 중국에 있는 5,000개의 과학저널에 실린 논문 대부분은 전시용으로, 아무도 읽지 않는 것들이다. 2008년에 시작해 2년이 넘는 기간 동안 〈저장 대학교 과학저널*Journal of Zhejiang University*〉에 제출된 논문 중 30퍼센트는 다른 사람의 논문을 베껴놓은 것이었다. 중국 과학자들이 최근 새로이 발견했다고 주장한 아홉 개의 거북이 종은 이미 세상에 널리 알려진 종으로 밝혀졌다. 또 존재하지도 않는 혁신적 마이크로칩을 발명했다고 소문을 낸 적도 있었다. 중국에서는 과학 사기를 비판하는 사람이 종종 공격받고 구타당하거나 욕을 먹었다. 전세계적으로 과학의 사기는 '윤리적 과실ethical lapse'이라는 이름을 달고 엄연한 주류가 되어서, 리트렉션 와치Retraction Watch(세계 최대의 논문 표절 및 철회 감시 사이트. —옮긴이)의 일거리를 끊임없이 만들어내고 있다.

　여러 가지 측면에서 생각해볼 때, 과학 퇴조 현상이 나타나는 까닭은 인간 수명 연장을 위한 보건의료 투자에서 수확체감이 발생하기 때문인 듯하다. 항생물질, 깨끗한 물, 화석연료 덕분에 1900~1950년 사이 미국의 기대수명은 47세에서 68세로 늘어났다. 이 기간 동안 산업계와 정부는 연간 3억 달러의 자금을 보건의료 연구에 투자했다. 1950년부터 오늘날까지 이르는 기간 동안 미국의 기대수명은 9년이 늘어나, 77세가 되는 성과를 거두었다. 하지만 2005년 한 해 동안 보건의료에 사용한 자금만 300억 달러에 육박했다. 시카고의 법학 교수 리처드 엡스타인Richard Epstein은 다음과 같은 결론을 내렸다. "1950년대의 사회격변 이후 물질적 진보를 향유하는 삶이 1900~1950년 사이에 훨씬 적은 투자로 이룬 진보와 발전의 영향과 맞먹는다는 주장은 그럴 듯하지만 사실이 아니다. 20세기 후반 동안 컴퓨터나 인터넷에 맞먹는 보건의료 분야의 기적은 일어나지 않았다. 21세기 전반에도 이와 크게 다를 것 같지 않다." 엡스타인은 정부가 가장 주요한 방해가 된다고 지적하면서 의약업계에 대한 철저한 규제 완화를 제안했다. 정부의 관리감독이 줄어야 의약업계가 성장할 수 있다면, 그건 결국 정점에 이르렀다는 의미가 된다.

2005년, 캘리포니아의 차이나 레이크China Lake 소재 미 해군항공전쟁센터Naval Air Warfare Center에서 근무하는 물리학자 조너선 휴브너Jonathan Huebner는 중세 유럽의 암흑시대(로마제국 말기부터 서기 1000년경까지의 기간. —옮긴이)부터 지금까지 시행된 7,200개의 혁신을 인구와 관련해서 살펴보았다. 그 결과, 사람이 많아지면 훌륭한 아이디어가 더 많아진다는 경제학계의 주장과는 정반대로 지구상 인구가 증가해도 가속곡선accelerating curve(동력차의 견인력에서 견인 차량의 주행 저항을 뺀 전가속력을 열차의 전중량으로 나눈 값을 나타낸 곡선. —옮긴이)이 생기지 않는다는 사실을 발견했다. 오히려 인구 10억 명 당 발생한 과학기술의 진보는 1873년에 정점을 찍은 뒤 점차 감소했다. 경제성장률은 높았음에도 과학기술의 진보는 그에 한참 못 미쳤다. 심지어 "교육수준이 높아지고 과학계에 주요한 발전이 있고, 컴퓨터가 발명되었음에도” 인구 대비 과학기술 발전 비율은 신통치 않았다. 대체로 말해 “평범한 사람이 새로운 과학기술을 개발하는 일은 19세기보다 20세기에 들어서면서 더 힘들어졌다.” 대부분의 에너지 소비자들은 자신이 일상에서 사용하는 혁신적인 기술 대부분이 1873년에 발명된 것들이라는 사실을 깨닫지 못하고 있다. 전기가 그렇고, 증기기관과 내연기관도 마찬가지다. 휴브너의 예측에 의하면 2024년 혁신의 속도는 암흑시대 수준으로 떨어질 것이라고 한다(대략 1년에 3건 정도가 발생하는 정도다). 휴브너는 이런 진보의 퇴화가 과학기술의 경제적 한계와 인간 두뇌의 한계를 보여주는 것이라 주장했다.

거의 모든 과학 분야에서 이와 비슷하게 정점을 찍은 모습을 볼 수 있다. 현재 의학 연구에 사용되는 수십억, 수조 달러의 자금 대부분은 유전자 연구에 투입된다. 과학자들은 거대한 컴퓨터로 메가바이트 단위의 데이터를 이용해 다양한 질병의 게놈 지도를 만들 수 있다. 하지만 이런 성과가 산업적으로 실익이 되는 비약적 발전을 이룬 예는 거의 없다. 30년 전에는 이런 연구에 들어간 자금의 일부만 가지고도 수많은 혁신을 만들어냈다. 심장 절개수술에서 투석 치료에 이르는 의학 혁신이 그 예다. 하지만 지금은 더 많은 돈으로 더 많은 실험실을 운영하면서도 주요한 발견의 수는 점점 줄어들고 있다. 한 과학자는 환원주의적(환원주의; 다양한 현상을 기본적인 하나의 원리나 요인으로 설명하려는 경향. ─옮긴이) 연구인 게놈 지도 작성을 두고 “애써 산을 움직였지만 생쥐 한 마리 외에는 아무것도 얻어내지 못한 일”에 비유했다. 그 신중한 〈사이언스*Science*〉도 “이해의 수문”이 아직 열리지 않았다고 불평조로 말했다. 최근에는 과학자들이 흑사병의 원인이 되는 박테리아

게놈 지도를 작성했지만 이 신통한 재주로 아무런 새로운 정보도 얻어내지 못했다. 사실루스균은 수백 년간 변하지 않았다. 다시 말해 균이 가공할 살생능력을 갖게 되는 건, 사회와 생태계에서 벌어지는 사건이 집합적으로 영향력을 미쳐서라는 뜻이다. 그런데 이런 사실은 약 100년 전 과학자들 사이에 이미 알려져 있었다.

석유와 마찬가지로 과학도 한계에 도달했다고 생각하는 과학자들이 있다. 가령 과학철학자 니콜라스 레셔Nicholas Rescher는 과학이 중요한 문제의 답을 모두 다 내놓지 못할 것이라고 주장했다. 알기 쉬운 해답조차 경제 자원과 에너지 문제로 제한을 받기 때문이다. "자연은 늘 에너지를 비축하고 있다." 레셔의 말이다. 과학의 진보가 느리게 진행되는 것은 속도와 온도, 빈도를 늘리기 위한 과학기술 장비의 비용이 상승하고 동시에 희귀자원에 대한 경쟁수요competing demand가 늘어날 때다. 사회 문제가 날로 복잡해지는 현상 역시 수확체감을 부추긴다. 레셔는 진보의 종말을 예언하는 대신 그 속도가 줄어들 것이라고 천명했다. "최근의 조사기술 수준에서 기존의 과학적 발견을 모두 현실화하고 나면 좀더 비경제적인 수준으로 이동해야만 한다. (…) 자연과학계에서는 과학기술 군비경쟁에 참여하고 있다. 앞으로 '자연에 대한 승리'를 거둠으로써 큰 약진을 이루는 일은 점점 더 어려워질 것이다."

정점에 이른 과학의 혼란상을 가장 잘 보여주는 것은 CCScarbon capture and storage(이산화탄소 포집 및 저장) 기술이다. 이 기술은 13개 고에너지 국가의 과학 학회에서 '최우선 과제'로 선정했을 만큼, 기후변화 대책의 '주요 요소'로 꼽힌다. 석유 수출국인 캐나다와 노르웨이는

CCS 기술을 필수적인 것으로 간주하고 쌍수를 들어 환영하면서 연구와 실험을 위해 수십억 달러의 세금을 투자하고 있다. 세계적인 규모를 자랑하는 석유와 천연가스 기업 역시 비슷한 행보를 보이고 있다. 나쁜 아이디어가 다 그렇듯이 CCS 역시 일견 매력적으로 보인다. 이 기술은 화석연료 발전소에서 방출한 가스를 모아 압축한 다음 액화시키고, 그것을 고갈된 유전이나 가스전 또는 땅 속 깊이에 있는 염분성 대수층Salt aquifer에 저장해 장기간 격리시키는 것으로 오염물질의 대기 방출을 봉쇄한다는 취지다. 이 아이디어는 특히 석유산업계의 사랑을 독차지했는데, 업계에서 수송과 저장기술을 보유하고 있기 때문이었다. 쉘 오일은 이를 가리켜 "대규모 화석연료 사용으로 나오는 배기가스를 경감시키는 데 유용한 유일한 기술"이라 말했다.

하지만 CCS 기술은 역설적이다. CCS 기술 활용장치가 부착된 화력발전소나 정유공장, 역청 정제시설은 엄청난 에너지 비용을 지불해야 한다. 25~35퍼센트의 화석연료를 더 태워야 하기 때문이다. 이산화탄소를 분해해서 압축하는 비용도 만만치 않다. 이런 식으로 에너지가 에너지를 잡아먹는 동족상잔에는 물과 화학물질도 3분의 1 정도 더 필요하다. 공장 시설을 새롭게 마련하는 에너지 비용를 포함시키지 않아도 이 정도다. 게다가 에너지 전문가 바츨라프 스밀의 추정에 의하면 지구상에 존재하는 배기가스의 20퍼센트만 매립하려고 해도 전 세계적으로 흡수-수집/압축-수송/저장 산업을 일으켜야 한다. 이런 산업체의 연간 원자재 처리량은 현재 전세계 원유산업계에서 처리하는 원자재 처리량보다 70퍼센트 가량 더 많게 된다. 게다가 유정과 송유관, 압축설비, 저장시스템 등의 거대한 원유업계 인프라는 수세대의 시간과 60조 달러의 비용을 들여서 세운 것들이다. 이 이산화탄소 공동묘지를 모니터링하기 위해서도 수천 년 동안 더 많은 공적자금과 에너지가 필요하다.

CCS 기술은 전형적인 거대과학적 사고방식이다. 그렇지 않아도 고에너지 사회인 마당에 더 많은 에너지를 들여 에너지 문제를 해결하는 것이기 때문이다. 이른바 독립과학자Independent scientist들은 이를 두고 졸렬한 열역학 모조품이자 나쁜 공학이라 여긴다. 바츨라프 스밀은 배기가스를 줄이면 간단할 것을 왜 관리하려 하냐고 묻는다. "탄소 격리는 난제 해결을 위해 당장 활용할 수 있는 대규모의 유용한 옵션이라고 무책임하게 묘사한다." 우리가 활용할 수 있는 로테크 대안은 생각보다 많다. 스밀에 의하면 이런 대안에는 도심 자동차 사용 금지와 연료가격 인상, 탄소세 부과, 공공 교통수단, 재생가능한 에너지 프로젝트, 열대우림 지역 보호 등이 있다. 더 적은 에너지와 비용, 그리고 적은 수의 과학자로도 배기가스를 크게 줄이는 방법들이다.

그러나 고대 로마에서 노예제도를 지지했듯이 거대과학은 에너지와 독점력을 강화시켜주는 도구를 옹호한다. 미국의 비즈니스 분석가 그레고리 언러Gregory Unruh는 CCS 기술을 또 다른 '탄소 잠금효과'Lock-In Effect(특정 제품 또는 시스템이 관련제품, 부가제품 및 또 다른 서비스의 선택을 제한하는 현상을 말한다. 즉 한 번 물건을 구매하면, 그 물건이 좋든 싫든 계속 사용하게끔 기존 제품에 고객의 선택을 가두는 현상이다. ―옮긴이)라 불렀다. 이것은 화석연료를 이용하는 '과학기술―사회제도 복합체'에게 통상적인 일이다. CCS 기술은 현상유지를 강화하고 이론상으로 화석연료의 시대를 몇백 년까지 연장시킬 것이다. 재생가능한 에너지

프로젝트와 달리 CCS 기술은 다국적 석유기업이 과학기술과 노하우, 자본에 투자한 것들을 보존해준다. 매립 방법은 배기가스를 줄이지만 그와 동시에 이산화탄소 배출 기간을 연장시킨다. 그리고 CCS 기술은 수십억 달러의 보조금 없이는 진행될 수 없기에 정부 재원을 고갈시킨다. 그래서 내구성과 비용 효과가 더 좋은 정책이 입안되는 걸 지연시키고, 자원을 유용해서 로테크 해법을 사용하지 못하게 한다.

미국의 원자력 안전기술 개척자 앨빈 와인버그Alvin Weinberg와 그의 동료들은 〈에너지 정책Energy Policy〉에 기고한 통찰력이 돋보이는 소론에서 CCS 기술을 '파우스트적 거래Faustian bargain'라고 불렀다(유능한 학자 파우스트와 악마 메피스토펠레스 간의 거래를 비유한 표현으로, 악마와의 거래를 뜻하는 말이다. ―옮긴이). 2006년에 사망한 와인버그는 CCS 기술이 "전 인류가 화석연료에 더욱 의지하도록 만들어서 나중에 변화하기 더 어렵도록 고착시키는 일"이라고 결론지었다. 2009년, 스웨덴의 과학자 그룹이 24명의 CCS 기술자들과 인터뷰한 결과를 출간했는데 그곳에서 와인버그의 예측이 옳았음이 증명되었다. 과학기술에 대한 낙관론자들은 CCS 기술 비용이 어느 정도인지 확신할 수 없으며 추후 상승할 가능성이 있다는 점을 인정했다. 또 많은 이들이 "다음 세대의 걱정거리가 되도록 수천 년 동안 땅에 이산화탄소를 묻어두는 게" 어째서 지속가능성 있는 일인지 설명하기 곤혹스러워했다. 몇몇은 이 기술이 너무나 복잡해서 관리가 불가능해질 것이라는 우려를 표명하기도 했다. 또 CCS 기술을 위한 자금 조성으로 인해 태양력과 풍력 등 친환경 에너지를 위한 기금 조성이 어려움을 겪게 될 수 있다고 털어놓기도 했다. 스웨덴 과학자들은 CCS 기술에 쏟아지는 정치과학의 햇살이 그 어두운 불확실성과 지식 격차를 정확히 비추어 드러내지 않는다는 결론을 내렸다. 탄소에 맞서는 과학기술이 다급하다는 현실을 "불확실성을 외면할 핑계"로 삼아서는 안 된다.

오늘날 과학은 강박적으로 지구 전체를 관리·경영하고 미래를 위한 거창한 계획을 제공한다. 지구온난화에 맞서 싸우기 위해 독일과 캐나다의 과학자들은 아황산가스를 대기에 분사해서, 화산이 분화할 때와 같은 방식으로 햇빛이 편향되도록 하자는 제안을 내놓았다. 하지만 이 프로젝트는 매년 500억 달러의 비용이 들고 오존층을 엉망으로 만든다. 한편 사람들을 의학적으로 재설계해서 고기를 적게 먹고 호빗Hobbit과 같은 외모를 갖도록 해 기후변화를 견뎌내게 하자는 제안이 나오기도 했다. 매튜 라이오Matthew Liao는 과학적 개입에는 "이타심과 감정이입의 약리학적 상승"이 포함될 것이라고 말했다. 하지만 이 프로젝트에는 단점이 있다. "우리 스스로와 다음 세대가 심각한 위험부담을 감수하지 않도록 하면서 지구공학을 창안하고 시행할 과학적 지식이 여전히 부족하다."

거대사고Big thinking는 재생가능한 에너지계까지 침략하고 있다. 많은 물리학자들은 우주의 거대한 플랫폼에서 태양에너지를 만든 다음, 전세계 소비자에게 무선으로 전송할 수 있을 거라 믿는다. 비용이 가장 중요한 문제로 대두할 것이라는 사실을 과학자들은 인정하면서도, 과학이란 실현가능성이라고 덧붙였다. 뉴욕 대학교 물리학 교수인 마틴 호퍼트Martin Hoffert는 이라크를 침략하는 것보다 더 복잡하고 비용이 많이 들어갈지라도 군산복합체적 사고방식을 태양에너지에 적용시키는 것이 필요하다고 생각했다. "우리는 로마가 노예제도를 기반으로 돌아갔던 것과 마찬가지로 에너지를 기반으로 하는 사회를 갖고 있다. 하지만 경제와 에너지 환경이라는 벽에 부딪쳐왔다. 그 벽을 넘어 앞으로 나아가게 해줄 길은 바로 우주를 기반으로 하는 태양에너지다. 태양에너지야말로 지구상에 지속가능한 고도의 과학기술 문명을 유지하게 해줄 대안이다.”

과학자들이 더 크고 비용이 많이 드는 에너지 망상을 품고 있을 때, 석유와 천연가스 산업체는 과학기술로 탄화수소의 생명주기를 연장했다. 하지만 지구상에서 가장 강력하고 규모가 큰 이 산업계는 19세기 노예 소유주들이 노예제도 폐지 주장에 부정적이었던 것과 마찬가지로 과학과 혁신에 부정적인 의견을 내보인다. 석유와 천연가스 기업은 총매출의 3퍼센트만 기본적인 연구개발에 사용한다. 지구상의 다른 비즈니스 분야와 비교해보면 턱없이 적은 수치다. 영민한 미국의 석유경제학자 필립 벌리거Philip Verleger에 의하면 에너지 기업들이 하는 일은 “에너지를 발견하고 수송하고 변형시키고 유통”하는 것이다. 그래서 “일반적으로 이런 기업들은 기발한 재주로 수익을 올리기보다는 상품 가격 인상을 통해 이익을 얻는다.” 기업이 과학에 에너지를 투자하는 비율은 1991~2003년 사이 50퍼센트까지 축소했다. 최근 업계에서 ‘혁신적’이라고 광고하는 과학기술 대부분은 전혀 혁신적이지 않다. 무생물 노예를 이용하는 현장 역청 복구와 수압 파괴기술 그리고 심해 조파법은 30년도 더 지난 과학기술이다. 미국 정부의 에너지 연구 역시 극적으로 퇴조해서 현재는 GDP의 0.03퍼센트 정도만 사용한다. 2006년 그레고리 네멧Gregory Nemet이 캘리포니아 대학교에서 시행한 연구에 의하면 에너지 과학에 대한 정부와 민간 투자는 놀라울 정도로 줄어들었다. "현재 우리 사회가 당면한 주요 에너지 관련 난제와 맞서 혁신적인 전략을 차용할 수 있을지 우려될 정도다."

* * *

문명의 붕괴 원인을 연구했던 인류학자 조지프 테인터는 현대 석유 문화가 "에너지-복잡성 나선형 과정"에 진입했다고 주장한다. 화석연료가 과학적인 방법으로 더 나은(더 편안하고 안락한) 생활을 영위하게 해주겠다고 장담하지만, 그 에너지는 너무나 많은 기계 노예를 만들어낸다. 그리하여 평균적인 북미 가정에서는 갈수록 빨라지는 하인들의 속도와 더불어 그 복잡성을 관리할 수 없을 지경이 되었다. 자동차와 아이팟, 텔레비전, 용광로, 고속도로, 휴대전화기, 말하는 변기통 등을 유지·관리하는 일과 그 비용 및 사회에 미치는 영향은 정서적으로나 영성적으로 부담스러운 세금이 된다고 테인터는 말한다. 전형적인 로마의 가정에서는 인간 노예 6명을 부렸다. 그에 반해 평균적인 북미 가정에서는 400명의 무생물 노예를 데리고 있다고 테인터는 추정한다. 노동력과 시간 절약용 기기에 동력을 제공하는 콘센트에 달린 노예만 30명이다. 이렇게 많은 노예가 생기면서 "할 일은 너무 많은데 일할 시간은 충분치가 않은" 세상이 되었다. 그래서 엄청난 수준의 복잡성이 도래했다고 테인터는 분석한다. "사회가 복잡해지면 비용은 더 늘어난다."

테인터가 보기에, 우리 사회는 지친 봄을 이끌고 나선형 계단을 기어 올라가는 형국이다. "복잡성이 커진 것은 여분의 에너지 때문이다. 또 복잡성이 커진 이유는 우리가 문제를 해결해야만 했기 때문이다.

복잡성은 에너지를 더 많이 생산할 것을 요구한다. 이것이 바로 지난 2세기 남짓 동안 우리가 살아온 나선형 변동 과정이다. 지금까지는 이런 나선형 과정에 잘 대응해왔다. 우리가 해결하려고 마음먹은 문제를 처리하고 수요를 충족시키기에 충분할 정도로 에너지와 다른 자원의 생산량을 꾸준히 늘려왔다." 하지만 연안 석유와 역청, 셰일 오일 등 극한 조건의 탄화수소에 의존하는 일이 잦아지면서 에너지는 비싸지고 환경적인 비용도 늘어나게 되었다. 그 결과, 값싼 에너지에 의존하던 과학기술의 몸집은 점점 불어났지만 체력은 형편없이 약해졌다.

오늘날 활용할 수 있는 대안도 제한적이라고 테인터는 결론지었다. 물론 우리 사회가 자발적으로 석유를 덜 시추하고 과학에 대한 지원을 덜 할 수 있다. 에너지 수요 역시 세금과 석유 배급제 등의 방법으로 통제할 수 있다. 아니면 인구를 줄이고 "기술적 해법"을 신께 기원할 수도 있다. 하지만 대부분의 석유기업과 마찬가지로 우리 사회의 지도층은 심장마비를 겪는 한이 있어도 사다리를 올라가려 한다. "에너지 공급 감소나 정지 상태에서 복잡성이 늘어나면 전세계적으로 생활수준이 낮아질 것이다. 하지만 명백한 위기를 찾아볼 수 없는 까닭에 이런 생각을 지지할 사람은 거의 없다. 그러므로 현재와 미래에 필요한 지원을 유지하기 위해서는 인구 1인당 에너지 효율성을 높여야만 한다. 에너지의 이용가능성을 물리적으로 늘리든지 아니면 기술·정치·경제적 혁신으로 기본 생활을 유지하는 데 드는 에너지 비용을 낮추는 방법을 택해야 한다. 물론 이런 혁신을 이루는 데는 에너지가 필요하다.

테인터의 결론은 석유국가petrostate(국가가 독점적으로 석유를 생산하고 관리하는 국가를 지칭. ─옮긴이)나 석유 로비스트들 사이에서는 논의되지 않는다. 하지만 자발적으로 석유 소비를 줄인다고 해서 당면한 난제가 사라지는 건 아니다. 토양 오염에서 도시 과밀과 식량 부족에 이르는, 앞으로 닥칠 문제들은 십중팔구 더 많은 에너지와 복잡성을 요구할 것이다. "이번 세기가 지나야 비로소 비화석연료 에너지가 사회 문제를 해결하기에 충분한지 혹은 그 에너지를 신속하게 증가시킬 유연성이 있는지 여부를 알게 될 것이다." 테인터의 예측이다. 테인터는 우리가 화석연료의 사용을 멈추는 일은 "어쩔 수 없이 강요받는 상황이 닥쳐야만" 가능하다고 생각했다.

100여 년 전 프레더릭 소디는 탄화수소를 채굴하고 무생물 노예에 연료를 대는 일이 결국에는 "정상적이고 건전한 성장보다 화산처럼 폭발하는 성장"을 야기할 것이라고 경고했다. 이 화산 폭발은 "더 빠른 속도와 더 많은 양으로 (…) 고여 있는 연못을 고갈시키는" 결과를 초래했다. 에너지를 무한정 사용하는 자유의지론자와 "자신의 연구로 인해 발생하는 근본적인 사회 격변에 대한 책임"을 지지 않는 과학자들을 보면서 소디는 심판의 날이 다가오고 있다고 생각했다. 그의 예견에 따르면, 심판의 날이 되어서야 과학자들은 보존에 대해 더 많이 이야기하는 대신 개발에 대해 덜 이야기할 것이다.

10장
롤러코스터를 타는 석유국가들

"석유는 특별한 정서와 기대감을 부추긴다.
석유 자체가 무엇보다도 큰 유혹이기 때문이다.
안락함과 부, 힘, 성공, 권력의 유혹이다.
역겨운 냄새가 나는 이 더러운 액체는 하늘로 솟구쳐 올랐다가
돈벼락이 되어 쏟아진다."
— 리스자르트 카퓨신스키Ryszard Kapuscinski, 《왕들의 왕Shah of Shahs》, 1982

북미 사회에 급속하게 스며든 에너지의 영향력을 살피던 사회학자 프레드 코트렐이 가장 먼저 놀란 건, 석유가 초래한 핵가족화와 국가 권력 강화현상이었다. 부모와 조부모를 공장으로 내몰아 에너지 노예 군단과 함께 값싼 물건들을 생산하게 강요한 정부는 가족이 맡던 일들을 대신하도록 학교, 병원, 복지사업을 제공했다. 기계 농노와 그들이 만든 값싼 소비재가 기하급수석으로 증가하면서 성부는 감녹관과 과학자 그리고 다른 관리자들을 고용해야만 했다. 미친 듯이 사용하는 에너지를 통해 자본이 정신없이 늘어가자, 국영은행과 세금 징수원이 필요해졌고 전분적인 재무 담당자를 통한 모니터링도 필요했다. 대체적으로 높은 에너지 흐름은 사회의 복잡성을 증가시킬 뿐만 아니라 화산 분출과 같은 성장을 관리하기 위해 국가 권력을 집중화시킨

다. 소위 말하는 록펠러 신드롬Rockefeller syndrome(넬슨 록펠러와 그 가문이 그랬던 것처럼 부유한 엘리트 계층이 세상을 다스리려 노력하고 그 지배력을 계속해서 유지하려고 애쓰는 현상. —옮긴이)이다.

하지만 석유는 그 이상의 일을 해냈다. 세계 산업 부문 최초로 10조 달러 규모를 돌파한 석유산업의 수익은 정치과학자들이 석유국가petrostate라 부르는 새로운 역기능 정치체제를 만들어냈다. 고도의 개인주의를 자랑하는 기이한 형태의 석유 왕국 대부분은 현대인의 방탕한 석유 소비나 검은 금의 수익성 덕에 생겨났다. 1930년대 이후 북미 지역 자동차 소유자들은 외국산 석유를 구매하면서 전세계 독재정부와 혁명, 정치 부패에 한 몫을 거들었다. 세계 최초의 석유국이자 실속 없는 거창함으로도 세계 제일인 미국은 뻔뻔스러운 석유국가 체제를 만들었다. 오늘날 텍사스와 오클라호마, 루이지애나, 알래스카, 캘리포니아 주는 (캘리포니아를 제외한 나머지 주는 공화당 지지 지역이다) 미덥지 않은 중동의 형제들처럼 굴고 있다. 이 주에서 시행하는 극단주의적 에너지 정책은 미국 문화를 장악하고 있다. 사실 신의 섭리를 내세운 석유 숭배사상에 힘입은 석유국가는 미국을 비롯한 전세계 국가들을 세 가지 범주로 나누었다. 석유에 관한 한 세상에는 주인과 교역자, 노예만이 존재한다.

석유산업은 지구상에서 독특한 위치를 차지한다. 매년 땅에서 2조 3,000억 달러 가치가 나가는 석유와 천연가스를 추출하여 세상에서 가장 높은 수익을 내는 사업이다(미국 석유기업들만 해도 석유 채굴을 통해 한 해 30억 달러의 수익을 거두고 있다). 교역량과 가치, 수송능력 면에서 보면 석유와 석유 관련 연료가 지구촌 교역에서 차지하는 비중은 그 어떤 상품보다 더 높다. 검은 금은 최대의 인공에너지 흐름을 보여줄 뿐 아니라 단일 품목으로 부의 이동을 가장 크게 이루어낸 주역이기도 하다. 석유업계 종사자들조차 석유와 돈 중 무엇이 먼저 바닥날지 모르겠다고 말한다.

공개적이든 아니면 은밀한 루트를 통해서든, 석유를 주요 재원으로 삼는 국가는 전세계에 9개국 이상이다. 이들 국가의 정부는 매년 7,000억 달러의 보조금을 통해 휘발유 구매자와 석유 채굴업자에게 상당한 액수의 돈을 되돌려준다(OECD에 의하면, 이런 보조금이 없어질 경우 전세계 온실가스 방출량은 10퍼센트 정도 줄어들 것이라고 한다). 수익을 기준으로 뽑은 세계 최대 기업 중 7개가 국영 석유기업이거나 민간 석유기업이다. 7개 기업 중 둘은 중국 공산당의 소유다. 나머지 다섯 개 기업은 미국 내 석유 탐사와 정유생산, 휘발유 판매 대부분을 통제하고 있다. 석유를 판매하는 러시아나 중동과 같은 지역의 잉여는 기록적인 증가세를 보이고, 석유를 구매하는 북미와 유럽 등지의 부채는 쌓여간다.

석유의 지배적 지위는 다른 형태로도 나타난다. 칫솔과 아스파라거스, 컴퓨터를 비롯한 거의 모든 상품에 석유가 들어 있다. 1965년 3,500만 배럴에 달했던 전세계 석유 하루 소비량은 2009년에 들어서면서 8,400만 배럴로 늘어났다. 전세계 석유의 5분의 1을 소비하는 미국인은 배당된 석유의 70퍼센트를 자동차, 트럭, 비행기와 같은 기계 운송용 노예의 먹이로 사용하고 있다. 또 채굴업과 정유업을 통해 지구상에서 유례가 없었던 액체 폐기물과 고체 폐기물이 만들어진다. 미국 석유업계에서 배출하는 염분 있는 방사성 폐수의 양은 석유보다 더 많고, 매년 바다로 누출하는 탄화수소 양은 평균 3만 8,000톤이다. 그 과정에서 미국 석유업계는 전세계에서 가장 많은 담수를 소비한다. 탈루성 배출(물리적으로는 통제되지 않으나 의도적 또는 비의도적으로 온실가스 방출을 가져오는 배출. ─옮긴이)이 만연해서 매일 물과 공중으로 빠져나가는 석유는 5만 배럴 이상이다(이것은 인간 노예 45만 명이 도망간 것과 진배없는 일이다). 루이지애나 주립대학교의 폴 템플릿Paul Templet에 따르면 정유사업을 통해 방출되는 작업단위 당 오염물질은 1,048파운드로 추정되는데, 이는 제지업(460파운드), 플라스틱 제조업(222파운드), 담배 제조업(61파운드)에 비해 훨씬 높은 수치다. 채굴작업과 오염물질 배출로 인해 페르시아 만과 오만 만Gulf of Oman 그리고 세계 최대의 삼각주로 손꼽히는 나이저 삼각주와 미시시피 삼각주는 심각하게 오염되었다.

석유국가라는 표현을 처음 고안한 사람은 정치과학자 테리 린 칼Terry Lynn Kar이다. 미국에서 가장 혁신적인 정치사상가로 손꼽히는 칼은 1970년대에 OPEC에 관한 연구로 학문의 첫발을 내디뎠다. 미국 국내 석유생산이 정점을 찍자 석유 금수조치로 미국의 운전자들이 유정 펌프 앞에 줄을 서도록 만들면서 이 애송이 산업의 독점적 행태는 더욱 힘을 얻어갔다. 그보다 10년 앞선 시기에 석유 수출국들은 자국민에게 적절한 수익을 확보해주려는 의도를 천명하며 카르텔cartel(한 상품 또는 상품군의 생산이나 판매를 일정한 형태로 제한하거나 독점할 목적으로 조직된 연합체. ─옮긴이)을 형성하고 있었다. 그 전까지는 베네수엘라만이 다국적 석유기업과 50:50 수익률 배분 협정을 맺고 있었다.

칼은 베네수엘라의 후안 파블로 페레스 알폰소Juan Pablo Pérez Alfonzo

와 인터뷰를 진행한 적이 있었다. OPEC을 탄생시킨 이 거침없는 인물은 OPEC 이야기는 지루하다고 말하면서 그 대신 석유가 단일 민족국가의 성격을 어떻게 바꾸어놓았는지를 살펴보라고 제안했다. "주변을 둘러보라. 폐기물과 정치부패, 대량소비, 공익사업의 와해……. 우리 삶의 조건은 더 나아지지 않았다. 우리는 악마의 배설물 속에 빠져 익사하고 있다." 페레스의 말이다. 그는 석유로 인해 "우리는 멸망할 것"이라고 예언했다.

페레스의 말을 머릿속에서 떨쳐버릴 수 없었던 칼은 석유가 한 국가에 미치는 영향력에 관한 조사를 체계적으로 실행하기 시작했다. 노르웨이, 알제리, 베네수엘라, 쿠웨이트, 나이지리아, 사우디아라비아와 같은 국가를 대상으로 한 이 연구를 통해 드러난 사실은 산유국을 격노케 했지만 급기야 〈타임스〉가 선정한 "세상을 바꾼 10가지 아이디어" 중 하나로 선정되기에 이르렀다. 칼이 살펴본 모든 곳에서 석유는 경제성장의 속도를 늦추고 불평등을 야기했으며 독재정부를 후원하고 있었다.

칼의 이 중대한 연구는 경제학자들이 소위 '자원의 저주Resource Curse'라 부르는, 오래된 역사를 지닌 현상을 근거로 삼고 있었다. 기록에 의하면 자원 빈국은 일반적으로 자원 부국보다 더 높은 성과를 내왔다. 희소성은 혁신과 회복력을 낳기 때문이다. 16세기에 재정이 제한적이었던 네덜란드는 황금이 넘쳐나는 스페인보다 경제적으로 앞서 있었다. 캐나다의 위대한 경제역사학자 헤럴드 이니스Harold Innis는 1930년대에 캐나다처럼 모피나 삼림 교역에 의지하는 단작경제체제는 국가의 이해관계와 행동양식도 그 산업에 의해 독점당하는 현실을 목격했다. 이니스는 이를 "주요소 이론staple theory"이라 일컬었다.

그리고 칼의 획기적인 연구는 이 이론을 진일보시켰다. 칼은 석유가 풍부한 고에너지 국가에서는 민주주의가 성숙하지 않는다는 점을 발견했다. 그 원인은 너무나 많은 부가 몇몇 엘리트 계층에게 집중되기 때문이었다. 과거 황금 호황기와 마찬가지로 검은 금의 호황기는 경제 열풍을 일으켰지만 동시에 권력의 집중화 현상도 불러왔다. 칼의 획기적인 분석 내용이 담긴 1997년의 역작 《풍요의 역설the paradox of plenty》을 살펴보면 석유 수출국의 심리를 알 수 있다. 석유가 국가 수출의 30퍼센트를 차지하면 그로 인해 발생한 수익이 나라를 석유 본위로 이끈다. 이는 인간 노예제도가 생기면서 로마와 브라질, 미국 남부가 변화했던 것과 같은 식이다.

칼은 모든 석유국가가 비슷한 특성을 보인다는 점을 밝혀냈다. 석유 호황기는 미친 듯한 소비만 부추기는 게 아니었다. 형편없는 국정 운영기술, 무익한 조세체제, 정치적 극단주의, 독재정권의 장기집권과 같은 일들도 일어났다. 칼은 또 다른 소론을 통해 "석유국가를 위태롭게 하는 것은 고갈될 자원을 이용하는, 지속불가능한 개발 궤적에 의존하는 일"이라고 적었다. 예외가 거의 없었다. 노르웨이도 국가가 석유 본위로 변하는 위험한 징후를 보여주었다. 석유산업 옹호론자들은 대개 석유로 거두는 수익이 석유국가의 부패와 타락에 아무런 책임이 없다고 주장한다. 석유업계의 고위직과 더불어 미국 부통령까지 역임한 경력을 자랑하는 딕 체니Dick Cheney는 "선하신 하나님은 민주적 정부가 있는 곳에는 석유와 천연가스 자원을 주지 않는 것이 좋다고 생각하셨다."라고 설명한다. 하지만 캘리포니아 대학교의 마이클 로스

Michael Ross와 같은 학자는 "이런 국가들이 독재정권과 폭력적 충돌, 경제적 혼란을 겪는 이유는 석유를 생산하기 때문이다. 그리고 석유 수입국의 소비자들이 그 석유를 사가기 때문이다."라고 설명한다.

지대와 로열티의 형태로 쏟아져 들어오는 달러를 주체하지 못하는 석유국가는 당장 세금을 낮춘다. 그러면서 "무대표 무과세no taxation without representation"(국민 스스로 선출한 국회의원의 승인없이 정부가 국민에게 과세하는 것은 부당하다는 이념을 나타내는 말. 미국 독립전쟁 때의 슬로건이기도 했다. —옮긴이)로 대변되는, 초기 민주주의 개척자들을 비웃는다. 사실 세금을 업신여기는 것이야말로 석유국가의 가장 큰 특징이라고 볼 수 있다. 이라크에서 사우디아라비아에 이르는 석유 수출국에서 시민들은 직접 소득세나 판매세를 거의 내지 않는다. 아랍에미리트 연합은 세계에서 가장 낮은 세율을 자랑한다. 텍사스와 와이오밍, 알래스카처럼 진정한 의미의 석유국가 체제를 갖춘 주에서도 소득세는 찾아볼 수 없다. 루이지애나 주의 재산세는 미국에서 가장 낮다. 알래스카에는 판매세가 없다. 캐나다에 있는 유일한 석유국가 체제, 앨버타에서도 판매세를 부과하지 않는다. 그래서 앨버타의 기업들이 내는 세금과 소득세는 캐나다 대륙에서 가장 적다. 석유국가 체제에서 사는 사람들은 놀랍도록 정치에 무관심하고 석유의 지배자들에게는 민망할 정도의 충성심을 보인다. 유엔개발계획UNDP의 2004년 '아랍 인간개발보고서Arab Human Development Report'에 의하면 이런 조세구조는 "주민들이 정부에 저항할 기회를 최소화"시킨다. 그 어떤 부담도 지지 않았기 때문에 그 어떤 권리도 주장할 수 없는 것이다. 정부 의안 실행에 들어가는 비용을 석유를 이용해 충당할 경우, 국가는 석유 개발을 지원할 것이고 급기야 국민을 대변하는 일을 그만두게 된다. 이뿐만이 아니다. 석유국가는 석유 호황기에 도박꾼처럼 돈을 써 댄다. 이런 습성 때문에 국민들은 세상에서 가장 변덕스러운 원자재가 만들어놓은 재정적 롤러코스터에 올라탈 수밖에 없다. 멕시코와 나이지리아, 사우디아라비아, 아랍에미리트 연합, 인도네시아, 앨버타 등 석유국가들은 하나같이 석유가 지닌 변덕스러움의 증거가 되었다. 석유 자본으로 학교와 도로, 병원을 세운 곳에서는 석유 가격이 하락할 때마다 관련 서비스가 위축되거나 아예 이루어지지 않는 일이 발생한다. 석유 본위로 돌아가는 공익사업은, 곧 공공부문 신뢰도가 낮아진다는 의미다.

석유국가는 석유를 통해 연간 최대 2,000억 달러에서 최소 200억 달러에 달하는 많은 돈을 벌어들인다. 그래서 결국 속담에 나오는 꿀단지가 되어 온갖 벌레가 꼬여든다. 송유관 누수와도 같은 타락과 부패가 일상이 된다. 한 석유 수출국의 재무장관은 "사람들은 도둑질을 한다. 도둑질하지 않을 이유가 없기 때문이다."라고 언급했다. 또 이런 석유국가들은 석유로 벌어들인 수익의 상당 부분을 군사력에 쏟는다. 칼에 의하면 평균적인 개발도상국의 군비는 1년 예산의 12.5퍼센트 정도라고 한다. 하지만 석유국가에서는 이야기가 달라진다. 에콰도르는 2007년 예산의 20퍼센트를 군비로 사용했고, 사우디아라비아는 자그마치 35.8퍼센트를 군비로 썼다. 동유럽권과 쿠바에 값싼 석유를 공급하던 구소련은 1년 예산의 30퍼센트를 미사일과 탱크에 쏟아부었다. 칼은 다음과 같이 언급했다. "군국주의의 확대 양상은 충격적이다. 1984~1994년 사이 10년 간 OPEC 회원국의 연간 군비 지출이 중앙정부 예산에서 차지하는 비중은 선진국과 비교하면 3배에 달하고, 산유국이 아닌 개발도상국과 비교하면 2~10배에 달하는 수준이다." 미국 군비는 고정 달러(기준년도의 물가지수로 조정해 인플레이션 부분을 뺀 실질 달러화 가치. ―옮긴이) 기준으로 봤을 때 1946년 450억 달러에서 오늘날 7000억 달러로 늘어났다.

석유국가들의 또 다른 공통점은 "네덜란드 병Dutch disease"이다. 이 용어는 어마어마한 천연가스가 발견돼 경제발전을 꿈꾸던 네덜란드가 오히려 경기침체를 겪었던 1970년대의 경험에서 유래했다. 이 질병의 첫 번째 증상은 자국 통화가 크게 팽창해서 지역 제조업체와 농산물 수출업자의 노고가 폄하되고 가격경쟁력을 잃는 것이다. 석유, 즉 탄화수소가 수출에 차지하는 비율이 높아지면 높아질수록 내수 경제는 공동화된다. 도시 근교의 맥맨션에 안락하게 자리잡았던 중산층 가정과 마찬가지로 석유국가는 아무것도 생산하지 않은 채 모든 것을 수입해 들여온다. 칼의 연구에 따르면 거의 모든 석유국가에서는 석유 호황기 동안 제조업과 농업 영역이 쇠퇴해, 나중에도 거의 회복하지 못한다. 구소련도 석유 때문에 8,000만 명의 농부들을 도시로 이주시킨 후, 어쩔 수 없이 곡물류를 수입하게 되었다.

석유를 이용해 수월하게 벌어들인 거금에 현혹된 석유국가는 엄청난 수의 외국인 노동자를 고용해서 자국의 궂은일을 시킨다. 사우디아라비아는 아시아에서 1,000만 명에 육박하는 뜨내기 노동자를 수입해 집을 짓고, 식사 시중을 들게 하고, 화장실 청소를 시켰다(사우디아라비아 왕국에서 하녀에 대한 처우는 로마 방식을 따른다. 말 안 듣는 이들은 단두대의 이슬로 사라지기도 했다). 기울어가는 석유 권력자인 미국은 지금도 수백만 명의 멕시코인을 입국시켜 농장과 가정에서 일하도록 하고 있다. 세계의 중유자본 역할을 하는 앨버타는 인구가 400만에 불과하지만 인구 1인 대비 단기고용 외국인 노동자의 수는 미국보다 더 많다. 석유 자원을 가진 나라의 국민에게는 노예를 부릴 여유가 있다.

석유 자본은 정당, 부족, 가족 단위로 나뉘었던 권력을 집중시키고 충성심을 돈으로 사며 반체제 인사를 하찮은 존재로 전락시키기도 한다. 석유는 정치 수명까지 돈으로 산다. 텍사스에서는 공화당이 90년 동안 집권하고 있다. 전제군주와 같은 독단을 일삼으며 부패한 모습을 보여주었던 혁명제도당Institutional Revolutionary Party이 멕시코를 70년 동안 장악했던 것은 멕시코의 가공할 석유 자산의 도움이 컸다. 이란의 국왕은 "위대한 문명"을 세우겠노라고 약속했지만 대부분의 평범한 국민에게 이란은 오하이오 주의 근교와 같은 모습이 되어갔다. 차이가 있다면 모든 전화 통화를 비밀경찰이 감시한다는 정도였다. 석유 자본은 인도네시아의 수하르토Suharto와 이라크의 사담 후세인, 베네수엘라 휴고 차베스Hugo Chávez의 장기집권을 공고히 해주었다. 리비아에서는 무아마르 가다피 대령Colonel Muammar Gaddafi의 42년 장기집권을 도와주기도 했다. 미국에 타르 역청을 공급하는 캐나다의 주 앨버타는 41년 동안 일당 독재체제를 유지했다. 정치 족벌주의의 수레바퀴에 윤활유 역할을 하면서 그 체제를 지속시키기로는 석유가 단연 으뜸이다.

요약해보면 석유국가는 정치 오페라의 자금을 대고 투명성을 멀리한다. 국민을 위해 희귀한 자원과 관련해 현명한 결정을 내리는 국정운영기술에는 관심이 없으며, 라스베이거스의 도박꾼들처럼 행동한다는 공통점을 지닌다. 모든 정치적 실수와 관료주의적 속임수, 제도적 부패와 타락을 석유로 일군 부가 덮어줄 것이라 생각한다. 국가로서의 소임을 다하는 석유국가를 찾는 것은 사우디아라비아에서 북극곰을 찾는 것만큼이나 기적이 필요한 일이다. "석유에 전적으로 생계를 의존하는 국가는 결국 경제적으로 가장 불안하고 가장 권위적이며 가장 사회적 충돌이 심한 나라가 될 것이다." 칼의 글이다.

세계 7위의 석유 수출국인 나이지리아가 겪었던 일을 살펴보자. 미국인 열 명 중 한 명은 자신이 부리는 엔진 달린 노예에게 나이지리아의 저유황 원유를 먹이로 주입한다. 하지만 나이지리아는 버클리 대학교의 지리학자 마이클 와츠Michael Watts가 "전형적인 산유국"이라고 나눈 범주에 속한다. 1960년대 나이저 삼각주에서 석유가 뿜어져 나오면서 석유 호황기를 맞자, 발아 단계였던 나이지리아의 민주주의는 위태로워졌다. 농산물 수출에 의지했던 나라 경제는 한순간 바뀌어 수익의 80퍼센트를 석유 수출에 의존하는 석유국가가 되었다. 와츠에 의하면 나이지리아 석유 자산의 85퍼센트가 인구의 1퍼센트에게 돌아간 반면, 하루에 1달러 미만의 돈으로 생활하는 빈민 비율은 종전 36퍼센트에서 70퍼센트로 늘어났다. 몇몇 자료에 따르면, 1970년 이후 나이지리아에서 벌어들인 4,000억 달러 소득 중 1,000억 달러가량은 부패한 관료들의 주머니로 사라졌다. 국제통화기금International Monetary Fund도 2003년 "석유가 생활수준 향상에 도움이 되는 것 같지 않다"는 점을 수긍했다. 1984년 경제학자 사이레 샤츠Sayre Schatz는 나이지리아의 석유가 경기침체를 낳았다고 주장했다. "활기차고 유능하고 지략이 뛰어나고 연줄이 든든하며 '운이 좋은' 대다수 기업가에게 (정치인, 공무

원, 군 장교도 마찬가지다) 생산적인 경제활동은 (…) 매력적이지 않았다. 정부 지출 분야에 접근해서 교묘하게 조작하는 일이 거금을 버는 황금문"이 되었다. 나이지리아에서는 이를 "해적 자본주의pirate capitalism"라고 불렀다.

석유국가는 사회적 배기가스를 방출해서 사회 구조까지 오염시킨다. 석유 자본은 정부기관을 흡수한 뒤 국영 석유기업이나 민간 석유기업과 특별한 거래를 하도록 만든다. 석유는 자본집약적인 자원이어서 나름의 엔지니어 계급을 필요로 하기 때문에 석유국가는 자원 개발자와 주종관계를 맺곤 한다. 토탈 그룹Total Group은 버마의 독재자들에게 재정을 지원했고, 쉘은 나이지리아의 군부에 자금을 댔다.

영국에서 석유 자산은 마가렛 대처가 성공을 거두는 데 재정적 밑받침이 되었다. 보수주의의 중진이자 페트롤리즘petrolism(석유정치)의 수장이었던 철의 여인 대처는 북해에서 경질원유가 발견되고 난 뒤 10년간 집권했다. 석유 자원의 발견은 파운드화 가치 상승을 견인했을 뿐 아니라 파산 직전에 놓였던 영국 재무부를 풍요롭게 만들었다. 북해에서 이라크, 쿠웨이트, 나이지리아보다 더 많은 석유를 생산하던 시기도 있었다. 1979~1990년 사이, 대처는 이러한 석유 자본을 이용해서 세금을 낮추고 정부 사업을 민영화했다. 노조를 공격하고 포클랜드Falkland에서 전쟁(연일 횡행하는 노조 파업과 만성적 국가재정 적자를 해결하기 위해 파격적인 긴축정책과 노조를 무력화시키는 정책을 펴던 대처 정권이 위기에 봉착할 무렵, 아르헨티나가 영국령 포클랜드 섬을 침공하였다. 영국 정부와 영유권 협상을 벌이던 아르헨티나가 돌연 군사행동에 돌입하자 대처는 신속하게 대응해서 2개월의 전투 끝에 승리를 거두었다. 이 일을 계기로 대처는 '철의 여인'으로 거듭나며 안정정적인 지지를 기반을 확보했고, 다음 총선에서도 압승을 거두며 장기집권을 시작했다. ―옮긴이)을 벌였으며 우익 방식의 영국 '혁명'(대처리즘으로 표방되는 '작은 정부와 시장에 대한 무한한 믿음'을 기조로 한 마가렛 대처의 정치활동을 가리키는 표현으로, '보수 혁명'이라고도 불린다. ―옮긴이)에 재정 지원을 했다. 영국의 제조업과 농업은 침체되었고 금융업은 하늘 높은 줄 모르는 성장세를 이어갔다. 대처는 석유를 "하느님이 영국 경제에 내려주신 은총"이라고 불렀다. 그의 아들(마크 대처)은 나중에 아프리카 적도 기니 정부를 전복하려는, 석유를 둘러싼 쿠데타에 연루되기도 했다. 하지만 전형적인 페트롤리스트답게 대처는 미래를 위한 자금은 단 한 푼도 아껴두지 않아서, 그녀의 정치적 유산은 암담한 처지에 놓이고 말았다. 2009년 〈뉴 스테이츠맨 *New Statesman*〉의 사설에는 다음과 같은 글이 실렸다. "(대처는) 유혈 사태와 전쟁을 통해 얄팍하고 질이 떨어지는 소비사회를 건설해놓았다. 이 사회의 원동력은 무의미한 구매 행위와 명성에 관한 강박증이다. 이런 점은 오늘날에도 여전하다."

노르웨이는 (캘리포니아와 함께) 비참한 석유국가 신드롬을 겪지 않은 예외에 해당된다. 민주적 정치제도를 수립했고, 단 한 번만 대규모 이민을 허용한 덕분이었다. 이 공평무사한 나라는 1960년대 연안 지역에서 석유가 발견되었을 당시, 부족하지 않을 정도의 다양한 어종 어업과 해운업, 농업을 중심으로 하는 경제제체를 갖추고 있었다. 노르웨이에는 1690년대부터 자리잡은 유능한 정부가 있었다. 그래서 세상에서 가장 강력한 위력을 자랑하는 석유산업은 노르웨이에서 숙련된 시민의 공복이 옹호하는 강력한 민주적 윤리와 맞닥뜨렸다. 그래도 석유산업으로 거둔 대박의 규모는 그야말로 초현실적인 수준이었다. 인근 해역에서 발견된 석유의 가치로 인해 노르웨이 유정 소유자들이 보장받은 수익은 일시불 2,500만 달러거나 연 배당금으로 1인당 125만 달러를 지급받는 식이었다.

이라크의 석유지질학자 파로우크 알카심Farouk al-Kasim의 도움을 받아 노르웨이 정부는 독특한 석유 정책을 수립했다. 이라크 정유사의 경영진이었던 알카심은 뇌성마비인 자녀를 안심하고 치료하기 위해 1969년 노르웨이인 아내와 노르웨이로 이주한 터였다. 노르웨이 정부에서는 당장 그를 고용했다. 지질학자로 활동하던 알카심은 국민을 위한 석유산업에 관한 백서를 썼다. 백서의 내용은 한마디로 매사를 천천히 하고, 돈을 저축하라는 것이었다. 이후 카심은 독립적 감시기구인 노르웨이 석유위원회Norwegian Petroleum Directorate를 설립한 뒤 그 수장이 되어 적절한 수준의 석유 개발과 좀더 청정한 석유 시추환경 기준을 요구하고 있다. 1991년에는 정부가 석유연금기금을 조성해 현재 5,500억 달러의 자금이 쌓였다. 이 기금을 바탕으로 노르웨이는 석유 자원이 고갈되는 시기를 대비하고 있다. 노르웨이 정부는 석유 자본으로 국가 재정을 충당하려는 유혹을 떨쳐버리고 내국세에 의존하여 재정을 꾸려간다. 그 결과 노르웨이 정부는 자국 국민을 대표하는 기관으로서의 정체성을 유지하고 있다.

하지만 이런 노르웨이도 석유의 지배력에 속수무책으로 당한 일이 있었다. 노르웨이의 석유공사 스타토일Statoil은 높은 수익을 거두고 부를 축적하고 권력을 강화하면서 평론가 헤겔 리그비크Helge Ryggvik가 말한 '국가 안의 국가' 행세를 하기에 이르렀다. 노르웨이의 수도 오슬로는 파키스탄의 노동력을 빌려 맥맨션을 세웠다. 시간이 지나면서 석유산업은 "적정한 속도의 개발"이라는 노르웨이의 정책을 조금씩 바꾸었고 석유 가격이 떨어지자 노르웨이 최대 유정들을 고갈시켜 버리기도 했다. 석유산업의 지속적인 시추 작업은 "여러 면에서 석유화학 단지가 노르웨이 환경에서 주요한 장악력을 발휘하도록 했다. 이는 미국에서 군수산업이 차지하는 위치와 비슷했다." 리그비크의 언급이다. 그토록 칭찬받던 노르웨이의 석유기금도 쌓여가는 빚더미에 눌려 허덕이는 북미와 유럽의 석유 수입 경제에 투자되고 있다. 세계에서 가장 큰 규모로 열대우림을 옹호하는 나라임에도 불구하고 노르웨이는 목표하던 수준으로 탄소 오염을 제어하지 못했다. 석유를 기반으로 한 연어공장은 치명적인 바이러스로 바닷물을 오염시켰다. 소위 세계의 평화유지군이라 불리는 노르웨이가 전세계 11위의 무기 거래상이 되어버리기도 했다.

2008년 중동과 러시아를 둘러본 노르웨이의 저널리스트 시멘 새트레Simen Sætre는 터무니없는 석유 과잉이 초래한 결과를 이렇게 기술했다. "투르크메니스탄Turkmenistan에서는 대리석으로 도시를 세우고 있다. 쿠웨이트 사람들은 하루에 8분 정도 일한다. 걸프 만에는 세계에서 가장 높은 고층빌딩이 건설되고 있다. (…) 석유는 사람들로 하여금 사막이 녹화되고, 사회주의가 다시 태어나고, 일하지 않고 부를 창출할 수 있으며, 사람이 갈 수 없는 곳은 없다고 생각하게 만든다." 아부다비Abu Dhabi의 석유 엘리트 중 한 명은 섬에 자신의 이름을 새겨넣었는데, 2마일에 달하는 그 이름은 외계에서도 볼 수 있을 정도다. 이 억만장자는 200개의 자동차를 소유하고 있는데, 무지개 색깔별로 장만

한 럭셔리 메르세데스 7대도 여기에 포함된다. 석유광petromania들 때문에 사우디는 220억 달러를 들여 세계 최대의 공항을 지었다(이 돈 중 160억 달러는 순수한 노동의 대가로 사용되었다). 평균 온도가 섭씨 40도에 육박하는 두바이에서는 한 석유광이 10억 달러 규모의 실내 스키장을 세워놓고 매일 3,500배럴의 석유를 소비한다. 노르웨이인들도 이탈리아 대리석이 포함된 오페라하우스를 건설한다면서 8억 달러를 썼다. 100억 달러가 들어간 아폴로 달 착륙 프로젝트는 미국의 석유광들이 가장 반색한 일이었다.

석유국가는 가부장적 성향이 강한 편이다. 이는 이슬람과 아무 상관이 없다. 석유 자산과 폭등한 석유 통화 때문에 지역 농업과 소규모 수출 분야에서 전통적 형태의 여성 고용은 사라진 반면, 건설과 같은 남성적 분야는 강화됨으로써 생기는 현상이다. 이로 인해 발생한 사회적 결과는 치명적이라고 캘리포니아 대학교의 정치과학자 마이클 로스Michael Ross는 말한다. "이로 인해 출산율은 더 높아지고 여아 교육 수준은 낮아지고 가족에서 여성의 영향력은 줄어들었다." 여성의 주머니에 들어오는 돈이 줄어들면서 그들의 정치적 영향력도 줄어들었다. 경제적 기회가 줄어들자 여성들은 "근본주의 이슬람을 더 지지하게 되었다." 로스의 말이다.

대부분의 석유국가는 시민들을 값싼 석유로 매수해서 정부의 권력을 강화시켰다. 사우디아라비아와 중국, 말레이시아 그리고 대부분의 중동 국가들은 휘발유와 디젤 연료에 대해 보조금을 지급하고 있다. 가다피 통치 하의 리비아에서는 석유 1갤런이 50센트였다. 베네수엘라는 휘발유 1갤런을 12센트에 팔았다. 20세기 내내 미국인들은 휘발유

1갤런을 1달러 미만으로 구입했고 25센트 미만 가격으로 살 때도 있었다. 현재 미국의 평균 휘발유 가격은 갤런 당 4달러 정도지만 산업용 휘발유는 지금도 세계에서 가장 저렴하게 공급받고 있다(독일의 산업용 휘발유 가격은 미국의 2배가 넘는다).

2008년 몇몇 학자들이 일명 악마의 배설물이라 불리는 석유가 미국 정치를 더럽혔는지 아닌지 여부를 알아보는 연구에 착수했다. 학자들은 1929~2002년 사이, 자원이 풍부한 주와 적은 주의 모습을 모두 연구한 후 진정한 의미의 석유국가 체제를 이루는 텍사스와 루이지애나에 초점을 맞추기로 했다. 두 주의 정치인들은 석유 자본을 활용해 세금을 낮추고, 석유산업의 구미를 맞추는 방식으로 자신들의 지배력을 확장시키려 노력하고 있었다. 연구에 참여한 엘리스 골드버그Ellis Goldberg와 에릭 위벨스Erik Wibbels, 에릭 므부키예Eric Mvukiyehe는 "석유지대는 정치적으로 보수적인 것 같다. 석유지대는 정치 엘리트들의 권력을 유지하게 해준다. 이런 식으로는 정치적 반대편이 집권할 가능성이 적다. 게다가 자원을 통해 이룬 부는 경제성장을 약화시킨다."라고 말했다.

다른 많은 석유국가들과 달리 텍사스 석유 자산의 대부분은 사유지에서 시추된다. 그 결과 수십억 달러의 로열티와 임대료가 개인에게 흘러 들어갔다. 사유권은 자원이 공공기관에 미치는 영향을 완화시켰지만, 텍사스는 낮은 세금과 공공서비스 부문 최소화에 충실하면서 석유 왕국의 면모를 유지하고 있다. 이런 현실이 정치에 미치는 영향은 엄청나다. 석유 자본은 백악관에 네 명의 인사를 보냈다. 그 중 두 명은 저명한 석유업계 인사인 조지 H. 부시와 조지 W. 부시였다. 특히 아들 부시는 미국의 그 어떤 대통령보다도 석유산업의 재정적 지원을 두둑히 받았고 최소 30명의 로비스트와 업계 경영진을 정부 요직에 임명했다. 지금도 엑슨모빌을 필두로 한 빅오일(미국 대형 에너지 기업들을 일컫는 말. —옮긴이)은 공화당에 거액의 정치자금을 대고 있다.

루이지애나 역시 석유 자산의 힘을 희화적으로 보여주고 있다. 형편없는 플랜테이션 경제체제에 석유가 갑자기 등장한 1901년 이후 루이지애나에서는 선전선동과 정치세력의 부패, 환경오염 문제가 끊이지 않고 있다. 루이지애나는 미국 석유 생산의 10분의 1을 담당하고 있으며, 16개의 정유시설에서 매년 8억 대의 자동차를 가득 채울 만큼의 휘발유를 만들어낸다. 배턴루지Baton Rouge에서 뉴올리언스에 이르는 지역에 자리잡은 300개의 석유화학 공장은 일명 "발암 계곡Cancer Alley"이라 불리는 인근 지역을 오염시킨다. 하지만 석유 자본 수백억 달러가 루이지애나 경제에서 흘러나오기 때문에 주정부는 역설에 시달리고 있다. 2010년 〈워싱턴포스트〉 사설에서 스티븐 머프슨Steven Mufson은 루이지애나가 "미국 주 중에서 기대수명 기준 49위를 차지하고 있으며 유아사망률이 높기로는 2위, 강력범죄율 4위, 대학을 졸업한 25세 이상 인구비율 46위, 빈곤층 인구비율 공동 2위"라고 언급했다.

루이지애나에서는 석유가 발견된 이후 단 한 번도 깨끗한 선거를 치른 적이 없다. 가장 악명 높은 선동정치가 휴이 롱Huey Long 주지사도 처음에는 스탠다드 오일의 지배력과 맞서 싸우면서 석유채굴세severance tax를 인상하겠다고 장담했었다. 롱 주지사는 석유가 나는 주에서 "모든 사람이 왕"이 되게 하겠노라고 약속했지만, 석유 자본은 롱을 도와 정치 제국을 건설했다. 역사학자 마이클 사이너Michael Signer

는 그 제국이 "미국적 지배 행태라기보다는 남미 독재자의 지배 행태에 더 가깝다."라고 표현했다. 롱 주지사가 암살된 후에도 그의 측근이 수십 년 동안 선거에서 승리를 거두었다.

올리버 훅Oliver Houck은 루이지애나에 미친 석유의 영향력이 변형적이며 유례없이 독특하다고 설명했다. 툴레인 대학교에서 환경법학 교수로 일하는 올리버 훅은 이렇게 말했다. "우리 경제체제는 늘 플랜테이션을 기반으로 하고 있다. 석유와 천연가스는 플랜테이션 농경문화를 대신해서 석유와 천연가스 플랜테이션 문화를 만들어냈다." 석유는 주정부의 예산을 좌지우지할 뿐만 아니라 일상문화를 지배했다. 오리 사냥꾼은 연간 토지 임대를 위해 석유기업과 협상을 해야만 했고, 뉴올리언스 재즈 페스티벌의 후원사는 쉘 오일이었다. 뉴올리언스의 아메리카수족관Audubon Aquarium of the Americas에는 물고기가 가득 든 석유 굴착장치가 있어서, 수중생물과 석유가 양립할 수 있다고 홍보한다. 미국 환경보호국U.S. Environmental Protection Agency에서 전국적인 탄소 배출 규제를 제안하자 루이지애나는 네 통의 항의서한을 보냈다. 그 중에는 루이지애나의 환경부Department of Environmental Quality에서 보낸 것도 있었다. "석유는 우리 DNA에서 매우 큰 부분을 차지하고 있다." 훅의 말이다. 2010년에 일어난 BP의 딥워터 호라이즌 기름 유출사고 후에도 루이지애나 정치인들은 직무유기죄를 묻지 않았다. 오히려 미국 대통령을 비난했다.

알래스카는 또 다른 의미의 전형적인 석유국가 형태를 보여준다. 노스 슬로프North Slope에서 석유가 발견된 이후 세 개의 석유기업(BP, 엑슨모빌, 코노코 필립스)은 그 변경지역을 효과적으로 지배했다. 석유를

통해 일반 세입의 90퍼센트를 충당하는 알래스카 주정부는 석유산업
계가 원하는 모든 것을 대준다. 즉 가벼운 세금과 그보다 더 가벼운
규제를 부과하는 것이다.

　알래스카 주정부의 종속적인 정치문화는 그곳 주민에게 상당한 수
준의 석유기금을 주고 있다. 50여만 시민들은 소득세를 전혀 내지 않
는다. 석유 자원을 바탕으로 알래스카 영구기금Alaska Permanent Fund 제
도가 도입되어서, 모든 주민은 엄청난 규모로 석유의 혜택을 입게 되
었다. 2008년에 작가 척 톰슨Chuck Thompson은 이런 역설에 주목했다.

오늘날 알래스카는 공화당의 지역기반이라기보다는 석유의 봉토라고 봐야
한다. 1982년에 주를 매입한 석유업계는 오늘날까지 알래스카 사람들에게
연간 수익을 돌려주고 있다. 2007년에 알래스카의 거주민에게 돌아간 석유
기금은 1만 6,000달러에 육박했다. 자급자족하면서 검소하게 지내는 강인
한 개인에 대한 알래스카의 신화가 여전히 존재하고 있지만, 독립의 절실
함은 사회의 주권을 포기한 정도와 반비례한다.

　알래스카 횡단 송유관을 놓는 데 도움을 주었던 미국 공화당의 상
원의원 테드 스티븐스Ted Stevens는 40년 동안 사우디아라비아의 국왕
못지않은 권력을 휘둘렀다. 석유 가격이 떨어져 경기침체가 올 때마다
스티븐스는 엄청난 규모의 연방정부 보조금을 확보해서 적자를 모면
했다. 2006년 FBI 수사를 통해 한 석유화학 기업이 꿍꿍이를 가지고
알래스카 지역 정치인의 절반을 매수했다는 사실이 드러났다. 이 사건
에 연루된 정치인들은 "부패정치인 클럽Corrupt Bastards Club"이라는 별칭

으로 불렸다. 석유기업에 부과하는 세금을 계속 낮은 수준으로 유지하려는 음모였다. 정말 재미있게도 최근에 알래스카를 옥죄고 있는 석유에게 이의를 제기한 유일한 정치인은 세라 페일린Sarah Palin이다. 공화당의 포퓰리스트populist인 페일린은 민주당과 공조해서 알래스카의 석유기금을 더 확보하기 위한 새로운 조세정책을 관철시켰다. 하지만 부통령 후보로 뛰기 위해 페일린이 돌연 주지사 자리에서 내려오자 코노코 필립스의 로비스트였던 자가 그 자리를 차지하고 앉아 석유회사를 위한 세금 감면에 발벗고 나섰다.

자원의 저주에 관한 호소력 짙은(하지만 모든 내용이 정확한 것은 아니었다) 글을 선보인 콜롬비아 대학교의 경제학자 제프리 삭스Jeffrey Sachs는 루이지애나와 알래스카를 통해 현재 미국이 비정상적인 곤경에 처했음을 볼 수 있다고 주장했다. "전형적인 산유국"의 모습을 보인다는 것이다. 미국은 세계 최고의 석유 소비국이다. 하지만 연방정부는 낮은 세금과 수십억 달러의 석유 보조금을 통해 석유 가격을 낮게 유지하고 있다. "빅오일은 미국 정치에서 비정상적인 역할을 맡고 있다." 삭스는 〈워싱턴포스트〉의 스티븐 머프슨에게 말했다. "석유가 대통령을 뽑고 외교정책과 국내 정책 그리고 기후변화 관련 정책을 수립한다. (…) 결국 우리는 끔찍한 에너지 정책과 규제 실패라는 결과를 맞이하게 된다. 나이저 삼각수 사례를 통해 산유국이 환경을 어떻게 망쳐버렸는지 배웠음에도 불구하고, 현재 우리는 그와 똑같은 일을 우리 환경에 저지르고 있다."

종교적 극단주의는 주요 자원의 또 다른 친구다. 유니언 오일Union Oil 사의 회장 리먼 스튜어트Lyman Stewart만 근본주의를 부활시킨 게 아니었다. 사우디아라비아의 석유 자본은 오랫동안 와하비즘Wahhabism이라 알려진 극단적 이슬람 원리주의를 지원했다. 인종우월주의자인 이들은 코란을 자구대로 해석해서, 이 세상은 평평하다고 믿는다. 사우디아라비아를 벗어나면, 와하비 사상을 공유하는 이가 거의 없다. 하지만 석유는 이 "증오의 신앙"에 기운을 불어넣었다. 이 종파의 성직자들은 지금도 파키스탄과 아프가니스탄에서 테러리스트를 훈련시키고 있다. SUV 차량을 운전하는 거의 모든 사람은 자신도 모르는 사이에 이 종파의 부활을 위한 기금 조성에 도움을 주는 셈이다.

공평무사하면서도 놀랄 만한 이미지를 자랑하는 텍사스 석유업계의 거물 브라이언 버로우Bryan Burrough는 석유 자산이 북미 대륙에 새로운 정치적 극단주의를 태동시킨 과정을 기록했다. 1950년대까지 미국 보수주의는 인종차별주의자와 반유대주의자가 주류를 이루는 소수의 이데올로기였다. 우익 편에는 실질적인 식자층도 없고 정치적 기반 역시 전무했다. 하지만 제2차 대전이 끝난 뒤 소위 석유 재벌Big Rich이라 불리던, 수십억 자산을 자랑하는 텍사스의 네 가문이 상황을 바꾸어놓았다. 컬렌Cullen, 헌트Hunt, 머치슨Murchison, 리처드슨Richardson 가문은 미국의 고유 브랜드인 자유의지론libertarianism (또는 자유지상주의라 부른다. —옮긴이)을 위해 사우디아라비아에서 석유 자본이 와하비즘을 키운 것과 똑같은 일을 했다. 바로 소수 종파를 전국적인 실세로 승격시킨 것이다.

이 석유 재벌들은 타조를 타거나 할리우드의 신인배우와 데이트를 하고 남는 시간에 급진적이고 혐오스럽기까지 한 자신들의 관점을 설파했다. 이들은 뉴딜과 시민권, 자유주의자를 적대시했다. 이들은 돈

벌이를, 신에게서 계시를 받은 자유의 일종이라고 여기며 옹호했다. 메릴랜드 주와 메인 주처럼 멀리 떨어진 지역의 우익 정치인까지 후원했으며, 드와이트 아이젠하워Dwight Eisenhower와 린든 베인스 존슨Lyndon Baines Johnson의 대통령 선거운동을 지원하는 데도 중요한 역할을 했다. 이들의 반유대주의와 노골적인 인종차별은 많은 미국인을 질겁하게 만들었다.

1950년대 초반, 이들의 정치적 극단주의는 유정처럼 분출되어 조 매카시Joe McCarthy 상원의원에 대한 적극적인 지지로 이어졌다. 석유 재벌들은 위스콘신 출신의 이 공산주의자 사냥꾼을 환대하며 정치자금을 지원했다. 마녀사냥을 일삼은 위스콘신 상원의원의 성전에 석유 자본이 얼마나 큰 재정 지원을 했던지, 텍사스 언론에서는 매카시를 텍사스의 "세 번째 상원의원"이라고 칭하곤 했다. 석유 재벌들은 우익 미디어의 초석을 마련하기도 했다. 버로우가 싸구려 실황방송 산업이라 불렀던 사업을 "교육" 재단인 라이프 라인Life Line과 함께 지원했다. 이 재단에서 운영하는 라디오 방송은 개신교 원리주의와 정치적 메시지를 뒤섞어 석유산업에 대해 비판하는 개인과 집단을 공격했다. 이 방송에서는 사회주의자 간호사와 여류 명사가 나이 지긋한 부유층 백인 남성의 노력성을 갉아먹고 있다고 한탄하기도 했다.

극단적 정치사업에 석유 자본을 쏟아부은 것은 텍사스의 석유 재벌만이 아니었다. 필라델피아 선 오일 컴퍼니Sun Oil Company의 중역이자 개신교 원리주의자였던 J. H. 퓨J. H. Pew는 한때 미국에서 가장 부유한 사람 8위로 꼽혔다. 퓨는 기차를 타고 출퇴근을 하는 검소한 사람이었는데, 놀랄 정도로 다양한 우익단체와 조직에 투자했다. 미국 자유

연맹, 경제교육재단, 기독교 자유재단, 존 버치 협회John Birch Society 등
이 대표적이다.

가장 최근 모습을 드러낸 석유의 종교적 극단주의는 콘월 연맹
Cornwall Alliance이다. 화석연료를 신이 준 자유라고 홍보하는 복음주의
자, 경제학자, 우익 학자들이 모인 연합체다. 콘월 연맹은 주류 과학
에 의문을 제기하고 기후변화를 부인하며 환경운동을 "타고난 악native
evil"이라고 묘사하고 자유주의 경제를 지지한다. 최근에는 이산화탄소
가 오염물질이 아니라는 선언문을 내기도 했고, 또 다른 선언문에서는
"현대의 환경주의자들은 전세계의 자원을 집중화시킬 것을 요구하고
있다."라고 말했다. 콘월 연맹에서 발간한 책《그린 드레곤에게 저항
하기: 지배는 죽음이 아니다Resisting the Green Dragon: Dominion Not Death》
에서는 환경주의자 그룹이 "오늘날 사회와 교회에 가장 큰 위해가 되
는 집단"으로 묘사되었다. "그린 드레곤은 죽어야만 한다. (…) 역겨운
짐승이 뿜어내는 유해한 녹색 악취와 녹색 독트린에 취해 정신을 잃는
것은 변명의 여지가 없다." 그 책에 실린 선동적인 한 구절이다. 바람
과 햇빛처럼 재생가능한 형태의 에너지는 가난한 사람들을 위한 임시
방편일 뿐, 이제 원자력 에너지와 화석연료 시설이 "대규모의 일관된
경제개발 요구를 충족"시킬 수 있다고 말한다. 콘월 연맹은 미국 남부
노예 소유주에게 신의 섭리라는 교리로 했던 일을 석유를 위해 행한
다. 바로 주요한 에너지 시스템 곁에 신을 앉혀놓은 것이다.

기독교 윤리학 교수 데이비드 거쉬David Gushee는 2002년 인터뷰에
서 와하비즘과 흡사한 종교적 세계관을 보이는 현대 석유업계 종사자
와 복음주의 기독교인들의 관점을 다음과 같이 요약했다.

하나님은 창조 주권을 지니신다. 그러므로 인간에게는 영구적인 손상을 입힐 능력이 없다. 하나님은 지구를 인간에게 지배하라고 위임했으므로 우리는 경제발전이나 인간의 창의력을 이용하는 일을 두려워해서는 안 된다. 하나님이 정부를 세운 것은 국방 등 제한된 목적을 행하기 위해서였다. 그러니 정부는 자유시장 경제의 작용에 많은 개입을 해서는 안 된다. 공화당은 기후 문제에 관해 회의적인 태도를 견지해왔다. 우리는 그 정당 및 정당의 태도를 지지한다. 미디어에서는 기후변화에 대한 우려를 지나치게 강조한다. 도무지 믿을 수 없는 과학자들의 명령에 따르고 있다. 이 모든 일은 우리의 개인적 자유와 사업의 자유를 제한하고 더 많은 세금을 부과하려는 음모인지도 모른다. 환경운동은 세속적이고 이교도적이며 언제나 미국 자유에 위협적인 존재가 되어왔다. 훌륭한 세계관이라고? 나는 그런 말에는 단 한 자도 동의하지 않는다.

거쉬는 헌신적인 복음주의 기독교인이었지만, 인간이 부추긴 기후변화를 창조에 위협적인 존재로 보고 있다. 거쉬가 설명하듯 자기 편한 대로 만든 이 철학은 19세기 미국의 노예 소유주들의 생각과 그리 다를 바가 없다. 사실 노예제도를 옹호하면서 사람들에게 영향력을 발휘한 유일한 논리는 당시 복음주의 개신교 성직자의 말이었다. 대부분의 노예제도 찬성 글은 이들이 적은 것이었다. "내가 생각하기에 그 어떤 인간의 제도보다 더 하나님의 뜻에 부합하는 것이 민주적인 노예제도다." 한 소유주가 쓴 글이다. 이들은 이것을 신의 섭리라고 불렀다.

미국에서 가장 부유한 사람으로 손꼽히는 찰스 코치Charles Koch와 데이비드 코치David Koch 형제가 최근에 벌인 일련의 활동은 세계 최초의 석유국가에서 석유가 지속적인 장악력을 유지하고 있음을 단적으로 보여준다(이들의 아버지 프레드 코치Fred Koch는 화학공학자로서 스탈린이 15개의 정유시설을 세우는 일을 도왔다가 나중에 그 행동을 후회했다). 자유주의론자인 코치 형제는 알래스카와 텍사스, 미네소타에 정유시설 및 송유관을 소유하고 있다. 이들의 기업은 미국에서 가장 오염을 심하게 일으키는 기업 10위 안에 든다. 찰스와 데이비드는 케이토 연구소Cato Institute와 머케이터스 센터Mercatus Center를 재정적으로 지원했다. 두 연구기관은 지속적으로 환경운동가들의 기후변화 주장을 맹렬히 비난하면서 작은 정부를 요구했다. 하지만 코치 형제 최고의 업적은 미국번영회Americans for Prosperity를 설립해서 보수와 진보를 분열시킨 것이다. 이 기관은 티파티Tea Party 운동에 참여하는 사람들을 양성하고 재정지원하고 훈련시켰다. 티파티는 값싼 석유가 넘쳐나던 시대 초반 존재했던, 단순한 형태의 국가 재건을 목표로 삼고 있다. 석유업계의 재정지원을 받는 티파티의 정치운동은 더 많은 석유 채굴과 작은 정부를 지지한다.

여러 가지 측면에서 석유국가는 석유기업들의 탐욕과 오만함을 그대로 빼닮았다. 다국적 석유기업은 윤리적이거나 투명하게 운영된 적이 없다. 석유기업은 지속적으로 주정부와 시민들을 속이고 돈을 갈취한다. 빅오일은 오염과 그 밖의 문제에 대해서 거짓말을 할 뿐만 아니라 중상모략과 소송으로 비평가와 경쟁자들을 공격하는 일을 그치지 않고 있다(소송을 일삼는 미국의 유명한 행태는 아마도 빅오일에서 시작된 것 같다). 텍사스 철도위원회에서 광물관리청에 이르는 미국의 주요 석유 규제기관은 하나도 빠짐없이 부정 행위로 위태로운 지경까지 간 적이 있다. 석유국가와 마찬가지로 이들 규제기관들은 석유에 점령당해 갈등을 빚는다. 그 어떤 산업보다도 적은 노력을 기울여 더 많은 돈을 버는 것으로 유명한 석유기업들 역시 석유국가 못지않게 경박하고 낭비벽이 심하다. 부침이 그치지 않는 석유산업은 고용과 해고를 반복하기를 멈추지 않는다(석유기업의 피고용인들은 에너지 귀족층을 구성하면서 이 세상에서 가장 높은 급여를 받는 노동자로 손꼽힌다). 무분별한 시추작업과 수압 파쇄, 수질오염, 환경을 철저히 파괴하는 송유관 루트 등에 사람들이 반대 의견을 표명할 때마다 미국 석유기업은 지역사회 단체에 돈을 퍼부어주고, 스포츠 시설을 세우고, 공화당 후보들에게 정치 자금을 지원했다. 석유를 사랑하는 독재자와 마찬가지로 이들 석유기업은 노골적으로 돈을 이용해 동의를 사고, 침묵을 매수했다. 석유산업 분야가 미국 기업에 대한 여론을 지난 10년 동안 측정해온 갤럽의 조사에서 가장 낮은 점수를 받았던 건 당연한 일이다.

*　*　*

현재 석유와 천연가스 생산으로 세입의 30퍼센트 이상을 충당하는 국가는 전세계적으로 30여 개에 달한다. 이런 국가에서 수많은 것을 누리고 사는 고위층들은 18세기 노예와 플랜테이션 농장 소유주보다 더 부유하지만 가난한 사람들은 로마의 노예보다 못한 음식을 먹고 지낸다. 석유가 민주주의를 공고하게 만들어준다는 사실을 보여준 몇몇 국가에서도 석유 자산은 사회제도와 기본 원칙을 잠식해나갔다. 석유는 하나의 주인만을 섬긴다. 18세기 런던의 귀부인은 차에 설탕 한 스푼을 첨가하는 것만으로도 유혈이 낭자하는 끔찍한 노예무역과 연관을 맺게 되었다. 마찬가지로 오늘날 휘발유를 구매하는 행위는 모든 자동차 운전자를 석유왕국과 오염된 상수도, 정치적 부패와 연계되게 만든다. 가공할 석유의 논리는 결국 다음과 같이 귀결된다고 테리 린 칼은 말했다. "한마디로 국민을 대변하는 유능한 주정부를 세우는 것보다는 송유관을 놓는 편이 더 빠르고 쉽다는 것이다."

러시아의 저명한 물리학자 아나스타시아 마카리에바Anastassia Makarieva와 빅토르 고르시코브Victor Gorshkov는 최근 세계의 새로운 에너지 질서를 분석했다. "선진국은 말 그대로 내수시장과 외국 에너지 판매상에게 귀속된 경제적 노예가 되었다." 두 사람의 결론이었다. 두 물리학자는 2005년 전세계의 국내총생산을 미화 45조 달러 정도로 추산했다. 그 중 세계 GDP의 10퍼센트를 넘는 5조 달러는 에너지 판매상과 석유국가에게 곧바로 넘어갔다. 2005년에서 2009년 사이에는 석유 수출국으로 8,500억 달러가 추가적으로 더 넘어가게 되었다. 현재 전세계 GDP의 10퍼센트는 전세계 인구 중 0.1퍼센트 미만이 담당하는 고도의 전문화된 경제영역으로 흘러 들어가고 있다.

러시아의 과학자들은 석유국가에 사는 부유한 사람들을 "결원 인구vacant population"라고 불렀다. 노예의 노동력을 이용하는 카리브 해 플랜테이션 농장주가 자리를 지키지 않았던 것처럼 이들도 특별히 하는 일 없이 지내고 있다. 중동과 북미 석유 수출국의 경제적 부양율economic dependency ratio(비경제활동 인구에 대한 경제활동 인구의 백분비.—옮긴이)은 세계 최고 수준으로, 노동자 1인 당 2명의 비노동자를 부양한다.

노르웨이 같은 예외는 있지만 대부분의 석유 수출국은 석유 자본으로 이 세상을 분별력 있게 만드는 일을 한 적이 없다. 2002년 사우디 아라비아와 쿠웨이트는 세계 제일의 극빈국보다 과학 연구비용을 덜 썼다. 반면 이 두 나라는 GDP 중 평균 7퍼센트 정도를 총과 폭탄, 항공기 구입에 사용했다. 러시아의 두 물리학자는 다음과 같은 결론을 내렸다. "일반적으로 결원 인구가 맡은 활동은 경제적으로 경쟁력이 없는 것들이다. 최악의 경우에는 문명의 기반을 좀먹는 직접적 원인이 되기도 한다(테러리즘이 그 예다)." 마카리에바와 고르시코브는 석유 수출국에서 발생하는 이런 식의 장기적인 '결원' 상태는 문명의 "과학기술적 진보에 적극적으로 참여하는 것에서 배제되는 상황"과 거의 마찬가지라고 주장했다. 게다가 "이로 인해 교육수준 저하와 자격을 갖춘 전문가 실종, 전반적인 사회 붕괴가 야기되었다."

이 물리학자들은 자신들이 살고 있는 러시아가 역기능 석유국가임을 솔직히 인정하면서, 좀더 심층적인 분석을 했다. 대부분의 비평가들이 근대 경제사상을 비판한 것과 같이 이들은 "달러와 줄joule은 동일한 규모의 에너지를 각각 다르게 표현하는 계량 단위"라고 인정했다(그러니까 동일한 에너지를 줄로 표시하면 1줄이지만 달러로 표시하면 40달러가 된다는 의미. —옮긴이). 하지만 석유 수입업자들이 평균적으로 실제 석유 시추비용의 40배를 지불하는 상황을 염두에 두면 석유 자원을 소유한 사람들 때문에 전세계 국가 재정의 심각한 불균형이 촉진된다고 볼 수 있다. "유정 소유자가 받는 돈은 수행한 일과 일치하지 않는다. 석유 생산원가는 시장가격에 비해 아주 적기 때문이다. 다시 말해 (질량이나 에너지 흐름과 같은 정도의) 돈의 유동성이 갑자기 무한해진 것이다." 선진국들은 힘들게 얻은 잉여를 석유 주인들에게 점점 더 많이 주면서도 갈수록 심각해지는 환경과 기후문제를 다루는 능력은 잃어버리고 있다. "급격하게 증가한 에너지 비용을 부담하는 선진국의 경제는 이미 기능적으로 온전한 상태를 유지하지 못할 지경에 이르렀다."

러시아의 물리학자들은 새로운 해법으로 결론을 대신했다. 에너지 가격이 상승하고 자본이 석유국가로 불균형하게 흘러 들어가는 현상을 종식시키기 위해서는 석유 생산을 줄여서라도 세계 석유가격 책정을 제어하라는 제안이다. 이런 정책은 석유국가와 석유기업의 독점 행태를 분쇄할 수 있다. 그러면서 전세계 GDP의 10분의 1을 자유롭게 다른 목적으로 전용해 열대 국가의 삼림 벌채를 막는 등의 일을 할 수 있다. 그러나 현재 시스템이나 가장 큰 힘을 자랑하는 기업들의 관성 때문에 이런 극적인 개혁이 이루어질 가능성은 거의 없다. 이 러시아 물리학자들은 자신들의 제안대로 하지 않으면 노예의 반란이 급증할 것이라고 예견했다. "심리적으로 선진국 국민들은 자신들이 현재 경제적인 노예라는 사실을 인정하기가 매우 어렵다." 하지만 일단 그 사실을 인정하고 나면 엄청난 군사력으로 무장한 이 노예들은 석유 자본은 확보했지만 "아직 핵무기는 갖추지 못한" 노예 소유주에게서(산유국)에서 벗어나려 할 것이라고 마카리에바와 고르시코브는 예상했다. 정말 무시무시한 시나리오다.

석유의 어두운 그늘은 중동 지역에만 드리운 것이 아니었다. 캐나다는 기후변화위원회를 포기했고, 환경주의자들을 "급진주의자"라고 비난하며 과학과 환경학 연구기금을 줄였다. 그러나 석유의 변화무쌍한 주종 관계의 역동성을 가장 잘 보여주는 사례는 미국과 사우디아라비아일 것이다. 미국은 1930년대 석유 무역의 장을 사막으로 옮겼다. 1962년까지 인간 노예제도를 공식적으로 폐지하지 않았던 사우디아라비아 왕국은 미국의 개척자들을 잘 보고 배웠다. 그리고 미국이 1970년대에 신의 은총을 잃고 석유 수입국의 처지가 되자, 사우디아라비아의 부유한 셰이크는 주인의 역할을 맡게 되었다. 그때부터 미국 대통령들은 손에 모자를 벗어들고 공손한 태도로 사우디아라비아의 수도 리야드를 찾아갔다. 로널드 레이건Ronald Reagan은 니카라과에서 친미 테러리스트들에게 재정 지원을 할 돈이 필요해지자 사우디아라비아의 셰이크를 찾아갔다. 빌 클린턴은 한 미국 대학을 위해 사우디아라비아의 셰이크에게 3,000만 달러를 부탁하기도 했다. 조지 W. 부시는 2007년에 리야드로 가서 노예처럼 석유 가격을 낮춰달라고 애걸했다. "국왕 폐하에게 전하고자 하는 말은 휘발유 가격이 높아지면 소비자의 구매력이 줄어들 것이라는 점이다. 다시 말해 이런 상황은 소비자의 가족이 영향을 받고 그로 인해 경제가 침체될 수 있다는 뜻이다. 경제가 침체되면 석유 구매도 줄어들게 될 것이다." 조지 부시가 인터뷰에서 했던 말이다.

자긍심이 강한 사막 부족에게 이렇게 노예처럼 비굴하게 구는 행동은 꼴사나워 보였다. 압둘라 빈 압둘아지즈King Abdullah bin Abdulaziz 사우디아라비아 국왕은 1993년에 미국과 사우디 관계를 이렇게 묘사했다. "나는 원하면 언제든 파란 눈의 노예들을 소환한다. 미국인에게 나를 위해 죽을 수 있는 용감한 군인들을 보내라고 명령한다. 내가 손뼉만 치면 미국 대사라고 불리는 바보 같은 지니 요정이 나타나서 시키는 대로 한다. 나를 섬기다 죽은 미국인들은 미국 대사관에서 금속 상자에 그 사체를 넣어 얼린 후 미국 비행기에 실어 보내버린다. 마치 애초 존재한 적이 없었듯 깨끗하게 처리된다. 정말로 미국은 내가 가장 총애하는 노예다."

이렇듯 공공연한 노예제도를 유지하는 데 드는 비용은 미국을 파산 직전으로 몰고갔다. 지리학자 로저 스턴Roger Stern의 추정에 의하면, 1976~2007년 사이 미국 군대는 페르시아 만의 석유 공급원을 방어하기 위해 연평균 2,250억 달러를 사용했다고 한다. 이는 소련과 냉전을 치르던 기간에 사용한 비용보다 더 많은 돈이다. 이 지역에 운송용 항공모함을 비치하는 데 드는 비용은 7조 달러에 달했다. "이렇게 대폭적으로 군에 자금을 투입하는 것은 시장의 실패(시장이 최적의 자원배분의 메커니즘으로서 기능하지 않는 것. ─옮긴이)에 대한 해법이 아니다. 지역 안보문제의 핵심은 석유의 시장 지배력이다." 스턴의 글이다. 미국은 이런 식의 군사력 과시 대신 국내 에너지 수요를 줄이는 정치적 해방을 공격적으로 추구해야만 했다. 하지만 석유기업의 힘을 생각하면 그런 해방전략은 적용할 수 없을 것이다. 지질학자 얼 쿡은 30여 년 전 집필한 《인간, 지구, 사회》에서 주요 석유 생산자가 결국 우위를 차지할 것이라고 분명히 말했다. "넋이 나간 채로 에너지 폭포를 향해 이동하는 우리가 겪게 될 가장 큰 위험은 난파선의 잔해 위로 기어 올라온 기회주의자 무리가 우리에게서 민주 정부를 빼앗아갔다는 사실을 발견하고 느끼게 될 충격이다. 이들 무리는 에너지 시스템을 통제하는 것으로 우리를 통제한다."

11장
바닥난 에너지 곳간

❖

독일의 역사학자이자 시인인 프레드리히 실러Friedrich Schiller는 1795년 예술과 미학에 관한 일련의 서한을 통해서 놀이를 "방대한 에너지의 목적 없는 소비"라고 정의했다. 그는 예술가나 아이들 심지어는 동물들도 테이블 위에 필요 이상의 음식이 있는 경우에 놀이를 시작한다고 생각했다. "사자는 배고프지 않고 당장에 싸워야 할 적대적인 상대가 없을 때 넘쳐나는 에너지를 사용할 다른 대상을 찾는다. 이럴 때 사자는 위엄 넘치는 포효로 황야를 뒤덮는 것과 같은, 특별한 목적 없는 행위에 넘치는 힘을 사용한다." 영국의 철학자 허버트 스펜서Herbert Spencer는 나중에 이 개념을 차용해서 "잉여에너지 이론surplus energy theory"이라는 것을 만들었다.

잉여란, 원시시대에는 사냥꾼과 채집자들이 강에서 잡은 물고기나

나무에서 채집한 열매 등으로 얻은 것이었다. 그러다가 초기 문명에서는 노예들의 땀으로, 현대문명에서는 수많은 기계에 기름을 채워넣어 획득한 것이 되었다. 또 다른 시인 랄프 왈도 에머슨Ralph Waldo Emerson은 강연에서 국가가 보유한 "잉여 물자" 즉 에너지를 가지고 무엇을 하느냐가 그 국가의 성격을 규정짓는다고 말했다. "원형경기장을 짓는 나라도 있고 십자군 전쟁을 일으키거나 교회를 짓거나 장원을 짓는 나라도 있다. 말에 투자하거나 오페라나 튤립에 투자하는 나라도 있다. 미국은 이런 잉여자원으로 철도와 선박, 공장, 천문대를 짓고 있다." 인력과 바람 그리고 가축 등이 미국 에너지의 대부분을 공급하던 시절을 살았던 에머슨이 훗날 조국이 석유를 사용하는 방식과 그로 인해 발생한 잉여를 빠르게 소진해나가는 모습을 보았다면 기겁했을지도 모른다.

20세기 전반 동안 에너지 전문가 대부분은 잉여물의 문제를 화제로 삼지 않으려 했다. 하지만 1950년대에 저술활동을 했던 사회학자 프레드 코트렐은 미국의 풍부한 잉여 때문에 국가가 급속하게 발전하게 되었다고 말했다. 코트렐에 따르면 고에너지의 열매를 따먹은 사회는 팽창하는 반면, 저에너지 토끼를 쫓는 사회는 퇴조한다. "길을 따라 걷다가 야생 블랙베리를 따먹은 사람은" 자신이 소비한 것보다 더 많은 에너지를 되돌려받았다. "반면 80에이커의 들판에서 산토끼를 뒤쫓던 사람은" 자신이 포집한 에너지보다 더 많은 열량을 태운다. 코트렐의 주장에 따르면 햇빛에 의존하는 저에너지 사회는 득실에 더 많은 주의를 기울인다. 산출 에너지보다 투입 에너지가 더 많아져 에너지 적자가 생기고, 에너지의 빚을 지게 되면 필연적으로 문화 붕괴를 맞이하기 때문이다. 하지만 석유에 중독된 사회에서는 "이런 사실을 발견하기가 무척 어렵다." 석유가 너무 많은 잉여를 생산해내기 때문에 대부분 사람들이 에너지에 대한 생각 자체를 하지 않기 때문이다.

에너지 잉여와 에너지 순이익의 중요성 연구에 가장 큰 성과를 거둔 학자는 찰스 홀Charles Hall이다. 뉴잉글랜드에서 시스템생물학을 연구하며 입바른 소리를 잘 하던 이 학자는 1980년대에 EROEIEnergy Return on Energy Invested(투입 에너지 대비 산출 에너지), 즉 투자한 에너지에 비해 얼마의 에너지를 얻느냐를 계산하는 공식을 생각해냈다. 이 공식은 투입과 산출의 관계를 다룬 생태방정식으로 "EROEI=획득 에너지÷에너지 획득에 필요한 에너지"라고 요약할 수 있다. 이 공식은 또 "사회 환원 에너지÷사회 환원 에너지의 획득과 전달·사용에 필요한 에너지"로 표현할 수도 있다. 한 문명이나 부족, 기업 단위에서 투자한 것보다 더 많은 에너지 수익을 확보한다면 EROEI가 높아서 놀이를 즐길 여유가 생기게 된다. 하지만 연어처럼 획득 에너지보다 더 많은 투입 에너지를 사용하는 국가가 있다면, 소요나 기아가 연이어 벌어질 것이다. 홀의 공식이 시사하는 또 다른 내용은 지구촌 주유소에 전달되는 연료의 비율이다. EROEI가 100인 에너지 1단위를 투입하면 그것의 99퍼센트는 사회 서비스에 활용된다. EROEI가 2인 연료 1갤런은 겨우 50퍼센트의 획능 에너지를 전달한다. EROEI 비율이 1:1인 연료는 그야말로 쓸모가 없다. 고속도로에서 자동차 시동이 꺼진 경우가 바로 여기에 해당한다. EROEI가 10보다 낮은 경우, 문명은 소위 말하는 "순에너지 절벽"(순에너지가 갑작스럽게 줄거나 중단돼 경제에 충격을 주는 현상을 일컫는 말로 절벽, 즉 벼랑 끝에 몰린 상황을 의미한다. —옮긴이)으로 내몰린다.

그런데 앞서 에너지의 생산 효율과 관련한 이야기에서 왜 갑자기 연어의 예가 나왔는지 궁금하지 않은가? 사실 찰스 홀은 물고기를 보고 잉여에너지에 대해 많은 것을 깨달았다. 물고기의 에너지는 실속이 없다. 무지개 송어 같은 경우 물 위에 떠다니는 벌레를 잡아먹기 위해 물살이 거센 곳으로 이동하곤 한다. 거센 물살을 이겨내기 위해 들여야 하는 에너지보다 더 많은 벌레를 잡을 가능성은 도박에 가깝다. 무리 중에서도 성장이 가장 빠른 송어는 최소의 노력으로 최대의 먹이를 잡을 수 있는 이상적인 곳을 찾는다. 그에 비해 운이 덜 좋아 성장이 느린 다른 송어들은 이리저리 흘러다니다가 결국 죽는다. 물고기든 사람이든, 에너지 수익을 거두지 못하면 목숨을 부지하지 못하는 건 매한가지다.

1970년대, 노스캐롤라이나에 있는 뉴호프 만에서 27개 어종을 연구하던 홀은 에너지에 관한 몇 가지 사실을 발견해냈다. 몸집이 작은 어종일수록 바다로 향해 나가고 몸집이 더 큰 어종은 상류로 거슬러 올라가 다산에 유리한 얕은 웅덩이에서 번식했다. 상류는 풍부한 생육 환경을 제공해서 새끼 물고기들이 먹이를 찾기 위해 많은 열량을 소모할 필요가 없었다. 홀이 발견한 또 다른 사실은 물고기가 상류로 이동하면서 사용한 에너지는 다음 세대 물고기에게 최소 4배의 에너지 수익을 거두게 해주었다는 점이었다. 그뿐 아니라 상류로 향하는 물고기의 에너지 흐름은 천연에너지 송유관과 같은 역할을 하면서 숲과 개울에게 필수적인 영양분을 전달하기도 했다.

홀의 다음 연구 대상은 알래스카에서 알루산 열도the Aleutians까지 이동하는, 작은 덩치의 2년생 태평양 연어였다. 홀은 이 어린 물고기들이 영양분이 풍부한 프레이저 강Fraser River 어귀에서 공짜에 가까운 먹이를 즐기며 정착하지 않는 이유를 궁금해했다. 그리고 그 답은 다시한 번 에너지 수익 문제에서 찾을 수 있었다. 이 작은 연어들은 동물성 플랑크톤의 밀도가 높아지는 정도를 따라 연안에서 알래스카까지 이동하고 있었다. 물고기의 영양식인 동물성 플랑크톤 군집은 높은 에너지 수익과 더 빠른 성장, 그리고 높은 생존율을 보장해주었다. 이런 사실을 근거로 홀은 이 세상이 잉여에너지를 중심으로 돌아간다고 확신하게 되었다. "살아가는 모든 일은 결국 에너지 비용과 획득 에너지의 문제다." 홀의 말이다.

지구촌을 무대로 삼는 어업과 석유산업은 놀랄 만큼 똑같은 양상으로 에너지 수익률의 중요성을 보여준다. 강박적으로 포획에 나서는이 두 원시 에너지 산업계는 정부보조금을 많이 받고, 남성 호르몬에 사로잡힌 채 극단적인 성공과 실패를 오간다는 점에서 거의 쌍둥이라고 해도 과언이 아니다. 석유의 절반이 유조선에 실려 국제 교역의 대상이 되는 것처럼, 잡아올린 물고기의 50퍼센트는 원거리 시장을 향한다. 또 두 업계 모두 자신들이 활용하는 자원의 품질에 대해 거짓말을한다. 중국이 20년 간의 중단 없는 성장이라는 환상을 홍보하기 위해어획량을 과장하면서 전세계적인 어업 퇴조 현상을 감추었던 것처럼, 사우디아라비아와 다국적 석유기업 쉘은 석유 매장량에 대해 거짓말을 하면서 경질원유(휘발유분이 상대적으로 많고 비중이 작은 원유를 말한다. 원유는 비중이 작을수록 가솔린과 나프타 등 이용가치가 높은 성분을 많이 얻을 수 있기 때문에 고품질로 여겨진다. ―옮긴이) 매장량이 감소하는 것을 감춘다. 세상에서 가장 부패한 조직으로 손꼽히는 이들의 관리 감독을 맡은 기관들 역시 자원 보존 따위는 대수롭지 않게 여긴다.

하지만 두 산업 간에는 큰 차이점이 있다. 하나는 태양이 지속적으로 만들어주는 결과물을 수확하는 반면, 다른 하나는 고대 지구가 저장해둔 자본을 고갈시키고 있다는 점이다. 예전에 어업은 큰 물고기를 잡았다. 큰 물고기는 작은 물고기를 잡아먹고, 작은 물고기는 광합성으로 에너지를 얻는 미생물을 먹이로 하는, 재생가능한 생물자원이다. 하지만 석유 채굴은 재생이 불가능한 저장 태양에너지를 공략하는 일이다. 그러나 이 두 산업계가 각각의 생태 피라미드 꼭대기에서 손쉬운 포획을 통해 수익을 창출하기 시작했다는 점은 분명한 사실이다. 큰 물고기를 사냥한 건, 가장 큰 이익을 얻을 수 있기 때문이었다. 석유산업이 내륙에 있는 600여 개의 거대 유정을 목표로 삼았다면, 어업은 강이나 호수에서 살고 있던 가장 커다란 물고기를 포획했다. 그렇게 선택된 가장 쉽고 수익이 큰 목표물이 모두 바닥나 버리면, 어업이나 석유산업은 언제나처럼 짐을 싸서 그 다음 목표물을 찾아 이동하곤 했다. 연안어장 조업은 400여 년 전부터 시작되었고, 그 뒤를 이어 석유산업이 바다로 눈을 돌리기 시작한 것은 1950년대의 일이다. 근해에 살던 가오리, 주둥치slipmouth, 대구, 베도라치 같은 큰 생선들을 모두 잡아들인 어업은 더 작은 고기들을 잡기 위해 연안을 떠나 깊고 어두운 바다로 눈을 돌렸다. 산업화된 트롤어선은 바다 속 488미터 아래의 물고기를 잡을 수 있으며 바다 바닥에 있는 폭스바겐 크기의 바위도 들어올릴 수 있다. 석유산업에서는 높은 압력의 물과 모래 그리고 화학물질을 분사해 밀도가 높은 셰일층에 구멍을 낸 뒤 아주 적은 양의 가스나 기름도 추출할 수 있으며 바다 밑바닥보다 더 밑으로 구멍을 뚫을 수도 있다.

한때 무한할 것이라 생각되던 어획량은 1980년대에 9,400만 톤으로 정점을 찍은 뒤 급격히 감소하고 있다. 값싼 석유가 끊임없이 나올 거라 믿었던 석유업계 역시 2008년경 8,500만~8,800만 배럴 사이의 일일 생산량으로 정점을 찍었다. 비용이 많이 드는 비전통적 더러운 연료dirty fuel(액화석탄 같은 대체 연료. —옮긴이)에 대규모 투자를 하지 않는 한 더이상의 성장은 불가능하다. 과학자들은 캐나다 북쪽의 대구 어업이 1990년대에 어획량 감소로 사라졌듯 세계적으로 싸고 쉽게 얻을 수 있는 경질 석유자원은 2030년 정도에 고갈될 것이라는 전망에 대체로 동의한다.

수산생물학자들의 추정에 의하면 전세계 어업은 바다의 생물자원 중 3분의 2를 잡아올려 가공 처리했다고 한다. 최초의 증기기관인 트롤어선은 1850년에 등장했다. 하지만 어업을 급속도로 산업화하고 그 힘을 획기적으로 증가시킨 것은 석유 및 석유로 가동되는 기계 노예다. 주요 자원인 석유 덕분에 2차대전 이후 어선에 장착된 무생물 노예의 수는 폭발적으로 늘어났다. 스위스 출신의 저명한 해양생물학자 대니얼 폴리Daniel Pauly의 표현을 빌리자면 한때 "물 위를 떠다니던 작은 조각배"는 이제 어군 탐지기, 음파 탐지기, 스캐너, 전동 윈치, 위성 데이터 등으로 중무장을 하고 있다. "(이런 어선들은) 잠수함을 추적하기 위해 개발한 기술들을 탑재한다. 어업에 전쟁 기술을 사용하는 셈이니 그 결과는 이미 운명지어져 있다. 현대 어선은 탱크다." 폴리의 말이다.

한편 규모 면에서 세계적으로 6대 선단중 하나인 뉴 베드포드 선단 New Bedford fleet의 제이 커틀러 클리블랜드J. Cutler Cleveland와 동료들이 진행한 연구에 의하면, 어선이 크고 속도를 높이기 위해 무생물 노예를 더 사용하면 할수록 투입 대비 산출량은 줄어든다고 한다. 1963에서 1988년 사이, 선박 당 사용 에너지는 252마력에서 624마력으로 늘어났다(그 결과 더 먼 바다로 가서 더 깊은 곳에 있는 물고기를 잡을 수 있게 되었다). 그러나 뉴 베드포드 선단은 더 많은 디젤을 사용해서 더 적은 양의 식용 단백질을 포획하고 있었다. 1988년에 이미 20년 전의 300배에 달하는 연료를 사용하면서도 약 30퍼센트 정도에 해당하는 물고기만을 잡고 있었다. 잡은 물고기를 크기나 머릿수가 아니라 먹을 수 있는 식용 단백질 공급원으로 환산해볼 때, EROEI는 과거에 비해 5배나 줄어들었지만, 정부보조금 덕분에 어획량 감소에 따른 실질비용 문제는 드러나지 않고 있었다.

찰스 홀은 석유산업에도 이와 똑같은 상황이 닥쳐서 더 많은 에너지를 쓰고도 전보다 더 적은 석유를 채굴하게 되는 건 아닌지 궁금해하기 시작했다. 지질학자 마리온 킹 허버트Marion King Hubbert의 초기 연구에 의하면 석유 채굴량은 꾸준히 감소했다. 1930년대에는 시추 깊이 1피트 당 250배럴의 석유를 캐냈지만 1950년대로 가면서 이 숫자는 40배럴까지 떨어졌다가 새로운 유정이 발견되면 간간이 오르곤 했다. 북해와 텍사스에서 막대한 양의 원유를 뽑아낸 석유산업은 연안 지역을 거쳐 알래스카 등 극지방으로 이동해갔다. 하지만 홀은 지속적인 채굴량 감소를 예견했다. 1980년에 홀은 대학원생이던 커틀러 클리블랜드Cutler Cleveland에게 연구 과제를 하나 준다. 커틀러는 석유의 에너지 잉여가 요요와 같이 증가와 감소를 반복해왔다는 것을 보여주는 N자 형태의 그래프를 만들었다. 홀은 그래프를 통해 "시추 깊이 1피트 당 산출량이 최저값까지 떨어졌다가 다시 뛰어오르고 그 뒤에는 더 가파르게 떨어졌다"는 사실을 파악했다. 홀은 이를 더 명확히 살펴보기 위해 클리블랜드에게 연간 시추 깊이가 얼마나 되는지를 연구에 추가할 것을 주문했다. 클리블랜드의 연구결과에 홀의 주문 내용이 반영되자 그래프는 눈덩이가 언덕을 굴러 내려가는 것과 같은 모양이 되었다. 시추 깊이 1피트 당 산출량은 1946년 50배럴이 되었다가 1978년에 15배럴로 떨어졌다. "하락하는 어업의 포획량 그래프와 같은 모양이었다." 홀의 말이다. 1981년에 이 조사결과를 〈월스트리트 저널*Wall Street Journal*〉은 다음과 같은 표제 하에 소개했다. "석유 시추 작업에 소모되는 에너지의 지속적 증가, 획득 에너지보다 더 많을 수 있다."

이후 홀과 클리블랜드, 데이비드 머피David Murphy 등 동료들은 EROEI에 대한 자신들의 연구를 보다 정교하게 다듬었다. 홀은 이 공식이야말로 한 사회가 사용할 수 있는 에너지의 질을 명확히 밝히는 데 매우 유용한 도구라고 생각했다. 홀은 약 1세기 이전 전세계 석유의 EROEI는 100에 가까웠으나 최근 그 수치가 20 이하로 떨어졌다고 언급했다. 2006년 미국 에너지부는 석유생산의 EROEI가 10까지 떨어졌다고 추정했다. 연안 시추, 중유 펌핑, 수압 파쇄에 드는 고에너지 비용 때문에 에너지 잉여가 다 소모되기 때문이다. 그러나 현재 정부와 학계에서는 에너지 순이익이 이름뿐인 상태가 되는 것과 그 사회적 함의에 대해 주목하지 않는다. 이 분야 연구자들은 "일을 위한 자금 지원을 받지 못하는 실정이다. 그래서 주말이나 자투리 시간에 모든 일을 하고 있다. 이와 관련한 정보에 관심을 둔 정부기관이 없다. 솔직히 대부분의 과학은 일종의 사탕을 약속한다. 하지만 EROEI는 그렇지 않다. 우리 역시 그렇게 하지 않는다." 홀의 말이다.

홀은 2011년에 〈서스테인어빌리티*Sustainability*〉에 일련의 연구결과를 소개하면서 석유의 에너지 수익감소 현상을 좀더 자세하고 분명하게 설명했다. 현재 석유산업계의 동향은 암울하다. 그 어두운 전망은 야생 연어와 참치의 수가 점차 줄어드는 상황과 비슷하다. 1919년에는 1배럴의 석유만 가지고도 1,200배럴 이상의 석유를 채굴하는 게 가능했다. 하지만 자본과 에너지 집약적인 현대 석유 어장에서는 수평시추기법과 가연광물 채광을 하게 되면서 1배럴의 석유로 5배럴의 석유만을 더 포집하는 결과를 빚었다. 석유 생산비용 대비 에너지 수익 역시 감소했다. 1배럴의 석유를 태워 24배럴의 원유를 생산해 내던 1954년에 비해 현재는 겨우 11배럴 정도를 만들어낸다. 초기 석유의 풍부한 매장량과 가공할 수준의 EROEI는 "20세기 전반부에 이루어진 엄청난 부의 증가와 깊은 관련이 있다."라고 홀은 말한다. 하지만 현재 우리 사회는 노쇄한 유정에 의지해 살아가면서 "더 많은 에너지를 사용해 점점 더 적은 에너지를 얻고 있다. '뚫고 또 뚫어라*Drill, baby, drill.*'라는 슬로건을 외치면서 정치인들은 어리석은 짓만 일삼는다. 유정을 더 많이 뚫는다고 더 많은 석유를 얻지 못한다. 그저 효율성 낮은 수익을 거두게 될 뿐이다. 석유를 더 많이 얻으려면 신중하게 구멍을 뚫어야 한다."

전세계 어업 현황은 이러한 에너지 감소 추세를 고스란히 따르고 있다. 값싼 석유와 보조금 등이 이런 감소세를 아직은 감춰주고, 과거 카리브 해의 노예들이 주로 잡아올렸던 대구 등 값싼 어종을 버리고 왕새우와 같이 비싸게 팔리는 어종으로 이동하면서 그 감소세를 완충하고 있기는 하지만 말이다. 산업화된 트롤어선이 태워없애는 석유의 양이면 코르벳Corvette(경무장을 한 소형 전함. 주로 소송선단의 호송용으로 사용됨. ―옮긴이)을 90마일 길이로 나란히 붙여서 세워놓고 모든 엔진의 속도를 동시에 올릴 수 있다. 그럼에도 불구하고 사용한 연료 에너지의 10퍼센트에도 못 미치는 양의 식용 단백질을 확보하는 데 그치기도 있다. 뿐만 아니라 전세계 어획량의 3분의 1은 정어리 멸치 고등어 같은 어종으로, 이 생선들은 다른 물고기의 양식이나 산업화된 축산업의 사료로 낭비되고 있다. 대니얼 폴리는 수 톤에 달하는 작은 물고기를 연료로 삼는 양식장 때문에 해양 포유동물뿐만 아니라 사람이 먹을 양식마저 적어지는 상황을 "해양판 돌려막기"라고 표현했다. 과거 바다는 무상으로 연어를 생산해주었다. 하지만 포드자동차 공장의 조립라인과 같은 방식으로 운영되는 양식장에서 살진 연어 1파운드를 길러내기 위해서는 5파운드의 석유가 필요하다.

폴리에 따르면, 산업화한 어업은 발전이 더디고 부패했으며 사기성이 짙은 대단위 사업체이기 때문에 내부적인 개혁이 일어나기 어렵다. 하지만 값싼 석유의 시대가 막을 내리면서 변화의 기회를 갖게 될지도 모른다. 2008년, 석유 가격이 150달러에 육박하자 막대한 연료를 사용하는 거대 트롤선의 활동 규모는 줄어들었다. 고비용 석유는 무생물 노예를 더 적게 사용하는 소규모 어업을 복원시키고 지역 수역을 존중하는 계기를 마련해줄지도 모른다. "일부 국가에서 돛단배가 다시 어업에 사용되고 있다.” 폴리의 말이다. 어획량의 실질적 감소와 300억 달러에 달하는 보조금 감축 그리고 해양 생태계 보존을 위한 수중공원 건립 등과 맞물려 진행되는 이런 개혁적 조치는 전세계 어업의 몰락을 막아줄 것이라고 폴리는 주장한다. 미국으로 수입되었던 노예를 선조로 둔 폴리는 이런 조치를 취하기에 너무 늦었을지도 모른다고 생각한다. 하지만 “옳은 일이라면 성공 여부와 상관없이 실행해야만 한다. 그래야 삶에 의미가 생긴다. 노예제도의 수혜를 받았던 사람들이 노예제도를 반대하며 싸웠던 것은 그래야만 하는 일이었기 때문이다. 그렇게 하지 않고는 못 배겨날 것 같아서 노예해방을 기다리고만 있지 않았던 것이다. 기계에 맞서는 싸움은 50년 전 파시즘에 맞서 싸워야 했던 것과 마찬가지로 우리 세대에게 던져진 어려운 도전 과제다.”

*   *   *

물고기 어획량과 석유 산출량 감소는 결국 삶의 질 저하로 이어진다. 값싼 석유는 EROEI 20이 넘는 수익률로 거대 도시와 공장화된 축산농장, 광활한 도로를 만들고 거대과학을 이룩했으며 심지어 정부 규모까지 키웠다. 찰스 홀은 오늘날 일상적인 일들을 수행하는 데는 최소한 EROEI 5가량의 에너지가 필요하다고 추정했다. 사실 이 정도의 잉여에너지를 확보한다 해도 “엔지니어와 의사, 노동자를 훈련시키는 데 필요한 모든 인프라”를 유지하기에는 충분치 않다고 보았다. 홀이 생각하는 지속가능한 EROEI는 10 내외다. 소규모의 획득 에너지를 제공해주는 대체연료나 재생가능한 에너지는 작은 정부, 작은 시장, 작은 도시, 작은 농장으로 나타날 것이다. 수십억 에너지 노예에 의존하는 문명에서 잉여에너지가 부족해지는 상황은 노동생산성과 임금을 축소시킬 뿐 아니라 기계적 도움을 상당수 회수하는 결과로 이어진다는 게 홀의 생각이다. 어쩌면 사회에서 부를 분배하는 방식에 대해서도 다시 생각해야만 할지 모른다.

에너지 수익률 10이라는 숫자는 대단한 의미를 지닌다. 수렵과 채집을 근간으로 살던 시절에도 대부분의 생산 효율은 10보다 높게 유지되었으며, 산업화 이전의 사회 상당수는 현대인들이 생각하는 것보다 훨씬 풍요롭고 안정적인 삶을 영위했다. 칼라하리Kalahari 사막의 쿵 부시맨 생활을 살펴봐도 야만적이거나 비위생적이지 않다는 걸 알 수 있다. 쿵 부족의 원주민 성인 1명은 가족과 아이들 4~5명을 부양하는 데 필요한 식량을 얻기 위해 두어 시간만 수렵과 채집을 하면 된다. 수완이 비상한 쿵 부족 사람들은 현대의 문명화된 도시인들보다 훨씬 더 다양한 식재료를 즐기며 살아간다. 29종류의 과일과 열매, 30종의 뿌리식물 그리고 가뭄에 특히 강한 견과류인 몬공고mongongo 등을 먹는 것이다. 이들의 채집활동은 사냥보다 더 높은 효율을 보여주어서 식재료 중 60~80퍼센트가 채집을 통해 확보된다. 1960년대 아주 지독한 가뭄이 들어 농경 위주의 이웃 부족이 난민촌에 모여 굶주림에 시달릴 때에도 쿵 부족의 회복탄력성은 변함이 없었다. 일상 중 3분의 1만 할애해 숲을 거닐며 자연의 쇼핑을 즐기고 난 후 쿵 부족은 12:1 비율의 EROEI를 자랑하는 잉여물을 누리며 지낸다. 이러한 환경 덕에 쿵 부족은 아이와 성인, 노인과 장애인, 아픈 사람들까지 모두를 돌보면서도 대부분의 시간을 놀이나 이웃 방문이나 춤을 추는 걸로 소일한다. 안정된 생업환경은 안정된 레저활동을 가능하게 해준다. 이들의 에너지 효율은 매우 높아서 미국의 인류학자 마셜 살린스Marshall Sahlins 는 "원초적 풍요사회original affluent society"라고 불렀다.

찰스 홀은 잉여에너지가 지속적으로 줄어드는 이 시점에서는 우리 대다수가 쿵 부족처럼 춤을 추거나 짧은 노동 시간을 유지할 수 없을 것이라고 생각한다. 홀이 수십 년 동안 열대우림 지역의 에너지 수익률을 연구했던 푸에르토리코와 같은 섬에서는 EROEI의 중요성이 더욱 도드라진다. 석유가 등장하기 전까지 이 섬은 근면하지만 가난한 마을로서, 사탕수수 수출을 위해 숲을 희생시키며 살았다. 하지만 석유와 더불어 푸에르토리코식 뉴딜정책인 '자립갱생 정책'이 도입되면서 푸에르토리코는 산업화의 경이적인 존재가 되었다. 푸에르토리코 사람들이 새로운 에너지 노예의 힘을 빌려 약을 비롯한 다른 상품을 만들어내면서 사라졌던 열대우림의 30퍼센트가 복원되었다. 하지만 석유 가격이 배럴 당 100달러에 육박한 지금, 동력 대부분을 화력발전소에 의지하는 이 섬의 시계가 거꾸로 돌아가게 될 가능성이 높아지고 있다.

홀은 현재 미국이 처한 곤경도 EROEI로 설명할 수 있다고 생각한다. 세계 최초의 석유국가로서 한때 1000:1의 엄청난 에너지 수익률을 자랑하며 지구를 호령했던 미국은 현재 10:1에도 못 미치는 수익률에 대해 불평하고 있다. "나는 미래를 보았고 지금이 바로 그 미래다. 미국 어디를 봐도 경제가 위축되고 있으며, 50개 주 중 46개가 파산 상태다. 대학교도 파산했다. 보수주의 단체들도 국가 부채 때문에 제 형태를 유지하지 못하고 있다. 이제 이 나라는 예전에 했던 일들 상당수를 더이상 추진하지 못한다. 최근 6년 간 GDP 성장도 거의 멈추었으며 에너지 사용량도 늘지 않았다. 이건 우연의 일치가 아니다." 홀의 말이다.

EROEI는 재생에너지의 현실을 직시하게 만들기도 한다. 자연이 오랜 시간에 걸쳐 만들고 지구 깊숙한 곳에 저장해둔 화석연료와는 다르게 거의 무료에 가까운 바람의 움직임이나 태양광과 같은 에너지원은 사람이 집약하고 수집해야 한다. 이런 수고에는 많은 에너지가 소요된다. 곡물 추출 연료인 바이오연료만 살펴봐도 이게 얼마나 어려운 문제인지 알 수 있다. 많은 과학자들은 조만간 석유 대신 공장에서 만든 해조류를 이용하게 될 것이라고 믿고 있다. 미생물은 매우 빠르게 성장하고 엄청난 양의 지방질, 즉 에너지를 생산할 수 있다는 주장이다. 하지만 현재의 기술로는 생산과정에서 소모되는 에너지가 과다하여 그 효율이 1보다 낮다. 1갤런을 생산하는 비용이 35달러에 가까운 형편이다. 엄청난 정부보조금을 받고 있는 에탄올 산업 역시 그 성과는 미미한 편이다. 석유를 연료로 하는 트랙터와 배장기, 수확기, 종묘기, 콤바인 그리고 관개차 등을 이용해 옥수수를 재배한 뒤 이를 통해 '가소홀gasohol'(휘발유와 알코올을 섞은 자동차 연료. —옮긴이)을 생산하는 것의 EROEI 수치는 그리 긍정적이지 않다. 여기에 기후변화, 토양 변형과 곡물가격 상승분 등을 반영하고 나면, 에탄올 생산의 결과는 순에너지 절벽을 넘어선다(《이코노미스트》의 추정에 따르면 탱크로리 한 대를 가득 채울 정도의 에탄올을 생산할 수 있는 곡물은 한 사람의 일년치 식량이라고 한다).

바이오연료보다 더 많이 알려진 재생에너지로 창출되는 잉여에 대한 문제점도 홀이 찾아냈다. 그 어떤 재생에너지도 기존 화석연료와 비슷하거나 더 높은 효율을 보여주지 못한다는 사실이다. 산업화된 풍력발전 단지는 18대 1 정도의 발전 효율을 보여주는데, 이는 화력발전소의 3분의 1에 불과한 것이다(터빈을 큰 걸로 사용하면 작은 것에 비해 바람의 에너지를 더 많이 받을 수 있기 때문에 효율이 높다). 하지만 진짜 문제는 바람이 늘 불지 않는다는 데 있다. 바람은 평균적으로 하루 중 3분의 1 동안만 분다. 조수간만의 차나 파도의 힘을 이용해서 잉여에너지를 만들어낼 수도 있다. 하지만 현재 시행되는 사례가 너무 적어서 그 효율을 논하기에 매우 부족하다. 지하의 따뜻한 물을 통해 지구의 외기 열을 이용할 경우, 5대 1 정도의 효율을 보인다. 수소 에너지는 비교적 높은 효율을 보여주는데, 문제는 자연상태의 수소 자원이 이미 고갈에 임박한 상황이라는 점이다. 세상에서 가장 값비싼 에너지원인 원자력의 경우 자료가 부족하지만 대략 5에서 8 정도의 수익률을 보일 것으로 추정된다. 풍부한 태양에너지 포집이 이상적인 해결책으로 비쳐질 수도 있지만 여기에도 적지 않은 문제점들이 상존한다. 태양광 발전Solar photovoltaics은 에너지 집약적 제조과정이 필요할 뿐 아니라 넓은 면적을 차지하고서 아주 적은 양의 태양에너지를 생산해내는 한계가 있다. 현재 기술로 태양광 발전의 수익률은 3에서 10정도에 불과하다.

홀의 비관적인 평가와는 다르게 이탈리아의 물리학자 우고 바르디는 앞으로의 기술 발전을 통해 태양에너지의 수익률이 매우 높아질 것이라고 믿는다. 바르디는 다결정형 실리콘polycrystalline silicon을 통해 EROEI를 15까지 높일 수 있으며 박막 태양전지를 이용하면 40까지 올릴 수 있을 것이라고 주장한다. 그가 지지하는 또 다른 방법은 높은 고도에 연kite을 날려서 활용하는 풍력발전이다. 이것은 요요처럼 연을 잡아당겨서 발생시킨 에너지를 지상에 있는 발전기로 보내는 신기술이다. 과학자들이 추정하는 연을 활용한 발전의 효율은 100에 가깝다. 하지만 높은 고도의 바람을 이용하는 것이 강수 패턴 변화를 불러올 거라는 우려도 제기된다. 이렇듯 모든 에너지 생산법에는 보이지 않는 위험과 대가가 따른다.

역청사나 셰일처럼 극한 환경에서 얻는 탄화수소 연료의 경우, 다른 많은 재생에너지보다도 훨씬 낮은 수익률을 보인다. 해양 생태계의 먹이사슬로 본다면 이들은 정어리나 해파리 혹은 슬라임slime처럼 가장 낮은 곳에 존재한다. 정유업계에서도 이들은 까다롭고 애매한 자원으로 분류된다. 셰일 가스의 발전은 꽤 진척이 있지만 뚜렷한 성과라고 말하기에는 모호한 면이 있다. 쉽게 채취할 수 있는 천연가스는 이미 대부분 고갈된 상태라서 연료를 얻기 위해 석유업계는 더 깊이 구멍을 뚫어야 하고 콘크리트처럼 단단한 셰일층을 폭파해야 한다. 메탄가스 양도 매우 적어서 적정한 효율을 위해서는 웨스트버지니아 크기의 면적이 필요하다. 단단한 바위를 뚫기 위해 매우 높은 압력으로 모래와 독성 화학물질과 엄청난 양의 물을 땅속 깊은 곳까지 쏘아야 한다. 2003년을 기준으로 200만 마력 성도가 이런 작업에 소모되었다. 그리고 2011년에는 1,100만 마력, 즉 8기가와트의 에너지가 이 작업에 투여되었다. 이는 미국 내 8개의 거대한 핵발전소가 만들어내는 에너지의 양과 맞먹는 수준이다. 초기에 셰일 가스로부터 얻는 EROEI는 80 정도로 비교적 높은 편이었으나, 21세기로 접어들면서 천연가스 수익률와 비교해 28포인트 정도 떨어지는 수치를 보였다. 앞으로 10년 동안 수익률이 가파르게 곤두박질치고 에너지 비용이 올라간다면 잉여 셰일 가스의 양은 최악의 수준으로 떨어질 것이다.

지나치게 가열된 타르질 원유가 모래, 진흙과 섞여 있는 캐나다 역청bitumen의 에너지 수익은 좀더 열악하다. 일단 지하에서 캐올린 역청은 전체적으로 수소화 과정 및 오염물질이 다수 발생하는 정제과정을 거쳐야 한다. 역청을 땅속 깊은 곳으로부터 캐내고 모래와 진흙을 제거한 후 쓸 수 있는 형태로 정제하는 모든 과정의 비용을 고려하면, 그 수익률은 3에서 5 정도로 볼 수 있다. 이는 바이오연료보다도 낮은 수치다. 또한 더 깊은 곳에 있는 역청을 캐내야 하는 경우, 비용은 더 높아지고 수익률은 떨어질 것이다. 거대한 화력발전소가 천연가스를 이용해 물을 끓이고, 거기서 발생한 고압 증기를 주입시켜 역청을 녹이는 과정이 필요하다(4배럴의 스팀이 있어야 1배럴의 역청을 얻을 수 있다). 바다 밑바닥까지 훑어내는 트롤선처럼 효율성이 떨어지는 이런 가공과정은 역청보다 더 많은 바위까지 가열하고 난 뒤 3에서 1 정도의 에너지 수익률을 보인다. 역청 채취 프로젝트 중에는 최종 결과가 적자인 경우도 있었다. 오일 셰일Oil shale 또는 케로겐kerogen이라 불리는 것도 수익성이 낮은 대표적 석유 생산품으로 그 수치는 2에서 3 정도이다. 복구과정에서 전기를 이용해 지면의 온도를 화씨 1,100도까지 가열해야 한다. 대니얼 폴리는 셰일 가스나 역청으로부터 에너지원을 추출하는 이러한 과정을 해삼을 저인망으로 포획하는 것에 비유했다. "해삼이 무엇을 먹는지 아는가? 해삼은 바다의 바닥을 핥으며 똥을 먹고 산다." 캐나다는 남획으로 대구가 더 이상 잡히지 않게 되자

2003년에 뉴폰드랜드에서 저인망을 통한 해삼 잡이를 시작했다. 하지만 그렇게 퍼올린 것 중 30퍼센트 정도는 그냥 물과 오물뿐이었다. 저인망식 해삼 포획의 EROEI는 매년 더 줄어들 것이다.

스웨덴 웁살라 대학교의 글로벌 에너지시스템 그룹The Global Energy Systems group은 이 논쟁에 화제를 하나 더 추가했다. 이 그룹의 연구에 따르면 1870년부터 오일 붐이 난데없이 불어닥친 뒤 세계 경제는 매년 7퍼센트씩 성장했으며, 그 성과는 10년마다 두 배씩 증가했다. 석유는 너무나 많은 것을 "완벽한 형태"로 제공했고, 이는 "인류 역사상 가장 극적인 사건"이라고 여겨진다. 석유산출량은 원자력이나 수력전기보다 더 빠르게 늘어났다. 1970년대에 이르러 석유는 1870년대에 비해 2,000배나 더 높은 획득 에너지를 제공하기에 이른다. 이런 엄청난 효율을 근거로 스웨덴의 연구진은 그 어떤 재생에너지도 이와 비슷한 효율을 재현하거나 빠른 성장을 이뤄낼 수 없을 것이라고 결론내렸다. "대체에너지에 대한 개발과 투자가 너무 늦게 시작되어서 향후 수 세기 안에는 그 성과를 보기 어렵다." 이에 따라 연구진은 다음과 같이 도전적인 질문을 제기했다. "에너지 계획을 수립할 때, 반드시 새로운 에너지원이 역사상 유례가 없이 빠른 성장을 보장할 것이라는 기대를 바탕으로 해야 하는가?"

이러한 분석과 홀의 EROEI 연구결과가 의미하는 바는 우리를 불안하게 만들기에 충분하다. 기존의 석유 자원이 아닌 대체 화석연료나 다양한 재생에너지로는 지금까지 인류에게 편의를 제공해준 방대한 에너지 노예뿐만 아니라 그 주인에게 필요한 에너지를 충분히 제공하지 못한다는 의미다. 게다가 더욱 심각한 것은 대부분의 과학자나 정부기관이 이런 예측에 필요한 구체적 에너지 관련 데이터를 더 이상 수집하지 않는다는 사실이다. 종종 그들은 이런 이슈들을 무시한다. 에너지 감독기관을 방임죄로 고소한 적 있는 찰스 홀은 아제이 굽타Ajay Gupta와 더불어 다음과 같이 주장한다. "사람들에게 에너지 관련 정보를 더 투명하게 공개하려는 각고의 노력이 필요하다. 그래야 우리가 어디로 가고 있고, 무엇을 하고 있는지 더 잘 이해할 수 있다." 홀은 시간이 지날수록 상황은 극단적으로 치달을 것이라고 적었다. "우리가 많이 사용하는 연료들의 EROEI가 지속적으로 감소하고 있다. 반면 주요 연료를 대신해주기를 기대하는 대체연료의 EROEI는 과거에 우리가 누렸던 것들에 비하면 한없이 낮다. 이러한 사실은 지금과 같은 규모의 소비를 유지하는 한, 멀지 않은 미래에 돌이킬 수 없는 곤란에 빠지게 된다는 것을 말해준다. 아주 긍정적으로 본다고 해도, 우리가 기대하는 대체에너지의 역할이란 이런 몰락의 완충제로 기능할 뿐이다."

최근 홀은 푸에르토리코의 루키아오Luquillo 숲 한가운데서 디스커버리 채널을 통해 에너지 비용과 획득 에너지의 중요성에 대해 이야기 한 적이 있다. 홀이 시청자들에게 전한 메시지는 다음과 같다. 우림에서 적용되는 법칙은 문명사회나 석유를 바탕으로 세워진 제국에도 똑같이 적용된다. "아주 단순한 문제다. 숲은 광합성으로 만들어내는 에너지보다 더 많은 에너지를 사용할 수 없다. 인간의 문명 역시 태곳적 지구가 만들어준 화석연료나 태양으로부터 오는 것보다 많은 양의 에너지를 사용할 수는 없다."

12장

석유는 우리를 행복으로 인도했는가

❖

오늘날 석유회사나 석유국가는 가부장적 음률로 휘파람을 불어댄
다. 미국 석유학회가 밝힌, 세상에 더 많은 에너지가 필요한 이유는 석
유가 "아메리칸드림"의 추진력이며 사람들에게 언제 어디서든 마음대
로 이동할 수 있는 자유를 주기 때문이다. 엑슨모빌의 회장 겸 CEO
렉스 틸러슨Rex Tillerson이 생각하는 지구촌이 부유해지는 방법은 간단
하나. "상업석으로 이용할 수 있는 모든 자원에서 더 많은 에너지를
생산해야 한다." 송유관 건설회사들 역시 "세계가 더 많은 에너지를
요구한다"면서 같은 말을 되풀이하고 있다. 쉘의 경영자들은 수백만
의 사람늘이 "에너지 사다리"를 오를 수 있도록 "더 많은 사람들과 세
상을 위해, 더 많은 에너지를 생산하겠다."라며 종교적 열정을 담아 선
언한다.

세계 석유회사들이 부르짖는 이기적인 주장의 바탕에는 한 가지 거짓이 깔려 있다. 바로 에너지가 많아질수록 삶이 더 나아진다는 전제이다. 노예제도 역시 수십 년 동안 똑같은 거짓을 떠들어댔다. 18세기 리버풀과 브리스틀Bristol의 노예상들은 인간 에너지의 거래야말로 "영국에 존재하는 가장 훌륭한 거래"라고 떠벌렸다. 그들은 노예제도 덕에 온 세상 사람이 힘들고 단조로운 일을 하지 않아도 되며, 생활에 필요한 것을 더 풍부하게 공급받기 위해 더 많은 노예가 필요하다고 주장했다. 1749년 한 소책자는 노예제도를 선동하면서 "우리 왕국에서 가장 명망 높은 상거래재판소도 노예제도가 대단히 유익한 것이라고 생각한다. 재판소가 자체 선박과 선원을 고용하고 있다는 사실이 이걸 증명한다."라고 주장했다. 소책자에 따르면 노예야말로 "영국 제조업계에서 가장 많이 사용하는 일용할 양식"이었다. 미국의 한 저명한 노예제도 옹호자는 "노동력을 통해 생산한 제품이 세상을 먹이고 입히며, 따라서 인류의 복지와 행복에 이바지한다. 노동력이 아예 없는 것보다는 강제된 노동력이라도 있는 편이 낫다"고 주장했다. 인간 노예제도이든 원자력이든, 해당 사회의 주된 에너지 시스템은 자극적인 수사로 자신들이 사회에 기여하는 바와 늘어나는 수요를 자랑하며 그 지배력을 지켜왔다.

그러나 이런 주장들은 합리적이지도 도덕적이지도 공평하지도 않다. 고에너지 소비가 생활수준을 향상시킨다는 주장에도 불구하고, 행복학 연구를 살펴보면 에너지 소비의 특성에 대해 감짝 놀랄 만한 결과를 찾아볼 수 있다. 오늘날 북미인들은 석유, 원자력, 전력을 다 합쳐서 한 사람이 연간 석유 50배럴에 해당하는 에너지를 소비한다(직접 소비하는 석유만 1인당 23배럴이다). 캐나다 매니토바 대학교의 에너지 전문가 바츨라프 스밀은 이렇게 말한다. "미국인들은 분수에 맞지 않게 생활하고 있다. 그들은 집에서 그리고 자동차를 굴리며 에너지를 낭비하며, 에너지 집약적인 소모용품들을 신용카드로 왕창 사댄다." 스밀은 훨씬 적은 에너지를 사용해도 행복까지는 아니겠지만 건강과 정치적 활력을 얻기에는 충분하다고 생각한다.

뼛속까지 전방위 연구자임을 자처하면서 학제간 경계를 허무는 스밀은 지금까지 에너지, 인구, 천연자원에 대해 30권 넘는 책과 400편 넘는 과학논문을 발표했다. 억만장자인 빌 게이츠마저 스밀의 저서들이 계시적이라고 인정할 정도이다. "에너지와 물질소비 증가는 이 행성에 맞는 선택사항이 아니다. 이 행성은 그러한 소비 증가과정에서 생겨나는 환경부산물들을 자연적으로 흡수할 능력이 제한돼 있기 때문이다." 스밀의 말이다. 18세기 노예제도 폐지론자의 주장처럼, 스밀 역시 무한정한 수요와 소비는 도덕적으로 심각하게 고려해야 할 문제라고 여긴다.

스밀은 20세기 초 미국의 보험통계학자이자 인구통계학자였던 앨프러드 로트카Alfred Lotka의 말을 자신의 글에 자주 언급했다. 로트카는 모든 생물종은 성공적인 삶을 위해 가용 에너지를 최대한 확보하려는 경향이 있다고 처음 주장한 사람이었다. 예를 들어 산호초는 태양에너지를 다양한 형태의 생명체로 변환시키는 일을 사막보다 훨씬 잘한다. 활엽수림은 나이를 먹을수록 햇빛을 많이 확보하기 위해 더 빽빽하고 무성하게 잎을 키운다. "생존투쟁에서 가장 유리한 유기체는 가용 에너지를 종 보존에 유리한 통로로 보내는 에너지 포집장치를 효율적으로 보유한 것이다." 로트카의 글이다.

1만 년 전 수렵채집인들은 석유로 환산했을 때 연간 1.5배럴에 달하는 에너지를 식물과 동물에서 수집했다. 기원전 100년경 중국의 농부들은 나무와 석탄을 활용해 1인당 연간 최대 석유 3배럴에 해당하는 에너지를 확보했다. 하지만 산업혁명이 도래하면서 이런 수치는 크게 바뀌기 시작했다. 1880년이 되었을 때 석탄과 증기 노예가 만들어주는 에너지는 폭발적으로 증가해, 보통 사람이 연평균 석유 15배럴의 에너지를 사용하기에 이르렀다. 그로부터 100년이 지난 후, 유럽인 한 명이 연간 먹어치우는 에너지는 석유 26배럴이 되었다. 미국인들의 석유 식탐은 이보다 심했다. 소비 에너지의 40퍼센트를 석유에서 얻고 2퍼센트는 천연가스와 석탄에서 얻는 미국에서는, 한 사람이 신석기 시대 사냥꾼보다 매년 50배럴이나 많은 석유를 태워버리고 있다.

미국의 에너지 소비량이 유럽에서 가장 부유한 국가들의 2배에 달한다는 사실을 꼬집은 스밀은 그렇게 해서 얻는 게 도대체 무엇이냐고 질문을 던진다. "미국인은 프랑스인보다 2배 부자인가? 교육수준이 독일인의 2배인가? 스웨덴 사람보다 2배 더 오래 사는가? 덴마크인보다 2배 행복한가, 아니면 네덜란드 사람보다 2배 안전한가?" 결단코 아니다. 아동 사망이나 교육 성취도 같은 삶의 질 지표로 따지건대, 미국은 10위 안에도 들지 못한다. 미국의 비만, 살인, 자살, 수감 비율은 유럽과 일본보다 훨씬 높다. 더욱이 미국의 식자율과 수리능력이 가파른 속도로 떨어지고 있다. 계속해서 발표되는 연구결과에 따르면, 오늘날 미국인의 행복체감도는 50년 전보다 낮다. 또 미국인 대다수는 무생물 노예 덕분에 가속화된 노동 양상에 염증을 느낀다고 말한다.

사실 이런 연구결과를 통해 알 수 있는 건 전통적으로 노예들에게 허락되지 않았던 건강한 자녀와 친구, 사랑스러운 배우자, 건강, 보람된 일이 바로 행복이란 사실이다.

바츨라프 스밀에 따르면 미국에서는 연소득 10만 달러 이상인 가구가 1,000만이다. 연소득 10만 달러 이상의 가구가 냉난방 기구를 비롯한 전기 노예들을 가동하며 소비하는 에너지는 연소득 15,000달러인 가구보다 40퍼센트나 더 많다. 난방이 잘 되는 차고 안에 주차된 기계 노예의 연료 효율성은 1986년부터 2006년까지 단 1갤런도 향상되지 않았다. 인류 역사상 가장 부유한 세상에 거주하는 인간들은 비행기를 타고 전세계를 돌며 쇼핑하고 여행하고 지루함을 달랜다. 스밀은 "미국인의 엄청난 비행기 여행에 들어가는 월간 에너지 비용만 해도 대다수 가구가 1년 동안 자동차에 소비하는 정제유 양보다 더 많다."라고 말한다.

그러나 이처럼 어마어마한 에너지 소비를 삶의 질과 혼동해서는 안된다. 여러 가지 삶의 지표를 관찰한 후 스밀은 한 가지 놀라운 사실을 발견했다. 개인의 에너지 소비량이 연 7배럴 수준을 넘어서면, 이후 에너지 소비량이 더 늘어난다고 해도 행복감이 별로 늘지 않았다. 오히려 17배럴을 넘어선 다음부터는 보답으로 얻는 행복감이 급감하기 시작한다. 스밀의 말을 빌리면, 지금 북미 사람들이 낭비하는 에너지의 3분의 1만 있어도 낮은 유아사망률이나 건강한 식단, 높은 기대수명, 좋은 집을 얻기에 충분하다. "정치적 자유에 대해 말하자면, 생존에 필요한 최소량(1.5배럴)을 넘어서면 에너지 소비 증가와 정치적 자유는 거의 상관이 없다. 실제로 세계에서 억압이 가장 심한 사회 중 몇몇은 오히려 에너지 소비가 다소 높거나 아주 높은 편이다.”

저에너지 문화권은 이런 진실을 언제나 이해하고 있었다. 석유가 미국의 성격을 뿌리까지 바꾸기 전, 미국 국부 중 한 명이며 급진 성향이 강한 토머스 페인Thomas Paine은 “모든 것의 값어치는 우리가 그것을 얼마나 소중히 여기느냐에 달려 있다.”라고 지적했다. 에너지를 과도하게 사용하는 동안 미국은 페인이 그토록 고상하게 숭앙했던 이상에서 멀어졌다. “세계 어느 나라든 사람들에게서 무지도 고난도 보이지 않고, 감옥에 죄수가 없고, 거리에 거지가 없으며, 노인들이 곤궁하지 않고, 세금이 과도하지 않고, 합리적 세상이 친구가 될 때, 그렇게 말할 수 있을 때 가난해도 행복하다. 행복이 내 친구가 되기 때문이다. 그리고 그렇게 말할 수 있다면 이런 나라야말로 헌법과 정부를 뽐낼 수 있다.” 오늘날 헌법과 정부를 자신 있게 뽐낼 수 있는 미국인은 아무도 없다.

에너지 과소비는 자아도취적 문화의 자양분이 된다. 1970년대 이후로 미국 내 산유량이 정점을 찍었던 시절, 미국은 국내 에너지 자산에 실질적인 변화가 발생하고 있다는 사실을 인정하려 들지 않았다. 논필가 대니얼 앨트먼Daniel Altman이 지적하듯, 자아에 도취된 미국인은 남들에게 어떤 영향을 미치는지 아랑곳 않고 자기들 마음대로 한다. 일부 미국인은 자국의 석유생산량이 점점 줄면서 부채 외에 남는 것이 없는 순간이 오더라도 얼마든 초인적인 부를 누릴 수 있다고 착각한다. 미국인 대다수는 미래 세대나 현재 지역사회에 도움이 될 만한 조세제도를 완강히 거부한다. 앨트먼의 설명대로 “최근 수십 년 동안 미국인들은 부모 세대보다 훨씬 심한 불평등에 처해 있으며 사회적 이동도 훨씬 적다. 그러나 자아도취에 빠진 나머지 오늘날의 미국인들은 재분배 조세제도를 거부하고 있다."

바츨라프 스밀은 미국의 무분별한 에너지 소비가 다른 세계로 확산되려면 글로벌 에너지 공급량이 현재보다 5배는 더 필요하다고 말한다. 이런 사실과 그간의 연구결과를 합쳐서 그는 "전혀 실현불가능한 대안"이 아닌 다른 방법을 제시한다. "우리는 에너지 에스컬레이터를 타고 이동하면서 남들보다 먼저 풍요를 얻었다. 그러나 지금은 풍요로운 세상도 극도로 감소한 수익만을 올리게 되었다." 그러므로 제멋대로 점점 더 많은 에너지를 추구하는 자유주의적 태도를 버리고 보다 윤리적이며 현실적인 조치를 취해야 한다. 그것은 바로 에너지 소비 제한이다.

많은 이들이 에너지 절약이나 거대 풍차터빈 혹은 태양전지판 산업단지 등 대체에너지를 통해서만 에너지 소비 제한이라는 목표를 달성할 수 있다고 생각한다. 하지만 스밀의 생각은 달랐다. 사람들은 대개 효율적인 에너지 소비를 실천하겠다고 말하면서도 더 큰 집과 더 빠른 자동차를 구입해 에너지 소비를 늘려버린다. 이런 현상을 처음 설명한 사람은 빅토리아 시대 경제학자인 윌리엄 스탠리 제번스William Stanley Jevons였다. 당시 영국에서는 무분별한 석탄 소비에 대한 자숙의 목소리가 높이지고 있었다. 용광로가 개선되어 석탄 연소성이 높아지자 공장들은 싼 제품을 더 많이 생산하기 위해 너도나도 용광로 설치를 늘렸고 결국 석탄 총소비량은 폭발적으로 증가했다. "연료를 경제적으로 사용하는 것이 소비를 줄이는 방법이라고 생각한다면 대단한 착각이다. 오히려 그 정반대이다. 다수의 유사한 사례에서 발견되는 원칙에 따르면, 새로운 유형의 경제는 일반적으로 에너지 소비 증가를 이끈다." 제번스의 역설은 북미 가구에서 세탁기나 건조기보다 TV와 컴퓨터에 평균적으로 전기 비용을 더 많이 지출하는 이유를 설명해준다.

단언컨대, 재생에너지는 밀도가 높은 화석연료보다 에너지 수확량이 적다. 역청과 셰일가스 같은 비전통적 탄화수소와 마찬가지로, 재생에너지를 만들려면 집약적인 공장식 농업이 필요하다. 또한 재생에너지를 생산하려면 땅도 훨씬 많이 필요하다. 1,000메가와트 전력을 생산하는 석탄 화력발전소는 약 4평방킬로미터 면적을 차지하지만, 이만큼의 전력을 태양전지판으로 생산하려면 50평방킬로미터라는 소도시 크기의 땅이 필요하다. 바람으로 같은 양의 에너지를 생산하려면 태양열 농장보다 3배나 큰 토지가 필요할 수도 있다. 실제로 현재 세계 에너지 필요량의 3분지 1을 풍력에서 충당하려면, 0.8킬로미터 간격으로 1,300만 개의 풍력터빈 탑을 세운다고 가정했을 때 780만 평방킬로미터의 땅이 소요된다. 세계 전체 토지의 약 5퍼센트에 해당하는 면적이다. 이 메가프로젝트를 행하는 데 드는 비용만 적어도 15조 달러이다. 석유 대신 차량 연료로 사용되는 바이오연료용 곡물을 수확하려면 태양력발전소에서 만들어지는 에너지의 50퍼센트를 여기에 쏟아부어야 한다. 조류가 낀 연못에서 바이오연료를 생산해서 미국한 나라에 전력을 공급하는 데만도 아이오와 주 크기의 땅덩어리가 필요하다. "생물학에 완전히 무지한 사람들이나 그런 행동을 권할 것이다."라고 스밀은 말한다. 오늘날 제기되는 풍력, 태양력, 온도차발전, 바이오매스 프로젝트를 다 더한다고 해도 전세계 에너지 소비량인 15테라와트에는 미치지 못한다(테라와트라고 하면 얼마인지 상상이 잘 안 될 것이다. 1테라와트는 1조와트이며, 번개 한 번이 내리칠 때의 에너지다). 그렇다고 해서 에너지 효율을 높이려는 노력이나 반영구적인 광전지 개발 연구에 투자하지 말아야 한다는 소리가 아니다. 단지 에너지 사용을 자제하지 않고서는 원하는 목표를 달성할 수가 없다는 뜻이다.

미국과 러시아의 물리학자로 이뤄진 연구집단 역시 2008년 〈이콜로지컬 컴플렉서티_Ecological Complexity_〉에 발표한 논문에서 비슷한 결론을 내렸다. 논문은 재생에너지와 미래 에너지 정책의 가능성에 대해 몇 가지 비관적인 주장을 펼친다. 논문 작성자인 아나스타샤 마카리에바 Anstassia Makarieva, 빅토르 고르시코프Victor Gorshkov, 바이리안 라이Bai-Lian Li의 추정에 따르면, 2005년에 인간은 약 15테라와트의 전력을 소비했고 주요 에너지원은 화석연료였다. 과거 전세계 숲과 강, 바다, 바람, 식물들이 순환시킨 에너지의 양은 100테라와트에 달했다. 이는 인간이 필요한 양의 거의 7배다. 그러나 인간이 수십억 무생물 노예들을 무자비하게 부려먹으면서 지구 생물시스템과 에너지 흐름의 60퍼센트를 파괴한 결과 "지구의 자가조절적 생명력"이 심각하게 줄어들었고, 지금 세계 생태계가 순환시키는 에너지는 40테라와트에 불과하다.

대규모 재생에너지 프로젝트는 그나마 남은 순환시스템을 크게 위축시킬 것이나. 숲은 공기 중에 수분을 뿜어냄으로써 땅 위의 바람이나 대기순환을 조절한다. 숲의 이런 노고 덕분에 물은 땅에서 바다로 이동한다. 하지만 대규모 풍력농장은 물의 이런 이동을 방해할 수 있나. 앞선 언급한 불리학 연구집단의 계산에 따르면, 북미의 23퍼센트에 달하는 땅을 밀고 풍력농장을 세워 900만 개의 풍력 탑을 세운다면 대서양의 폭풍 활동에 영향을 미치고 더불어 인근 날씨까지도 바꿀 수 있다. 세 물리학자는 "풍력 사용은 삼림파괴나 다름없다"고 설명한다. 그럼에도 불구하고 "풍력은 인간이 필요로 하는 에너지의 5퍼센트도 생산하지 못하며, 에너지 생산 면에서 기존의 수력발전 댐과는 아예 경합조차 되지 않는다." 하지만 에너지 전문가라는 사람들은 지금이 불가능한 환상에 빠져 있다. 인류가 44테라와트의 에너지를 소모하는 세상이 왔을 때 그중 10퍼센트를 공장식 풍력산업에서 생산하겠다는 망상이다.

태양에너지도 비슷한 약점이 있다. 앞서의 미국과 러시아 물리학 연구집단에 의하면, "태양에너지는 오늘날 무해하고 환경 친화적이라고 여겨진다. 하지만 대규모 태양에너지 소비는 생물계를 유지시키는 이 중요한 자연 작용의 회복력에 재앙과도 같은 악영향을 미칠 것이다." 그들의 연구결과에 따르면, 지구상 모든 생명체가 의존하는 이 중요한 자연 에너지 흐름을 파괴하지 않는 한도 내에서 재생에너지가 생산할 수 있는 양은 기껏해야 인간 소비 에너지의 10분의 1을 넘지 못한다. 일상생활에 소비하는 에너지를 재생에너지로 충당한다면 "위험한 상황"은 더욱 가중될 것이다. 스밀과 마찬가지로 공동연구진 역시 글로벌 에너지 순환에 인간이 가하는 압박을 줄이고 세계적으로 소비를 낮출 때에만 에너지 안정성을 이룰 수 있다고 결론내렸다.

에너지 수요를 낮추자는 주장은 과격한 처방이다. 스밀의 말을 빌리면, 에너지 수요 절감은 미국의 노예제도 폐지나 19세기 러시아의 토지 재분배처럼 혁명적인 처방이다. 그러나 우리의 건강과 자유, 인간성은 모든 에너지 관계에서 주인과 노예의 관계를 어떻게 재평가하느냐에 달려 있다. 화석연료에 집중적으로 예속된 현 상태를 완화시킬 적절한 방법은 단 하나밖에 없다. 가정과 일터에서 사용하는 무생물 노예의 수를 체계적으로 줄여나가면서 에너지 소비를 급진적으로 분산시키고 재배치해야 한다.

가톨릭 신학자이며 중세학자인 오스트리아의 이반 일리치Ivan Illich도 1974년에 똑같은 결론을 내렸다. 이 이단적 사상가는 에너지 분야의 가장 걸출한 논문으로 손꼽히는 〈에너지와 자본Energy and Equity〉에서 에너지 과소비는 강과 산과 숲을 파괴하듯 인간관계도 약화시킨다고 주장했다. 일리치는 에너지 소비를 부추기는 사회는 결국 자유와 회복력과 독립성을 잃게 될 것이라고 경고했다. 반대로 저에너지 사회는 걸을 기회라는 가장 오래된 자유를 보호하며 일상생활에서 선택과 참여의 폭을 넓혀준다고 주장했다. 저에너지 사회는 사람을 기준으로 건물을 세우며, 일상생활에 필요한 모든 것들도 보행자의 생활을 고려해 배치한다.

일리치가 생각하기에 미국, 사우디아라비아 등의 고에너지 사회는 한계를 넘어설 정도로 기계 노예를 잔인하게 부려먹고 있다. 이런 사회는 테크노크라시technocracy(기술지배주의)에 높이 의존하게 된다. 석유와 원자력 기술자들로 이뤄진 기술관료 집단은 에너지의 관점에서만 생존에 필요한 조건늘을 지휘했다. 일리치의 견해에 따르면, 에너지 소비가 높고 이를 뒷받침할 에너지 노예가 늘어날수록 사회는 더 복잡해지고 전체주의적 성향도 강해진다. 고에너지 사회에서 "인간은 태어나는 순간부터 노예들에게 영구적으로 의존하며, 평생 동안 고생스럽게 이들 노예 다스리는 방법을 익힐 수밖에 없다. 사람을 쓰지 않으니 자신의 일을 해줄 기계가 필요하다. 이런 원칙 하에서 사회의 복지와 번영의 척도는 사회 구성원이 학교를 몇 년이나 다녔는지, 작동 방법을 익힌 에너지 노예가 얼마나 되는지 등이다. 오늘날 이설이 분분한 여러 경제 이데올로기도 하나같이 이런 생각에 빠져 있다. 하지만 게걸스럽게 에너지를 먹어치우는 에너지 노예 대군이 인간의 수를 넘어 일정 수준 이상에 도달하면 불평등과 혼란과 무기력의 조짐이 뚜렷하게 나타난다는 사실이 그런 신념을 위협한다. 에너지 위기의 중심에는 노예들에게 먹일 식량의 희소성에 대한 염려가 자리한다. 나로서는 자유민에게 그런 노예들이 필요한지 질문을 던지고 싶다." 일리치의 글이다.

일리치는 에너지와 자본에 대해 환상을 품지 않는다. 사회의 소비가 늘어날수록 그 사회가 소유한 자본은 오히려 줄어들었다. "무공해 에너지가 현실화되어 풍부하게 사용할 수 있게 될지라도 막대한 규모의 에너지 소비는 사회에 마약으로 작용한다. 이 약물은 신체적으로는 무해하지만 심리적 예속을 불러온다. 우리는 메타돈Methadone(헤로인 중독 치료제. 하지만 이 역시 중독성이 있다. —옮긴이)과 '콜드 터키cold turkey'(금단현상. —옮긴이) 중 하나를 선택할 수 있다. 다시 말해 생경한 에너지에 새롭게 중독될 것인지 아니면 온몸의 고통을 이겨내며 단호하게 에너지를 끊을지 사이에서 선택해야 한다." 일리치의 생각에 따르면 가난한 사람들은 북미식 에너지 환상을 버려야 한다. "반면에 부자들은 자신의 기득권이 끔찍한 부채임을 깨달아야 한다. 이데올로기는 더 많은 에너지에 대한 탐욕을 자극하면서 노예 소유주라는 이미지를 부추기지만, 부자든 빈자든 이런 이미지를 거부해야 한다."

일리치는 에너지 과소비 문화권에서 저소비 문화권으로 변화하려면 세 단계를 밟아야 한다고 생각했다. 첫째, 사회는 1인당 에너지 소비에 어느 정도 제한을 가해야 한다. 둘째, 지역사회는 에너지 소비를 줄인 생활방식이 진짜로 무슨 의미인지 그리고 지역 상황에 맞춰 각 개인이 제한할 수 있는 에너지 소비의 수준은 어느 정도까지인지 논의해야 한다. 일리치는 폭스바겐 한 대를 굴리는 데 필요한 에너지양과 말 한 마리가 내는 힘 사이의 어느 지점까지 에너지 소비량을 줄일 수 있는지 숙고해야 한다고 말한다. 마지막으로, 지역사회는 자전거와 자동차 중 하나를 선택해야 한다. 다시 말해 "탈산업적이며 노동집약적인 저에너지 순자산 경제"와 "자본집약적이고 제도적인 성장의 확대" 사이에서 선택을 해야 한다.

제정 러시아와 볼셰비키 혁명을 모두 겪은 후 미국으로 망명한 걸출한 사회학자 피티림 소로킨Pitirim Sorokin은 1937년부터 1941년에 걸쳐 인간 문화공동체의 흥망을 다룬 획기적인 학술논문 〈사회 문화적 역학관계Social and Cultural Dynamics〉를 발표했다. 이 논문에서 소로킨은 에너지가 풍부한지 희소한지에 따라 문명의 성격이 결정될 수 있으므로 에너지를 문화의 동인動因이라고 인식했다. 기독교도이며 무정부주의자인 소로킨은 문명의 비선형적 생애에서 한 가지 뚜렷한 패턴을 발견했다. 소로킨의 설명에 따르면 문명은 대체적으로 양극 사이를 고동치며 오가는데, 한 쪽 극이 정신적 깨달음에 지배된다면 반대쪽 극은 물질적 쾌락을 추구했다. 전자인 "관념적ideational" 문화가 돈과 부를 경멸하는 반면, 후자인 "감각적sensate" 문화는 힘과 즐거움을 적극적으로 추구했다. 전자는 에너지 사용이 낮은 수준이었지만, 후자는 농업혁명과 노예의 에너지, 화석연료 등장이 만들어낸 일시적 잉여를 바탕으로 급속히 성장했다. 세계에서 가장 흥미롭고 "이상적인idealistic" 문화권은 양쪽 문화를 어느 정도씩 포용하고 있었다.

소로킨이 생각하기에 감각적 문화의 특징인 급속한 변화와 거기서 파생된 불안정과 불균형은 문화의 사명인 행복 증가에는 별 도움이 되지 못했다. 그는 논문에 다음과 같이 적었다.

감각적 문화의 욕구와 목표는 주로 육체적인 것이며, 이런 욕구를 충족시키는 데서 최대의 만족을 추구한다. 욕구를 실현하는 방식도 문화공동체를 구성하는 인간 개개인과 함께 수정해나가기보다는 외부 세계를 조정하거나 착취하는 방법을 이용한다. 더욱이 감각적 문화는 '새로운 경험적 가치'를 추구함으로써 '진보적이고 역동적이' 되려고 끊임없이 노력하며, 오랜 세월 축적된 전통이 아니라 최신 방식을 중시한다. 그런 문화권에서는 오래된 건물을 부수고 기껏 한다는 게 새 건물을 짓는 일이다. 감각적 문화에서는 신속하고 빠르고 역동적이며 현대적이고 '가장 새로운' 것과 최신보다 더 최신인 것이 프리미엄을 누린다. 따라서 빠른 박자의 변화에 열광하고, 변화에 대해 만족할 줄 모르는 탐욕을 부리며, 결코 쉬지 않고 무언가가 되려고 한다.

소로킨의 지적에 따르면, 고에너지 문화공동체는 기술과 과학이 급속도로 발전하는 특징을 지니며 호전적이기 십상이다. 이런 주장을 입증하기 위해 소로킨은 12세기부터 20세기까지 유럽에서 벌어진 주요 전쟁의 사망자수를 거론했다. "중세의 몇 세기 동안에는 대개 군주가 독재를 하고 문맹자가 많고 과학 발견과 기술 발명품도 매우 적었지만, 전쟁의 수위는 높지 않았다. 그러다 13세기 이후 몇 세기 동안 과학적 발견과 발명이 늘어났으며, 특히 19세기와 20세기에는 교육수준이 비약적으로 높아지고 문맹률은 현격하게 떨어졌다. 하지만 이 시기 동안 전쟁 발발 빈도는 계속해서 높아졌으며, 20세기에 벌어진 전쟁은 인류 역사를 통틀어도 그 규모를 비할 데가 없을 것이다.”

고탄소 물질주의를 뽐내는 감각적 문화는 특유의 심리를 모든 구성원에게 전염시킨다. “감각적 사고방식은 사랑이나 희생, 우정, 의무감, 이타적인 진실 추구, 선, 아름다움 등이 지닌 힘을 완강히 불신한다.” 이런 사고방식은 “생존투쟁, 이기심, 자기 본위의 경쟁, 증오, 싸움 본능, 성욕, 죽음과 파괴의 본능, 경제요소 만능주의, 미개한 강압 등등 부정적인 요인들의 힘을 믿는다.”

로마의 감각적 문명이 중세시대에 이르러 결국 관념적인 기독교 문명에 자리를 내주었듯이, 모든 지배적 문화에는 스스로를 파괴할 씨앗이 숨어 있다고 소로킨은 말한다. 노예 소유주들이 이런 식의 타성에 젖어 있었듯 석유회사의 경영자들도 마찬가지이다. “상위체제 supersystem는 점차 불임 증세가 심해지게 마련이다. 그래서 자신들이 지배하는 동안 무시해온 현실의 한 측면을 대변하는 새로운 상위체제의 등상을 지연시킨다. 이런 상황에 처하면 그 사회와 문화는 대체적으로 최후통첩을 맞이한다. 쇠락한 상위체제를 창조적인 새 체제로 바꾸든가 정체에 빠져 화석이 되든가, 둘 중 하나를 택해야 한다.” 1968년에 사망한 소로킨은 에너지 가용성의 변화가 사회·문화적 변화의 단초가 된다고 말했다. 소로킨은 지금의 고탄소 기반 문화가 무르익을 대로 무르익었으며, 타락하고 자아도취에 빠져서 다른 모든 문명이 그랬듯이 전혀 예상 못한 방식으로 무너지게 될 것이라고 예언했다.

지난 세기 동안 미국인들의 불행지수가 증가해왔다는 사실은 이미 여러 학자에 의해 기록된 바 있다. 미국의 정치과학자 로버트 퍼트남Robert Putnam은 그 유명한 《나 홀로 볼링Bowling Alone》에서 이동성 및 물질에 관한 집착 때문에 미국인이 높은 대가를 치르게 되었다고 지적했다. 50만 건의 인터뷰를 진행한 퍼트남은 미국인이 우정(석유산업에서 자금을 후원 받는 학회에서는 우정을 "사회적 자본"이라고 부른다)과 유쾌한 즐거움의 가치를 잃어버렸다는 사실을 발견했다. 미국인들은 이웃과 왕래를 하지 않고, 공공모임에 참석하지 않으며, 친목클럽에도 예전보다 적게 가입했다. 미국 시민들은 문을 걸어잠그고 지내며, 탄원서나 청원서에 서명하는 일도 더 적다. 친구와 친척을 식사에 초대하는 횟수도 줄어들었다. TV 앞에 달라붙어 있는 시간은 늘었고, 혼자 차를 몰고 통근한다. 퍼트남이 수집한 데이터에 의하면, 1975~1998년 사이 미국에서 "사회적 자본"이 가장 낮은 지역 중에는 석유가 많이 나는 텍사스, 오클라호마, 루이지애나가 포함되어 있었다.

휴스턴 대학교의 사회복지학 교수인 브렌 브라운Brené Brown도 비슷한 연구결과를 발표했다. 브라운은 취약성, 용기, 부끄러움과 사람들이 사귀는 방식에 관해 주로 연구한다('취약성 연구'와 같은 작업은 석유로 이룬 부가 있기에 가능한 일이 아닌가 싶다). 사람들이 서로 사귀고 연결성을 갖는 일의 중요성을 연구하던 브라운은 정신적 위기로까지 연구를 확대하게 되었다. 그리고 과학자로서의 자의식이 강했던 그녀는 인간다움의 본질을 인식하지 않을 수 없었다. 2009년 브라운은 TED(Technology, Entertainment, Design. 미국의 비영리 재단으로 정기적으로 열리는 기술, 오락, 디자인에 관련된 강연회를 개최하고 있다. —옮긴이)에서 "취약성의 힘"이라는 제목으로 기억에 남을 강연을 했다. 브라운은 연설에서 석유나 에너지라는 단어를 직접 언급하지는 않았지만 에너지 과소비로 인해 인간의 감성이 얼마나 무모한 비용을 치러야 했는지 일목요연하게 정리하고 있었다. 브라운은 "우리는 미국 역사상 가장 높은 수준의 부채와 비만, 약물 중독, 의약품 의존증에 빠져 있는 성인 집단이다."라고 선언했다. 브라운은 진정한 의미의 수치심과 슬픔, 실망을 경험하지 못할 때 찾아오는 무감각에 대해 설명했다. "선별적으로 무감각해지는 건 불가능하다. 모든 것에 무감각해지는 것이다. 우리는 기쁨을 느끼지 못하고, 감사를 느끼지 못하고, 행복을 느끼지 못한다. 그래서 비참한 심정이 들면 우리는 목적과 의미를 찾다가 나약한 감정에 빠져서 맥주 몇 병을 마시고 바나나너트 머핀을 먹는다. 이것은 위험한 사이클의 시작이다. (…) 종교는 신앙과 불가사의에 대한 믿음이 아니라 확실한 장담으로 변질되었다. '내가 옳고, 너는 틀려. 그러니 입 닥쳐.'라는 식이다. (…) 오늘날의 정치가 딱 그런 모습이다. 대화는 없고 단지 비난만이 존재한다. 학문적으로 비난을 뭐라 일컫는지 아는가? 고통과 불편을 배출하는 방식이라고 말한다."

텍사스 A&M 대학교의 저명한 지질학자 얼 쿡Earl Cook은 고에너지 생활양식을 날카롭게 비판하는 글에서 "풍요와 자유, 쓰레기는 성장 사회의 머스킷 총을 든 세 명의 병사다."라고 단언했다. 쿡은 두 개의 거대한 장벽이 변화를 가로막는다고 설명했는데, 하나는 기득권을 누리는 엘리트이고 다른 하나는 고에너지 생활양식을 뒷받침하는 신화적 통념이다. "높은 급여를 받으며 신탁자의 지위를 누리는 고에너지 사회의 서비스 전문가들, 특히 정부 경제자문, 포식병(당뇨, 심장병, 고혈압, 골다공증, 비만 등 선진국에서 주로 발견되는 병. ―옮긴이) 전문의, 미디어비평가, 프로 운동선수, 연애심리 카운슬러, 남 가르치기 좋아하는 문화유산 보호자들은 풍요의 시대가 가고 희소성의 시대가 찾아왔을 때 자신들의 사회적 유용성을 재검토해야 한다는 제안에 움찔 놀랄 것이다." 고에너지 사회를 결박하고 시민들을 눈멀게 하는 신화적 통념은 예전 베를린을 갈랐던 장벽만큼이나 두껍고 튼튼한 벽을 만들고 있다. "시장경제가 정부보다 훨씬 효과적으로 희소자원을 배분할 수 있다. 성장국가는 사회의 안녕에 꼭 필요하다. 기술은 수확체감의 법칙에서 벗어난다. 시민이 시민권을 더 현명하게 사용할 수 있도록 정부와 언론 모두가 올바른 정보를 제공해준다. 인간은 빵만 가지고 살 수 없지만 결정을 내릴 때는 그런 식으로 행동한다."는 식의 주장은 모두 신화적 통념이다. 또한 쿡은 이렇게 적었다. "에너지 소비증가의 조짐이 되는 격변이나 혁명, 전쟁을 끝내기 위해 우리는 생산효율성을 사회적 목표로 삼는 태도를 버리고 대신 소비효율성을 택해야 한다. 우리는 양이 아니라 성취의 질을 척도로 삼아야 한다. 그리고 순간의 기세를 발전으로, 성장을 미덕으로 혼동하는 일을 그만두어야 한다."

50여 년 전, 미국의 사회학자 프레드 코트렐은 에너지 감소 시대에 찾아올 생활상을 다소 통렬하게 그려냈다. 그의 지적에 따르면, 에너지 공급이 현저하게 줄면 뭔가를 희생해야만 한다. "달나라로 가는 사치스런 행동과 깨끗한 물을 보장하는 것 사이에서 선택을 해야 한다." 중앙집권화된 정부는 성장을 멈추고 쇠약해진다. 에너지 감소는 특유의 갈등을 촉발시킨다. "시장에서 가장 유리한 위치를 차지한 자들은 자리를 지키기 위해 싸울 것이다." 과거 에너지 흐름 관리를 주로 고민했던 정부는 이제 치솟는 물가와 식량 흐름의 압박을 받는다. 에너지 감소에 반응해 인간의 가치관도 예상 못한 방식으로 변하게 된다. 코트렐은 이렇게 적었다. "식민 지배가 사라진 후 세계 여러 지역에서 옛 문화와 가치가 부활했듯이, 절대권력을 휘두르는 거대 기업들이 에너지를 제공하는 것이 아니라 다양한 에너지시스템 개발을 통해 다양한 대체에너지가 제공된다면, 많은 미국인이 오늘날 유행하는 라이프스타일과는 상당히 다른 생활방식을 선호할 것이다. 더불어 그때는 지금보다 훨씬 적은 에너지를 사용할 수 있다."

2011이 끝날 무렵, 미국의 한 자유주의 기업가와 프랑스의 사회주의 은행가는 미래에 대한 믿음이 사라졌다며 불평스레 말했다. 두 불평분자의 글은 〈뉴요커*New Yorker*〉에 시차를 두고 게재되었다. 대서양을 사이에 둔 두 학자의 글은 서로 다른 호에 실렸지만 마치 오래 전 헤어진 쌍둥이처럼 한 목소리를 냈다. 두 사람 모두 값비싼 화석연료로 움직이는 무생물 노예들로 인해 자기네 나라에 불어온 쇠락에 힘겹게 맞서 싸우고 있었다.

그 중 한 사람은 페이팔PayPal의 창업자인 억만장자 피터 티엘Peter Thiel이다. 그는 미국의 비참한 경제 상태와 경제 엘리트들의 무심함을 오랫동안 걱정해왔다. 〈뉴요커〉에 게재한 글에서 티엘은 미국이 생명연장이나 인공지능 등의 분야에서 기대와 달리 큰 돌파구를 마련하지 못하는 이유가 무엇인지, 나름의 생각을 정리했다. 이 디지털 구루는 미국이 우위를 잃은 것 같다고 말한다. 심지어 공상과학 소설이나 영

화에서조차 날아다니는 도시와 바닷속 집과 같은 고에너지 미래상을
더 이상 보여주지 않는다. 대신 기술로 중무장한 원리주의 테러리스트
집단의 추락만 그리고 있다. 티엘은 미국이 과학기술의 경이적 성과에
더는 관심이 없는 듯 보인다고 말한다. "현기증 날 정도의 변화가 목
격되지만 발전은 없다. (…) 모든 것이 부패했음을 모르는 사람이 없
다." 티엘은 에너지와 식량이 "정치적으로 밀접하게 연결되었"지만 정
치에 대한 언급은 의도적으로 피하고 있다고 말했다.

〈르몽드_Le Monde_〉지의 공동소유자 마튜 피가스_Matthieu Pigasse_도 프
랑스가 위대함을 상실한 것에 대해 비슷한 우려를 표했다. 피가스는
유럽 전체가 경제적·정서적으로 우울증에 빠졌다고 진단했다. 5년 동
안 경제성장도 없고 소비와 임금, 투자 증가도 전혀 발생하지 않는 상
황에서 무언가 예기치 못한 새로운 일이 벌어지고 있다. 바로 "정치 불
안"이라는 현상이었다. 이탈리아든 벨기에든 유럽연합에 속한 국가들
은 하나같이 혼란과 지도력 부재, 천문학적인 부채에 시달렸다. 피가
스는 "내가 보기에 우리는 지금 교차로에 서 있다. 그리고 모두가 그
사실을 알지만 정작 아무도 현실을 직시하려 하지 않는다."라고 말한
다. 그는 정부가 커지고 경제연합도 지금보다 더 커진다면 어떻게든
해결책이 나올지도 모른다고 기대하고 있다.

모든 에너지 문제는 도덕의 문제다. 작가이자 기독교 철학자인 C.
S. 루이스_C. S. Lewis_는 이 근본적인 진실을 통렬하게 이해하고 있었다.
《인간 폐지_The Abolition of Man_》에서 루이스는 이렇게 적고 있다. "인간이
확보한 새로운 힘은 모두가 인간을 넘어서는 힘이기도 하다. 한 번씩
발전할 때마다 인간은 더 강해지는 동시에 더 약해진다. 승리를 거둘

때마다 인간은 개선장군이 되는 동시에 개선행진 차를 뒤따르는 포로
이기도 하다." 루이스는 현대의 힘에 대한 환상을 아일랜드 민담에 비
유했다. 한 사람이 연료비를 절반까지 줄여주는 장작난로를 얻게 되
었다. 그는 집에 난방비를 한 푼도 들이지 않고 싶은 마음에 두 번째
난로를 주문했다. "그것은 마법사의 거래였다. 힘을 얻는 대가로 영혼
을 내줘야 했다. 하지만 영혼을, 다시 말해 우리 자신을 내어준 순간
그 대가로 얻은 힘은 더 이상 우리 것이 아니게 된다. 영혼을 내어준
우리는 힘의 노예나 꼭두각시 신세로 전락한다."

올바른 생활방식을 고민하는 생각 있는 사람이라면 결국 한 가지
결론에 도달한다. 바로 석유를 비롯해 기업들이 제공하는 모든 에너지
소비를 줄이는 것이다. 에너지로 행복을 추구하는 사이, 우리는 행복
을 잃고 말았다. 에너지 노예들의 해방이 어떤 식으로 전개될지는 예
측불가능하다. 아마 합리적이거나 순차적으로 진행되지는 않을 것이
다. 그렇더라도 레오 톨스토이가 안나 카레니나의 입을 빌려 전한 말
을 숙고하면 어렴풋이 그 방식을 짐작할 수는 있을 듯하다. "에너지는
사랑을 기반으로 한다. 그런데 사랑은 억지 명령으로 생기지 않는다."

13장
에너지 노예의 배신과 일본의 붕괴

❖

2011년에 일어난 일본 대지진과 쓰나미 그리고 원자력발전소 멜트다운은 훗날 역사에 세계 에너지의 악성 변동과정이 하강곡선을 그리기 시작했음을 시사하는 일련의 불운한 세 가지 사건 중 하나에 불과하다고 기술될지도 모른다. 일본의 소설가 오에 겐자부로는 "일본 역사가 새로운 국면에 들어섰다."라고 고통스럽게 언급할 정도였다. 언론은 위험이 줄어들 기미를 보이지 않는 원자력발전소에 시선을 고정하고 있었지만, 2011년 일본 센다이 내시신으로 맨 얼굴을 드러낸 것은 석유를 연료 삼아 정점에 달했다가 이내 그 뒷심을 잃어버린 경제구조의 취약성이었다. 쓰나미와 후쿠시마 원자로 멜트다운은 품위를 지키는 경기하락이라는, 일본 엘리트들의 망상을 완전히 날려버렸다.

한때 세계 2위 경제대국이었으며 프랑스와 영국보다 GDP가 높았던 나라가 서서히 죽음에 다다르는 모습은 21세기의 비극적인 러브스토리라고 해도 과언이 아니다. 20년 전 일본은 세계 경제산출량의 14퍼센트를 자랑했지만 오늘날은 8퍼센트도 되지 않으며 그마저도 점점 하락하는 추세이다. 2011년 재앙이 닥치기 전에도 일본 정부는 '위축되는 지방'의 지속적인 경기침체로 말미암아 앞으로 10년 안에 넉넉잡아 2,000개 정도의 시골공동체가 종적을 감추게 될 것이라고 예측했다. 수출 중심 경제의 활로가 막히면서 시골마을은 사람이 떠난 텅 빈 곳이 되어버렸다. 세계 최초의 메가시티인 도쿄도 성장을 멈추었다. 석유 고갈로 지속적인 성장이 불가능해진 도심에는 멧돼지와 원숭이들이 다시 출몰하고 있다. 에너지 역사가 바츨라프 스밀은 말한다. "세계의 찬사를 받던 경제대국에 사회·경제적 위기가 줄줄이 이어지면서 이토록 순식간에 국가 전체가 휘청거리게 된 경우는 역사적으로도 유례가 없다." 국내에서 석유가 나지 않는 일본은 에너지의 재정적 지원을 받지 못하는 상태에 이르면 그저 그런 평범한 국가로 전락하게 될지도 모른다.

센다이 지진의 위력은 지금껏 볼 수 없는 엄청난 수준이었다. 그 위력은 476메가톤 급으로, 히로시마에 투하된 원자폭탄과 비교했을 때 600만 배나 강한 것이었다. 지진의 위력으로 일본 열도 전체가 약 2.43미터 이동했으며, 해안선은 0.9미터 가량 낮아졌다. 또한 지진 여파로 지구의 축이 몇 센티미터 움직였고 하루 길이도 짧아졌다. 지질 구조판이 흔들리면서 발생한 거대한 파도에 2만 명 넘는 사람과 800만 톤 넘는 잔해들이 바다로 떠내려갔다. 센다이 대지진은 항만과 공항, 정유소를 비롯해 일본 동북부의 에너지 인프라 대부분을 파괴했

다. 심지어 도쿄의 상징이 되는 증권거래소 전광판도 잠시 깜빡임을
멈췄을 정도다.

*　*　*

하지만 이 갑작스런 재앙보다 더 으스스한 존재는 느리게 움직이는
고질라와 같은 석유다. 거의 50년 동안 일본은 게걸스럽게 석유를 먹
어대면서 고도로 복잡한 소비문화를 구축해왔다. 일본은 지금도 세계
3위의 석유 수입국으로 하루에 400만 배럴을 수입한다(이것은 캐나다
하루 역청사 생산량의 두 배에 달한다). 일본은 1차 에너지 필요량의 거의
50퍼센트를 석유로 충당한다. 석유는 일본 전체 수입의 3분의 1 정도
를 차지한다. 일본에서 일반 소비자가 평범한 생활방식을 유지하기 위
해서는 연간 18배럴의 석유가 필요하다. 그리고 그중 약 90퍼센트를
중동산 석유가 차지한다.

모든 나라가 그러듯이 일본도 나름의 방식으로 석유와 좋은 시절을
보냈다. 미국에서 석유는 중소도시의 개척정신에 활력을 불어넣었으
며, 추억거리가 없는 사춘기적인 비즈니스 문화를 만들어냈다. 중동의
가난한 술탄들은 석유 덕분에 사막을 푸르게 바꾸고 원리주의 종교운
동에 자금을 댈 수 있었다. 일본은 석유 덕분에 1,000년 동안 이어진
사무라이 선민 문화가 호전적인 의도를 펼칠 '길을 닦고 건물을 세울
수' 있었다. 오랜 세월 장마, 홍수, 태풍, 지진, 쓰나미에 시달린 일본
은 막대한 피해를 불러오는 자연의 분노를 길들일 방법을 찾으려 노
력했다.

바다로 가라앉고 있는 이 섬나라에서 오랫동안 거주한 경험을 바탕

으로 현대 일본의 추락을 생생하게 묘파한 저서를 펴낸 알렉스 커Alex Kerr는 일본이 "재앙의 군도"라는 처지에 놓인 두려움과 "완전한 헌신"이라는 산업 심리를 어떻게 결합했는지 설명한다. 커의 설명에 따르면, 일본은 "위정자와 관료들에게 넉넉한 지참금을 지급해" 이 결혼을 달콤하게 포장했다. "정부가 뒷돈을 대는 선동의 노래가 댐과 도로 건설자들을 찬양하면서" 이 모든 과정이 윤색되었다. "그 결과 눈에 보이는 풍경 모든 곳에 광기에 가까운 공격"과 "통제불가능한 극단주의"가 발생했다. 지금 생각해보면 이 모두가 2차 대전 전 일본의 군비증강을 위한 것이었다. 1930년대와 1940년대에 군비를 확장하고 1,000만 명에 이르는 이웃 국가 노예를 동원하고서도 양지에 자리잡는 데 실패한 일본은 전열을 재정비했다. 일본은 "현대 국가의 모든 힘을 자연의 위협을 일소하는 데 집중해야 했다." 그리고 석유는 경제학자들이 말하는, 이른바 "일본의 기적"을 이루는 수단이 되었다.

물론 옛 일본에도 노예는 있었다. 일본 인구의 10퍼센트가 절이나 신사, 관리 밑에서 노비로 일하거나 부농들의 농노로 살았다(노비의 가격은 좋은 소 한 마리 값과 같았다). 석유 시대가 오기 전에 일본은 쌀과 농부, 인간 노동력을 중심으로 돌아갔다. 산의 계곡물은 맑았고 바다는 오염되지 않았다. 인구 대다수가 시골 마을에 거주했다. 아시아의 베니스라고도 불리는 교토는 그 아름다움이 대단해서 미국조차 2차 대전 때 감히 폭탄을 투하할 생각조차 하지 않았다. 산업혁명이 일어나기 전까지 이 섬나라의 인구수는 3,500만을 넘는 법이 없었다.

그러나 에너지가 늘어나면서 일본은 신진대사 방식을 바꾸고 인구혁명에 박차를 가했다. 1905년 석탄 사용 증가와 러일전쟁 승리가 결합되면서 일본 인구는 4,700만 명으로 늘어났다. 1931년 일본 인구는 6,700만에 달했고 석유를 사용하면서 서서히 대담해진 섬사람들은 이내 더 많은 자원을 확보하기 위해 중국을 침공했다. 화석연료에 중독된 일본은 늘어난 국민을 먹여살리기 위해서라도 대규모 공장식 농업을 펼쳐야 했다. 1941년에는 마침내 인구가 7,200만까지 늘어나면서 세계 최강의 석유국가 미국에도 싸움을 걸었다. 2차 대전 이후 미국이 싼값에 팔아주는 석유를 발판으로 이 패전국은 국가 재건에 돌입했고, 마침내 산업 초강국이 되었다. 석유를 거름 삼아 일본 인구는 1억 2,000만 명으로 늘어났다.

20~30년도 지나지 않아 석유 때문에 전체 인구의 70퍼센트에 달하는 7,900만 일본인은 209개의 복잡한 도심에 집중되어, 다닥다닥 붙은 비좁은 집에 살게 되었다. 커의 설명에 따르면 "신생 도시들은 알루미늄, 히타치 상표, 옥탑광고판, 옥외게시판, 전화선, 자동판매기, 화강암 보도, 번쩍이는 불빛, 플라스틱, 파친코들이 펼쳐진 종말론적 모습을 선사했다." 대기오염이 참을 수 없을 정도로 심해지면 사람들은 그냥 방독면을 착용하고 묵묵히 일했다. 하지만 값싼 석유는 힘과 사람들을 편중시키는 역할을 넘어섰다. 석유는 경제에 대한 일본의 생각 역시 바꾸게 했다. 자원이 희박한 일본은 원자재를 수입한 뒤, 석유의 힘을 빌려 전자제품이나 자동차를 만들어 세계시장에 수출했다. 일본의 석유 소비가 늘어날수록 GDP도 같이 뛰었다. 그러다보니 어느 순긴 일본은 세세 2위의 경제대국이 되어 있었다.

석유로 일군 기적이 가져다준 잉여 이익 덕분에 일본은 초고속열차를 짓고, 공장과 다리를 세우고, 자동차 수백만 대를 생산했다. 일본은 "건설 왕국"이 되었다. 알루미늄이 대나무를 대신하고 콘크리트가 나무를 대신했다. 새롭게 생긴 에너지 역량을 자랑하기 위해 일본은 1964년에 올림픽을 개최했다. 1964년 도쿄 올림픽은 일본이 다시 태어났음을 세상에 알리는 이벤트였다.

또한 석유로 인해 일본은 자연에너지의 흐름을 바꿀 힘도 얻었다. 일본은 활엽수림을 싹 베어내고 그 자리에 성장 속도가 빠른 삼나무를 심었다. 강에는 댐을 짓고 하천에는 콘크리트를 깔아 운하로 바꾸었다. 산도 깎아 평평하게 만들었다. 해안에는 거대한 테트라포드tetrapod를 빙 둘러쳤다. 크기만 하고 볼품도 없는 이 콘크리트 구조물의 용도는 방파 역할과 해안침식 방지였다(하지만 석유가 이룬 이 업적은 오히려 침식과정을 더 부추겼다). 시골마을들은 도시를 위한 쓰레기하치장으로 변했다. 석유는 일본 엘리트들이 허황된 꿈을 꾸는 데도 일조했다. 심지어 파나소닉 창립자 마쓰시타 고노스케 松下幸之助는 일본의 산을 깎아 그 흙으로 시코쿠(일본 본토를 구성하는 4대 섬 중 가장 작은 섬. ─옮긴이) 크기에 버금가는 제5의 본섬을 만들자는 200년 에너지프로젝트를 제안했을 정도였다.

석유는 일본의 식단도 바꿨다. 쌀과 채소, 생선이 식탁에서 쫓겨나고 그 자리에 수입산 고기와 기름, 곡물이 들어섰다. 일본 정부는 "고기와 우유, 유제품 소비가 증가하면서 지나치게 높았던 곡물 소비가 줄어들었다"며 으스댔다. 현재 일본의 식량 자급률은 세계 최하위이다.

1970년대 글로벌 오일쇼크가 불어 닥친 후 일본은 환태평양 화산대에 50개가 넘는 원자력발전소를 건설했다. 과학자들은 무한정 에너지를 생산하는 듯 보이는 원자력발전소라면 마침내 자원 빈국의 에너지 딜레마를 해결해줄 것이라고 믿어의심치 않았다. 정부의 과도한 보조금을 받은 원자력 산업은 일본 전력소비량의 40퍼센트를 제공했고, 원자력 전문 엔지니어와 홍보 담당자들은 지역 독점 전력회사 10곳의 이해관계를 장악했다(부동산 거품까지 더해지면서 더 과도해진 원자력 투자는 오늘날 일본이 미국을 제외하고 세계 경제대국 중 국가 부채가 가장 높아진 이유가 무엇인지 설명해준다).

그러나 일본이 소립자를 이용해 원자력을 발생시킴으로써 석유 의존도를 줄이려 했던 작업은 생각처럼 만만치 않았다. 1991년에 미하마 원자로 누출사고가 발생했다. 1997년 도카이무라 원전 화재와 폭발사고로 수백 명이 방사능에 노출되었다. 2004년 또다시 미하마에서 발생한 원전 증기 폭발사고로 4명의 운전원이 사망했다. 도쿄전력은 허위 안전감사를 일삼았다. 일반인들에게 원자로가 안전하다는 확신을 심어주기 위해 과학 엘리트와 정부가 나서서 발전소 옆에 수영장과 골프장, 영화관을 지었다. 원자력 산업은 아이와 여성들을 선동의 목표물로 삼았다. 인류학자 수미하라 노리야의 설명에 따르면, "전력회사들은 엄마들이 가정 내 핵심 의사결정자라고 생각했다. 따라서 여자들이 원자력발전소가 비교적 안전하다고 생각하면 남자들도 그렇게 생각할 섯이라고 믿었다." 원자력 홍보를 위해 탄생한 만화 캐릭터인 우라늄보이와 리틀 플루도는 아이들에게 "너무 걱정할 필요 없어요."라고 장담했다.

석유의 기적적인 능력도 시들해졌다. 이미 15년 전에 그 힘은 정점을 찍었다. 세계에서 가장 높은 에너지 효율을 자랑하던 나라였지만 이제 일본은 아무리 머리를 쥐어짜도 석유 1배럴의 효율을 더 이상 높이는 것이 불가능해졌다. 인구가 노령화하고(일본에서는 65세 이상이 인구의 5분의 1을 차지한다) 석유 수입비용이 점차 증가하면서 경기침체도 찾아왔다. 2009년 일본의 GDP는 15퍼센트 하락했고 하루 석유 소비량은 100만 배럴 가까이 줄어들었다. 예리한 에너지 비평으로 소문이 난 제임스 하워드 쿤슬러James Howard Kunstler는 2011년 예측에서 일본의 이 같은 현상을 정확하게 묘사했다. "산업사회 한 곳의 1차 에너지원 사용량이 감소한다면 이는 생활수준 하락을 나타내는 조짐이다. 경제적인 관점에서 풀이하자면, 사람들이 예전보다 가진 돈이 줄었거나 아니면 많이 가졌어도 그 가치가 점점 낮아진다는 뜻이다."

〈뉴욕타임스〉는 이런 일본식 장기침체를 "재패니피케이션Japanification"이라 지칭했다. 일본 인구의 40퍼센트 가까이가 실업자이거나 불완전고용 상태이다. 일본 중산층이 여행 팀을 꾸려서 호놀룰루로 구찌 백을 사러간다는 것은 옛 말이다. 그들은 독일산 자동차를 가격이 낮은 일본산 자동차로 바꾸었다. 중앙정부는 에너지 부채 이자를 갚는 데에만 세수의 4분의 1을 지출한다. 또한 여타 산업국과 마찬가지로 일본은 출산율도 저조하다. 일본은 사회의 크기 자체가 줄어들고 있으며 이미 고령 인구가 근로 인구수를 초과한다. 일본에서는 매년 49만 명이 사망한다. 2050년이 되면 일본 인구는 1억 명 이하로 떨어질 전망이다. 바츨라프 스밀은 말한다. "80대와 90대의 인구수가 아이들보다 많은 경우는 역사상 전례가 없는 일이다. 2050년이 되면 일본에서는 90대 인구가 500만에 달하고, 100세가 넘는 사람도 50만 명이 넘을 전망이다. 그중 약 90퍼센트가 여성일 것이다."

＊　＊　＊

혁명이냐 정체냐의 기로에 처했을 때, 일본이 어떤 길을 선택할지는 확실하지 않다. 그러나 엔트로피는 이미 높아지고 있다. 일본의 거대 원자력 회사들은 재생가능 에너지에 돌아갈 예산을 빨아들여(과거 일본은 태양열에너지 선두주자였다) 거짓말쟁이와 깡패 집단이나 다름없는 엘리트 관료주의를 탄생시켰다. 일본의 2010년 에너지 기본계획은 9기의 원자로를 추가로 건설해야 한다고 주장하는 한편, 글로벌 원자력 수출산업이라는 새로운 경제 기적을 약속했다. 하지만 2011년 대지진과 후쿠시마 멜트다운으로 이 미친 꿈은 물거품이 되었다. 세계 최고령 인구국가이고, 나고 자랄 때부터 석유에 대한 환상에 길들여진 일본 사람들은 어쩌면 다시는 현실에 맞는 노동력을 확보하지 못할지도 모른다.

아니면 일본인들이 현 상황을 기회로 삼아 개혁을 부르짖을 수도 있다. 과거의 회복력을 되살릴 수도 있다. 선불교 승려들은 속세의 덧없음과 자연의 무궁무진한 아름다움을 잘 알고 있었다. 선승들은 덧없음을 두려워하지도, 통제하려 들지도 않았다. 그들이 보기에 자연의 위력과 변화무쌍함은 매일 충실하게 인생을 살고 삶에 감사하며 열심히 일하는 일상이 소중함을 깅기시켜주는 존재였다. 12세기 가마쿠라 시대의 문필가 가모노쵸메이鴨長明는 이런 조언을 남겼다. "어디를 가야 한다면 두 발로 가라. 힘들 수도 있겠지반, 말과 마차를 거느리는 것보다는 차라리 덜 성가시다. 사지육신이 있는 인간이라면 누구든 손과 발이라는 충실한 두 종이 있다. 그리고 두 종은 주인의 뜻을 정확히 섬긴다."

전력 소비를 줄이는 일에 열정적으로 앞장서는 일본인들도 있다. 엔지니어이며 발명가인 후지무라 야스유키는 12년 전 "비전력운동non-electric movement"을 시작했다. 현재 후지무라의 비전력운동은 성장을 거듭하고 있다. 후지무라는 일본의 전기 노예 수요가 부패한 원자력 제국과 높은 자살률, 국민 대다수의 불행을 이끄는 데 일조했다고 생각한다. 그가 계산한 바에 따르면, 일본 내 모든 전기밥통이 소비하는 전력만도 원자로 2.4개의 발전량과 맞먹는다. 후지무라는 무전력 청소기와 태양력 밥통을 비롯해 전력이 필요없는 가사용품을 1,000여 개나 발명했다. 후지무라는 웹사이트에서 "하나를 얻으면 하나를 잃게 된다."라고 설명한다. 그는 전원 스위치를 끄면 독립심과 정신적 행복이 증가한다고 말한다.

일본의 지도부가 혹시라도 해안을 두 발로 걸어본다면 해안 곳곳에 산재한 수백 개의 석문石文을 보게 될 것이다. 쓰나미에 유실되기도 했지만 다행히 그대로 남은 것들도 있다. 어떤 석문들은 600년 이상 지난 것으로, 높이도 3미터나 된다. 석문 대부분에는 과거 밀려온 높은 쓰나미의 흔적이 새겨져 있다. 에너지를 적게 사용한 일본 선조들의 경고가 새겨진 석문도 있다. "높은 곳에 집을 지으면 후손들의 안전과 행복이 보장된다. 거대 쓰나미의 참화를 기억하라. 이 지점 아래쪽에는 집을 짓지 마라." 다른 석문에는 이런 글귀가 적혀 있다. "아무리 오랜 세월이 흐를지라도 이번의 경고를 잊지 마라." 그러나 석유 사슬에 포박된 일본은 테트라포드를, 그리고 석유로 만든 무생물 노예를 맹신했다. 그들은 석문의 경고를 무시했다.

　로마제국이 무너지고 뒤이어 "역사의 어두운 밤"이 시작된 후, 새로운 에너지 흐름이 유럽 시골에 서서히 활력을 불어넣었다. 이 새로운 에너지 흐름은 뜻밖의 변경지대에서 갑자기 생겨났다. 물질적 추구를 최우선으로 삼던 로마의 지배계층 엘리트와 달리 이들 새로운 에너지 저사용 공동체는 단순하고 소박한 삶을 표방했다. 가장 대표적인 흐름은 6세기경 로마 외곽 몬테카시노에서 시작되었다. 부유한 로마 가문의 아들인 누르시아의 베네딕트가 공동체를 설립했고, 이것은 훗날 베네딕트수도회가 되었다.

　베네딕트가 세운 섯은 단지 기도와 배움, 인간 노동을 근간으로 삼는 공동체가 아니었다. 그는 수도회가 어떻게 구성되어야 하는지도 정했다. 베네딕트의 《규칙서*Rule*》는 대가다운 솜씨로 능숙하게 규율과 겸양을 강조했다. 《규칙서》에서 가장 중시하는 것은 평등과 금욕, 봉사, 나눔이었다. 베네딕트는 "귀족으로 태어난 사람이라고 해서 전에 노예였던 사람보다 더 중시해서는 안 된다."라고 말했다. 베네딕트의 《규칙서》는 로마시대에 버려졌던 품성인 적응력과 융통성에 찬사를 보냈으며, 노예제도 하에서는 비하되었던 육체노동의 정신을 고취시켰다. 덕을 갖춘 사람이라면 자체적으로 에너지를 제공하는 공동체에서 신을 섬기는 마음가짐으로 생활하고 일해야 했다. 자급자족이 대단히 중요했다. 《규칙서》는 "수도원을 구성할 때는 가급적 물이나 방앗간, 밭, 공방 등 생활에 필요한 모든 것을 내부에 포함시킬 수 있어야 한다."라고 설명했다.

작은 수도원이든 큰 수도원이든 사원이든, 베네딕트회 공동체는 처음부터 자치적인 구조였으며 대체로 운영 규모도 작은 편이었다. 가장 큰 수도원일지라도 수사의 수는 900명이 고작이었다. 대부분의 수도원은 수사의 수가 10~20명 정도에 불과했다. 미국의 사회비평가 루이스 멈포드는 "노동을 노예의 고역이 아니라 자유민의 도덕적 헌신의 일부로" 받아들인 점이 베네딕트회의 특징이라고 설명했다. 덧붙여 멈포드는 이렇게도 말했다. "베네딕트회의 모토는 '노동이 곧 기도이다.'였다. 다시 말해 종교의식을 지내는 장소와 일을 하는 공간은 어디가 되어도 좋고, 얼마든지 번갈아 사용될 수 있다는 의미다. 이는 삶의 모든 부분이 더 높은 곳을 향한다는 의미였다." 간단히 말해 베네딕트회는 숭고한 목표를 위해 인간의 에너지를 찬미했다. 베네딕트회에서는 큰 명성을 얻은 성직자도 많았다. 한 예로 힐데가르트 폰 빙엔 Hildegard von Bingen은 의술과 신학, 음악에 대한 글을 썼으며, 여러 교황과 왕의 조언자 역할도 했다. 그녀는 "삶을 사랑하고 오감을 바르게 사용하라"고 조언했다.

베네딕트회 성직자들은 잉여에너지를 예술활동에 쏟아부었다. 잘 가꾼 밭과 과수원, 건물에서 수도자들이 육체노동을 하는 시간은 하루 5시간을 넘지 않았다. 남는 시간에는 기도를 하거나 책을 읽거나 필사를 하거나 공예품을 다듬거나 대화를 나눴다. 수도사들이 하는 노동은 다양했고 계속 바뀌었으며, 노동의 과실도 함께 나눴다. 나이가 든 수도사들은 보살핌과 함께 여러 특권을 누렸다. 비참한 노예제도가 끝난 뒤 탄생한 베네딕트회는, 기독교 공동체가 모든 인간으로 하여금 자질을 온전히 발휘할 기회를 부여한다는 사실을 실천으로 보여주었다. 멈포드는 이렇게 설명했다. "[베네딕트회 수사들은] 원고 필사, 책의 채색, 조각과 같은 보람 있는 일은 직접 했다. 반면 곡식을 갈거나 빻거나 톱질처럼 보람이 적은 일은 기계에 의지했다. 처음부터 일에 차별을 두었던 그들은 오늘날 삶의 목적이나 의미가 퇴색하는 줄도 모르고 두 가지 일 모두를 기계에 전가하려는 대다수 현대인보다 지적으로 우월하다."

베네딕트 수도원은 오랫동안 융성했다. 11세기에 이르러서는 독일, 영국, 북유럽에 자급자족형 베네딕트회 촌락이 1만 5,000개 이상이 생겼다. 냇가 근처에 자리한 이 혁신적 종교집단은 아마도 지구상에서 가장 성공적인 기업이라고 할 수도 있었다. 베네딕트회 공동체는 직접 식량을 길렀으며, 남는 식량은 탐욕의 마음을 싹부터 없애기 위해 시가보다 싼 가격에 팔았다. 수사들은 근처 농부들에게 경작과 의술에 대한 지식을 나눠주었다. 또한 방문객을 환대하고 병자들을 돌봐주었다. 모든 수사가 순번을 맡아 식사를 준비하고 음식을 날랐다. 다른 수사에게 큰 소리로 책을 읽어주었다. 제단에 그림을 그리고, 유리를 만들고, 성배에 유약을 입히고, 오르간 파이프를 만들었다. 다시 말해 그들은 세상에서 가장 훌륭한 농경 가문의 이웃이었다.

루이스 멈포드가 언급했듯이, 수사들은 단조롭고 반복적인 일을 피하기 위해 특별한 도구를 개발했다. 수사들은 처음에 말로 방아를 돌리다가 물방아로 바꾸고 이어서 풍차를 이용했다. 10세기부터 베네딕트회와 다른 수도회의 수사들은 유럽과 영국 전역에 물방아가 확산되도록 도와주었다. 그러나 물방아와 잉여에너지의 주인이 된 수도원에 많은 지위와 권위가 쌓이게 되었다. 그리고 노동절감형 기술로 인해 이 종교집단에 또 다른 문제가 발생했다. 돈이 남아돌게 된 것이다. 방앗간을 통해 풍족한 수익을 지속적으로 창출하기 시작한 11세기에 들어서면서 베네딕트회의 탐욕과 호화스런 생활을 비난하는 소리가 여기저기서 들렸다. 12세기에는 수사들의 탐욕이 주된 종교적 화두였다. 심지어 프로테스탄트들은 악마들조차 진저리를 치는 사악한 피조물로 수사들을 묘사하기까지 했다.

모든 수도원이 방앗간을 이용해 배에 기름을 채우고 권위를 확대한 것은 아니었다. 아우구스티누스회처럼 규모가 비교적 작은 수도회들은 아주 싼 값에 방앗간을 빌려주었다. 시트회는 길을 닦고 수로를 팠으며 금속을 벼릴 화로를 제작했다. 프란체스코회와 도미니크회는 가난한 사람들과 어울려 살았다. 하지만 얄궂게도 이 근면한 수도회가 오히려 북부유럽 상당 부분의 삼림 파괴를 재촉했다. 대삼림 벌채로 산이 완전히 헐벗은 결과, 영국인들은 석탄을 태우든가 아니면 얼어죽어야 할 판이었다. 고탄소 에너지 소비로 말미암아 유럽은 세속에 물들었고, 유럽인은 자급자족과 올바른 에너지 사용법을 도덕적으로 이해하는 것과도 멀어지게 되었다.

베네딕트회의 흥망은 한 편의 에너지 우화와도 같은 분위기를 풍긴다. 초창기의 베네딕트회는 신앙과 노동을 동일시하며 에너지를 우아하고 균형 있게 사용했다. 그들은 물질적 부족이 가난을 뜻하지 않는다는 것을 몸소 보여주었다. 그들은 물질적 부가 풍요를 뜻하지는 않음을, 순간의 기세가 발전이 아님을, 성장이 미덕이 아님을 보여주었다. 베네딕트회는 성취의 질을 중시했으며 효율성을 과대평가하지 않았다. 노동에 애정을 쏟음으로써 정신과 마음의 혁명을 이뤄내고, 로마시대의 무분별한 에너지 낭비를 검박하고 보람 있는 삶으로 바꿀 수 있음을 입증했다.

《덕 이후*After Virtue*》의 저자인 영국 도덕철학자 알래스데어 매킨타이어Alasdair MacIntyre는 지금 세상이 기다리는 존재는 새뮤얼 베케트의 고도가 아니라, 비록 현실에는 맞지 않더라도 더 많은 성 베네딕트라고 생각한다. 마르스크주의자에서 가톨릭으로 전향한 매킨타이어의 말을 빌리자면, 우리에게는 전세계적으로 문명과 공동체를 일신시키는 데 매진할 사람들이 절실히 필요하다. 그는 석유 질서에 예속되지 않고 다양한 도덕운동에 참여하고 싶어하는 사람들이 많다고 믿는다. 로마를 등지고 안식처와도 같은 농토로 향한 로마인들은 집약적 에너지와 시중느는 노예를 부리는 오만한 배노와도 작별을 고했다. 오늘날 에너지 남용 거부는 걷는 일에서부터 시작할 수 있다. 한 걸음 한 걸음 내디딜 때마다 희망의 땅을 밟게 된다.

실제로 희한하고 무계획적인 노예해방 운동은 이미 시작되었다. 석유를 그리고 광적으로 소비를 부추기는 에너지 노예 문화를 등지고 걸어나오는 가정과 집단이 세계 도처에서 증가하고 있다. 그들은 양 대신 질을 선택하며, 현실에 맞는 삶의 기술을 다시 학습하고 있다. 자유를 꿈꾸는 이 사람들은 천천히 먹고, 근거리 여행을 즐기며, 텃밭을 가꾸고, 윤리적으로 일하며, 공동체를 구축하고, 도구를 함께 쓰고, 경제적으로든 정치적으로든 비대해지는 것을 피한다. 무엇보다도 그들은 분수에 맞게 살면서 품위를 지키는 것이 무엇인지 다시 배우고 있다. 오래 전 그리스인들이 그랬듯이, 이들 새로운 노예제 폐지론자들은 무분별한 에너지 소비가 제우스 몰래 인간에게 불을 건네준 프로메테우스의 오만과 다르지 않음을 이해하기 시작했다.

분수에 넘치는 힘은 우리 인간이 지닌 유일하고 진실한 자산인 생명력을 약화시킨다. 더 늦기 전에 노예의 족쇄를 땅에 묻자. 그럴 때 비로소 우리는 새로운 삶을 이해하고, 과거에 누렸던 자유를 회복할 수 있을 것이다.

| 참고문헌 |

내용 전반

Blair, John. *The Control of Oil*. New York: Pantheon, 1976.

Chesterton, G.K. *The Outline of Sanity*. 1926; Norfolk, va: ihs Press, 2001.

Cook, Earl. *Man, Energy, Society*, San Francisco: W.H. Freeman, 1976.

Cottrell, Fred. *Energy and Society: The Relation between Energy, Social Changes, and Economic Development*. New York: McGraw–Hill, 1955.May 8, 2012 Crosby, Alfred W. *Children of the Sun: A History of Humanity's Unappeasable Appetite for Energy*. New York: Norton, 2006.

Debeir, Jean–Claude, Jean–Claude Deléeage, and Daniel Héemery. *In the Servitude of Power: Energy and Civilisation through the Ages*. London: Zed Books, 1991.

Flipo, Fabrice. "Energy: Prometheus bound or unbound? A conceptual approach." *s.a.p.i.en.s*. 1, no. 2 (2008).

Hall, Charles, and Kent Klitgaard. *Energy and the Wealth of Nations: Understanding the Biophysical Economy*. New York: Springer, 2012.

Illich, Ivan. *Energy and Equity*. London: Calder & Boyars, 1974.

Kohr, Léeopold. *The Breakdown of Nations*. 1957; New York: E.P. Dutton, 1978.

Olien, Roger, and Diana Davids Olien. *Oil and Ideology: The Cultural Creation of the American Petroleum Industry*. Chapel Hill: University of North Carolina Press, 2000.

Smil, Vaclav. *Energy, Food, Environment: Realities, Myths, Options*. Oxford: Clarendon, 1986.

Smil, Vaclav. *Energy in Nature and Society: General Energetics of Complex Systems*. Cambridge, ma: mit Press, 2008.

Smil, Vaclav. *Transforming the Twentieth Century: Technical Innovations and*

Their Consequences. Oxford: Oxford University Press, 2006.

Stein, Richard. *Architecture and Energy.* Garden City, ny: Anchor, 1977.

Tainter, Joseph, and Tadeusz Patzek. *Drilling Down: The Gulf Oil Debacle and Our Energy Dilemma.* New York: Springer, 2011.

Tugendhat, Christopher. *Oil: The Biggest Business.* New York: G.P. Putnam, 1968.

Wagner, Robert. *Moby-Dick and the Mythology of Oil: An Admonition for the Petroleum Age.* Charleston, sc, 2010.

Wallace, Thomas. *Wealth, Energy, and Human Values: The Dynamics of Decaying Civilizations from Ancient Greece to America.* Bloomington, in: AuthorHouse, 2009.

Weissenbacher, Manfred. *Sources of Power: How Energy Forges Human History.* 2 vols. Santa Barbara, ca: Praeger, 2009.

Yergin, Daniel. *The Prize: The Epic Quest for Oil, Money & Power.* 2001; New York: Free Press, 2008.

1장 : 인간 노예에서 에너지 노예로…

Angela, Alberto. *A Day in the Life of Ancient Rome: Daily Life, Mysteries and Curiosities.* Translated by Gregory Conti. New York: Europa Editions, 2009.

Bardi, Ugo. "Joseph Tainter: Talking about collapse." *Cassandra's Legacy* (blog), March 10, 2011. At cassandralegacy.blogspot.ca/2011/03/joseph—tainter—talking—about—collapse.html.

Bradley, K.R. *Slaves and Masters in the Roman Empire: A Study in Social Control.* 1984; New York: Oxford University Press, 1987.

Du Bois, W.E.B. *The Negro.* 1915; Forgotten Books, 2007.

Epictetus. *The Discourses.* At classics.mit.edu/Epictetus/discourses.html.

Finley, Moses. *Ancient Slavery and Modern Ideology.* 1980; Princeton, nj: Marcus Weiner, 1998.

Genovese, Eugene. *The World the Slaveholders Made: Two Essays in Interpretation.* New York: Random House, 1969.

Holt, T.W. *The Right of American Slavery.* New York: Baker & Godwin, 1850.

Jordan, Winthrop D., ed. *Slavery and the American South: Essays and Commentaries.* Jackson: University Press of Mississippi, 2003.

Meadows, Donella H. "Thomas Jefferson and Donella Meadows, slave-owners." *The Donella Meadows Archive.* November 12,1998. At sustainer.org/dhm_archive/index.php?display_article=vn770jeffersoned.

Montesquieu, Charles de Secondat, baron de. *The Spirit of Laws.* Translated by Thomas Nugent. 1752; Kitchener, on: Batoche Books, 2001.

Mouhot, Jean-François. "Past connections and present similarities in slave ownership and fossil fuel usage." *Climate Change* 105, nos. 1-2 (2011): 329-355.

Oakes, James. *The Ruling Race: A History of American Slaveholders.* New York: Knopf, 1982.

Patterson, Orlando. *Slavery and Social Death: A Comparative Study.* Cambridge, ma: Harvard University Press, 1982.

Ramsay, James. *An Essay on the Treatment and Conversion of African Slaves in the British Sugar Colonies.* London, 1784.

Seneca, Lucius Annaeus. *Moral Essays.* Translated by John W. Basore. Vol. 1. London: Heinemann, 1928.

Tainter, Joseph, T.F.H. Allen, Amanda Little, and Thomas W. Hoekstra. "Resource transitions and energy gain: Contexts of organization." *Conservation Ecology* 7, no. 3 (2003).

Thomas, Hugh. *The Slave Trade: The Story of the Atlantic Slave Trade, 1440–1870.* New York: Simon & Schuster, 1997.

Tocqueville, Alexis de. *Democracy in America.* Translated by Henry Reeve. Vol. 1. 1838; Project Gutenberg, 2006.

Urbainczyk, Theresa. *Slave Revolts in Antiquity.* Berkeley: University of California Press, 2008.

van Loon, Hendrik Willem. "Ancient and mediaeval civilizations." In *Whither Mankind a Panorama of Modern Civilization,* edited by Charles Austin Beard. New York: Longmans, Green, 1928.

2장 : 산업시대의 증기기관차

The Abolition Project. See abolition.e2bn.org.

Babbage, Charles. *On the Economy of Machinery and Manufactures.* 1833; London: J. Murray, 1846.

Boston Society for the Diffusion of Useful Knowledge. *American Library of Useful Knowledge.* Vol. 1. Boston: Stimpson and Clapp, 1831.

Carlyle, Thomas. "Signs of the times." *Edinburgh Review*, March–June 1829.

Carnegie, Andrew. *James Watt.* New York: Doubleday, Page, 1905.

Clarkson, Thomas. *An Essay on the Slavery and Commerce of the Human Species.* London, 1785.

Eltis, David. *The Rise of African Slavery in the Americas.* Cambridge: Cambridge University Press, 2000.

Farey, John. *A Treatise on the Steam Engine.* London: Longman, Rees, Orme, Brown and Green, 1827.

Fourier, Charles. *The Phalanx, or, Journal of Social Science.* 1843; New York: Burt Franklin, 1967.

Freese, Barbara. *Coal: A Human History.* Cambridge, ma: Perseus, 2003.

Hochschild, Adam. *Bury the Chains: Prophets and Rebels in the Fight to Free an Empire's Slaves.* New York: Mariner, 2006.

Mann, Horace. *Slavery: Letters and Speeches.* Boston: B.B. Mussey, 1851.

Oakes, James. *The Ruling Race: A History of American Slaveholders.* New York: Knopf, 1982.

Smith, Adam. *An Inquiry into the Nature and Causes of the Wealth of Nations.* 2 vols. 1776; Oxford University Press, 1976; rpt. Indianapolis, in: Liberty Fund, 1982.

Ubbelohde, A.R. *Man and Energy.* 1955; Revised ed.; Baltimore, md: Penguin, 1963.

Whitehead, Alfred North. *Adventures of Ideas.* 1933; New York: Free Press, 1985.

3장 : 석유 개척자들

Adams, Henry. *The Degradation of the Democratic Dogma.* New York: Macmillan, 1919.

Adams, Henry. *The Education of Henry Adams.* 1918; New York: Library of America, 2010.

Armentano, D.T. "The petroleum industry: A historical study in power." *Cato Journal* 1, no. 1 (1981).

Carson, Rachel. *Silent Spring.* Boston: Houghton Mifflin, 1962.

Co, Annie. "'Breed out the Unfit and Breed in the fit': Irving Fisher, economics and the science of heredity." *American Journal of Economics and Sociology* 64, no. 3 (2005): 793–826.

Denny, Ludwell. *We Fight for Oil.* New York: Knopf, 1928.

Fanning, Leonard. *Foreign Oil and the Free World.* New York: McGraw–Hill, 1954.

Gans, Herbert. *The Levittowners: Ways of Life and Politics in a New Suburban Community.* New York: Pantheon, 1967.

Hamilton, James D. "Oil prices, exhaustible resources, and economic growth." Prepared for *Handbook of Energy and Climate Change.* University of California, January 9, 2012.

Henry, J.T. *The Early and Later History of Petroleum: With Authentic Facts in Regard to Its Development in Western Pennsylvania, the Oil Fields of Europe, and America.* Philadelphia: Rodgers, 1873.

Ise, John. *The United States Oil Policy.* New Haven, ct: Yale University Press, 1926.

Kovarik, Bill. "The whale oil myth." *The Source: Exploring the History of Sustainable Energy* (blog), 2008. At sustainablehistory.wordpress.com/bioenergy/the–whale–oil–myth/.

Knowles, Ruth. *The Greatest Gamblers: The Epic of American Oil Exploration.* New York: McGraw–Hill, 1959.

Ling, Peter. *America and the Automobile: Technology, Reform, and Social Change.* Manchester, U.K.: Manchester University Press, 1990.

Lyman Stewart Guild. At connect.biola.edu/page.aspx?pid=402.

Marcosson, Isaac. *The Black Golconda: The Romance of Petroleum.* New York: Harper, 1923.

McLaurin, John J. *Sketches in Crude-Oil: Some Accidents and Incidents of the Petroleum Development in All Parts of the Globe.* 1896; Franklin, pa, 1902

McNichol, Dan. *The Roads That Built America: The Incredible Story of the U.S. Interstate System.* Sterling, 2005.

"Oil and the history of Southern California—Question." Interview with Eric Schlosser. *New York Times*, February 22, 2008.

Oklahoma Corporation Commission, Oil and Gas Conservation Division.

A History of Energy. PowerPoint presentation. At occeweb.com/og/ publications.htm.

Olien, Roger, and Diana Davids Olien. *Easy Money: Oil Promoters and Investors in the Jazz Age.* Chapel Hill: University of North Carolina Press, 1990.

Olien, Roger, and Diana Davids Olien. *Oil Booms: Social Change in Five Texas Towns.* Lincoln: University of Nebraska Press, 1982.

Pogue, Joseph E. *The Economics of Petroleum.* New York: Wiley, 1921.

Prindle, David. *Petroleum Politics and the Texas Railroad Commission.* Austin: University of Texas Press, 1981.

Reeve, Sidney Armor. *Energy: Work, Heat and Transformation.* New York: McGraw-Hill, 1909.

Rickover, Hyman G. "Energy resources and our future." Remarks prepared for the Annual Scientific Assembly of the Minnesota State Medical Association, St. Paul, Minnesota, May 14, 1957.

Sabin, Paul. "Home and abroad: The two 'wests' of twentieth-century United States history." *Pacific Historical Review* 66, no. 3 (1997): 305–335.

Solberg, Carl. *Oil Power.* New York: Mason/Charter, 1976.

Stegner, Wallace. *Discovery! The Search for Arabian Oil.* 1971; Vista, ca: Selwa, 2007.

Tarbell, Ida. *The History of the Standard Oil Company.* New York: McClure, Phillips, 1904.

Vance, Rupert. *Human Geography of the South: A Study in Regional Resources and Human Adequacy.* Chapel Hill: University of North Carolina Press, 1932.

Veblen, Thorstein. *The Theory of the Leisure Class: An Economic Study in the Evolution of Institutions.* New York: Macmillan, 1899.

White, Leslie. "Energy and the evolution of culture." *American Anthropologist* 45, no. 3 (1943): 335–356.

White, William. *The Organization Man.* New York: Simon & Shuster, 1956.

4장 : 새로운 예속이 사작되다

Angela, Alberto. A *Day in the Life of Ancient Rome: Daily Life, Mysteries and Curiosities.* Translated by Gregory Conti. New York: Europa Editions, 2009.

Bain, H. Foster. "China's coal reserves." *Foreign Affairs*, April 1928.

Dukes, Jeffrey S. "Burning buried sunshine: Human consumption of ancient solar energy." *Climatic Change* 61, nos. 1–2 (2003): 31–44.

Freyre, Gilberto. *The Mansions and the Shanties: The Making of Modern Brazil*. Translated by Harriet de Onils. New York: Knopf, 1963.

Fuller, R. Buckminster. *Nine Chains to the Moon*. Philadelphia: Lippincott, 1938.

Graeber, David. *Debt: The First 5,000 Years*. Brooklyn, ny: Melville House, 2011.

Hodgkinson, Will. "Is slavery the new green energy?" *The Guardian*, December 3, 2009.

Hoffman, Andrew. "Climate change as a cultural and behavioral issue: Addressing barriers and implementing solutions." *Organizational Dynamics* 39 (2010).

Krausse, Joachim, and Claude Lichtenstein, eds. *Your Private Sky: R. Buckminster Fuller, the Art of Design Science*. Translated by Steven Lindberg and Julia Thorsen. Baden: Lars Muller, 2001.

Piller, Ingrid. *American Automobile Names*. PhD Diss., Dresden University, 1995.

Smil, Vaclav. "Energy at the crossroads." Paper presented at the oecd Global Science Forum, Paris, May 17–18, 2006.

Smil, Vaclav. *Why America Is Not a New Rome*. Cambridge, ma: mit Press, 2010.

Tertzakian, Peter, with Keith Hollihan. *The End of Energy Obesity: Breaking Today's Energy Addiction for a Prosperous and Secure Tomorrow*. Hoboken, nj: Wiley, 2009.

Ubbelohde, A.R. *Man and Energy*. 1955. Revised ed.; Baltimore, md: Penguin, 1963.

5장 : 위기에 빠진 농업을 구하라!

Al-Asi, Taysir. "Overweight and obesity among Kuwait Oil Company employees: A cross-sectional study." *Occupational Medicine* 53 (2003): 431–435.

Berry, Wendell. "The pleasures of eating." In *What Are People For? Essays*. San Francisco: North Point, 1990.

Berry, Wendell. *The Unsettling of America: Culture and Agriculture*. San Francisco: Sierra Club Books, 1977.

Berton, Hal, William Kovarik, and Scott Sklar. *The Forbidden Fuel: A History of*

Power Alcohol. Rev. ed. Lincoln: University of Nebraska Press, 2010.

Billard, Jules B., and Blair, James P. "The revolution in American agriculture." *National Geographic* 137, no. 2 (February 1970).

Braudel, Fernand. *Memory and the Mediterranean*. Translated by Siâan Reynolds. New York: Knopf, 2001

Bray, George. "History of obesity." In *Obesity: Science to Practice*, edited by Gareth Williams and Gema Fruhbeck. Chichester, U.K.: Wiley, 2009.

Buncombe, Andrew. "The good life in Havana: Cuba's green revolution." *The Independent*, August 8, 2006.

Canning, Patrick, Ainsley Charles, Sonya Huang, Karen R. Poenske, and Arnold Water. *Energy Use in the U.S. Food System*. Economic Research Report 94. Washington D.C.: United States Department of Agriculture, Economic Research Service, 2010.

Davis, Adrian, Carolina Valsecchi, and Malcolm Fergusson. *Unfit for Purpose: How Car Use Fuels Climate Change and Obesity*. London: Institute for European Environmental Policy, 2007.

Diamond, Jared. "The worst mistake in the history of the human race." *Discover Magazine*, May 1987, pp. 64-66.

Drewnowski, Adam. "Obesity, diets, and social inequalities." *Nutrition Reviews* 67, Suppl. 1 (2009): S36-S39.

Drewnowski, Adam, and S.E. Specter. "Poverty and obesity: The role of energy density and energy costs." *American Journal of Clinical Nutrition* 79, no. 1 (2004): 6-16.

Eades, Michael R. "Why we get fat" (blog post). Review of Gary Taubes, *Why We Get Fat*. May 6, 2011. At proteinpower.com/drmike/low−carb−library/why−we−get−fat.

Ewing, Ed. "Cuba's organic revolution." *The Guardian*, April 4, 2008.

Food and Agriculture Organization of the United Nations. *"Energy-Smart" Food for People and Climate*. Rome: fao, 2011.

Fraser, Evan D.G., and Andrew Rimas. *Empires of Food: Feast, Famine, and the Rise and Fall of Civilizations*. New York: Free Press, 2010.

Funes−Monzote, Fernando. *Towards Sustainable Agriculture in Cuba*. 2006. At campus.usal.es/~ehe/Papers/Microsoft%20Word%20−%20Towards%20 sustainable%20agriculture%20in%20Cuba%201st%20August[1].pdf.

Gandhi, Mahatma. *Hind Swaraj or Indian Home Rule*. Phoenix, India: International Printing Press, 1909.

Giampietro, Mario, and Kozo Mayumi. *The Biofuel Delusion: The Fallacy of Large-Scale Agro-Biofuel Production*. London: Earthscan, 2009.

Howard, Albert. *An Agricultural Testament*. London: Oxford University Press, 1944.

Jancovici, Jean-Marc. "How much of a slave am I?" *Manicore*, August 2005. At manicore.com/anglais/documentation_a/slaves.html.

Johansson, Kersti, Karin Liljequist, Lars Ohlander, and Kjell Aleklett. "Agriculture as provider of both food and fuel." *ambio: A Journal of the Human Environment* 39, no. 2 (2010): 91-99.

Khosruzzaman, Shaikh, M. Ali Asgar, K.M. Rezaur Rahman, and Showkat Akbar. "Energy intensity and productivity in relation to agriculture-Bangladesh perspective." *Journal of Bangladesh Academy of Sciences* 34, no. 1 (2010), 59-70.

Krausmann, Fridolin, Helmut Haberl, Neils B. Schulz, Karl-Heinz Erb, Ekkehard Darge, and Veronika Gaube. "Land-use change and socio-economic metabolism in Austria—Part i: Driving forces of land-use change: 1950-1995." *Land Use Policy* 20, no. 1 (2003): 1-20.

Lang, Susan. "Cornell ecologists' study finds that producing ethanol and biodiesel from corn and other crops is not worth the energy." Cornell University News Service, July 5, 2005. At news.cornell.edu/stories/july05/ethanol.toocostly.ssl.html.

Manning, Richard. "The oil we eat: Following the food chain back to Iraq." *Harper's Magazine*, February 2004.

Marx, Karl, and Friedrich Engels. *The Communist Manifesto*. 1848; London: Penguin, 2012.

Nikiforuk, Andrew. *Pandemonium: Bird Flu, Mad Cow Disease and Other Biological Plagues of the 21st Century*. Toronto: Penguin, 2006.

Odum, Howard T. *Environment, power, and society*. New York: Wiley, 1971.

Pimentel, David. "Reducing energy inputs in the agricultural production system." *Monthly Review* 61, no. 3 (2009).

Patzek, Tad. "Thermodynamics of the corn–ethanol biofuel cycle." *Critical Reviews in Plant Sciences* 23, no. 6 (2004): 519–567.

Philpott, Tom. "An interview with David Pimentel." *Grist*, December 9, 2006. At grist.org/food/philpott2/.

Potter, David M. *People of Plenty: Economic Abundance and the American Character.* Chicago: University of Chicago Press, 1954.

Rathje, William, and Cullen Murphy. *Rubbish! The Archaeology of Garbage.* Tucson: University of Arizona Press, 2001.

Rockström, Johan, et al. (The Resilience Alliance). "Planetary boundaries: Exploring the safe operating space for humanity." *Ecology and Society* 14, no. 2 (2009). At stockholmresilience.org/download/18.8615c78125078c8d3 380002197/ES–2009–3180.pdf.

Shiva, Vandana. *Soil Not Oil: Environmental Justice in a Time of Climate Crisis.* Cambridge, ma: South End Press, 2008.

Smil, Vaclav. "Detonator of the population explosion." *Nature*, July 29, 1999.

Smil, Vaclav. "Nitrogen cycle and world food production." *World Agriculture* 2 (2011): 9–11.

Twelve Southerners. *I'll Take My Stand: The South and the Agrarian Tradition.* New York: Harper, 1930.

6장 : 인류의 비아그라

Aligica, Paul Dragos. "Julian Simon and the 'limits to growth' neo–Malthusianism." *Electronic Journal of Sustainable Development* 1, no. 3 (2009).

Bardi, Ugo. "The Seneca effect: Why decline is faster than growth." *Cassandra's Legacy*, August 28, 2011. At cassandralegacy.blogspot.ca/2011/08/seneca–effect–origins–of–collapse.html.

Bartlett, Albert. "Reflections on sustainability, population growth and the environment–revisited." *Renewable Resources Journal* 15, no. 4 (1997): 6–23.

Cellier, François. "Ecological footprint, energy consumption, and the looming collapse." *The Oil Drum*, May 16, 2007. At theoildrum.com/node/2534.

Chesterton, G.K. *Eugenics and Other Evils.* London: Cassell, 1922.

Coleman, David, and Robert Rowthorn. "Who's afraid of population decline? A critical examination of its consequences." *Population and Development Review* 37, Suppl. 1 (2011): 217–248.

Ehrlich, Paul. *Population Bomb*. New York: Ballantine, 1968.

Ellul, Jacques. *The Technological Bluff*. Translated by Geoffrey W. Bromily. Grand Rapids, mi: Eerdmans, 1990.

Elton, Charles. "The study of epidemic diseases among wild animals." *Journal of Hygiene* 31, no. 4 (1931): 435–456.

Firth, Niall. "Human race 'will be extinct within 100 years,' claims leading scientist." *Daily Mail*, June 19, 2010.

Fischer, David Hackett. *The Great Wave: Price Revolutions and the Rhythm of History*. New York: Oxford University Press, 1996.

Grantham, Jeremy. "Time to wake up: Days of abundant resources and falling prices are over forever." *gmo Quarterly Letter*, April 2011.

Hubbert, M. King. *Energy Resources*. Washington, D.C.: National Academy of Sciences, National Research Council, 1962.

Hubbert, M. King. "Exponential growth as a transient phenomenon in human history." In *Societal Issues, Scientific Viewpoints*, edited by Margaret A. Strom. New York: American Institute of Physics, 1976.

Kurtz, Stanley. "Demographics and the culture war." *Policy Review* 129 (February 1, 2005).

McNeill, J.R. *Something New under the Sun: An Environmental History of the Twentieth-Century World*. New York: Norton, 2000.

Peters, Gary. "Peak oil and the third demographic transition: A preliminary model." *Our Finite World*, March 28, 2011. At ourfiniteworld. com/2011/03/28/peak−oil−and−the−third−demographic−transition−a− preliminary−model/.

Pimentel, David, and Russell Hopfenberg. "Human population numbers as a function of food supply." *Environment, Development and Sustainability* 3, no. 1 (2001): 1–15.

"The revenge of Malthus: A famous bet recalculated." *The Economist*, August 6, 2011.

Revkin, Andrew, and Vaclav Smil. "9 billion people + 1 planet = ?" Quantum to Cosmos Festival, Perimeter Institute, Waterloo, on, Canada, October 17, 2009.

Rotella, Carlo. "Can Jeremy Grantham profit from ecological mayhem?" *New York Times Magazine*, August 11, 2011.

Simon, Julian. *The Ultimate Resource*. Princeton, nj: Princeton University Press, 1981.

Skakkebæk, Niels, et al. "Is human fecundity declining?" *International Journal of Andrology* 29 (2006): 2–11.

World Wildlife Federation. *Living Planet Report*. wwf, 2010. At wwf.panda.org/about_our_earth/all_publications/living_planet_report/2010_lpr/.

Zabel, Graham. "Peak people: The interrelationship between population growth and energy resources." *Energy Bulletin*, April 20, 2009. At energybulletin.net/node/48677.

7장 : 욕망의 용광로가 된 도시

Batty, Michael, and Stephen Marshall. "The evolution of cities: Geddes, Abercrombie and the New Physicalism." *Town Planning Review* 80, no. 6 (2009): 551–574.

Berry, Wendell. "Out of your car, off your horse." *Atlantic Monthly*, February 1991.

Bettencourt, Luis, and Geoffrey West. "A unified theory of urban living." *Nature* 467 (October 2010): 912–913.

Campanella, Thomas. *The Concrete Dragon: China's Urban Revolution and What It Means for the World*. New York: Princeton Architectural Press, 2008.

Crary, Duncan. *The KunstlerCast: Conversations with James Howard Kunstler*. Gabriola Island, bc: New Society Publishers, 2011.

Dobbs, Richard, and Remes, Jaana. "What's the biggest limit on city growth? (Hint: it's not steel or cement)." *What Matters*, February 1, 2011. At whatmatters.mckinseydigital.com/cities/what–s–the–biggest–limit–on–city–growth–hint–it–s–not–steel–or–cement.

Engel, Katalina, Dorothee Jokiel, Andrea Kraljevic, Martin Geiger, and Kevin Smith. *Big Cities, Big Water, Big Challenges: Water in an Urbanizing World*. Berlin: wwf Germany, August 2011.

"A few words with Vaclav Smil." *Gridlines*, Summer 2011.

Geddes, Patrick. *Cities in Evolution: An Introduction to the Town Planning Movement and to the Study of Civics*. London: Williams & Norgate, 1915.

Girardet, Herbert. "Cities, people, planet." Schumacher Lectures, Liverpool, U.K., April 2000.

Kohr, Lépold. "The eve of 1984." Acceptance speech for the Right Livelihood Award, December 9, 1983. At rightlivelihodd.org/kohr_speech.html.

Lehrer, Jonah. "A physicist solves the city." *New York Times Magazine*, December 17, 2010.

Lemann, Nicholas. "Has the celebration of cities gone too far?" *The New Yorker*, June 27, 2011.

Lerup, Lars. *After the City*. Cambridge, ma: mit Press, 2000.

Lerup, Lars. "Toxic ecology: The struggle between nature and culture in the suburban megacity." Megacities Lecture, Amsterdam, November 17, 2005. At megacities.nl/?page_id=82.

Mumford, Lewis. *The City in History: Its Origins, Its Transformations, and Its Prospects*. New York: Harcourt, Brace, 1961.

Mumford, Lewis. *The Culture of Cities*. 1938; New York: Harcourt Brace Jovanovich, 1970.

Newman, Peter. "Sustainability and cities: Extending the metabolism model." *Landscape and Urban Planning* 44, no. 4 (1999): 219–226.

Pedersen, Martin C. "The Chinese century." Interview with Thomas Campanella. *Metropolis Magazine*, September 2008.

Phdungslip, Aumnad. *Energy Analysis for Sustainable Mega-Cities*. Licentiate thesis, School of Industrial Engineering and Management, Stockholm, 2006.

Reeve, Sidney A. "Congestion in cities." *The Geographical Review* 3, no. 4 (1917).

Schumacher, E.F. *Small Is Beautiful. Economics as if People Mattered*. New York: Harper & Row, 1973.

Sheehan, Paul. "Life's a bitumen nightmare as cities get hotter than hell." *Sidney Herald*, February 15, 2010.

un–Habitat. *State of the World's Cities 2008/2009: Harmonious Cities*. un–Habitat, 2008.

Watts, Jonathan. *When a Billion Chinese Jump: How China Will Save Mankind or*

Destroy It. London: Faber and Faber, 2010.

Williams, Mike. "Metropolitan man: Departing Architecture dean Lars Lerup takes a hard look at Houston's future." *Rice News*, July 10, 2009. At news.rice. edu/2009/07/10/departing-architecture-dean-lars-lerup-takes-a-hard-look-at-houstons-future/.

8장 : 공상과학 소설을 쓰는 경제학자들

Aleklett, Kjell. "Peak oil and the evolving strategies of oil importing and exporting countries." In oecd International Transport Forum, Round Table 139, *Oil Dependence: Is Transport Running Out of Affordable Fuel?* oecd, 2008.

Aleklett, Kjell, Mikael Höök, Kristofer Jakobsson, Michael Lardelli, Simon Snowden, and Bengt Söerbergh. "The peak of the oil age: Analyzing the world oil production Reference Scenario in World Energy Outlook 2008." *Energy Policy* 38, no. 3 (2010): 1398–1414.

Ayres, Robert. "Energy intensity, efficiency and economics." Lecture, imf Research Department, December 7, 2010.

Ayres, Robert U., and Benjamin Warr. "Accounting for growth: The role of physical work." In *Advances in Energy Studies*, edited by Sergio Ulgiati. Padova, Italy: sgeditoriali, 2003; *Structural Change and Economic Dynamics* 16 (2005): 181–209.

Beaudreau, Bernard C. "Engineering and economic growth." October 2001. At papers.econ.mpg.de/evo/Conference_papers/Production/Beaudreau.pdf.

Bradley, Robert, Jr. "Dear peak oilers: Please consider Erick Zimmermann's 'functional theory' of mineral resources." *MasterResource* (blog), October 22, 2010. At masterresource.org/2010/10/dear-peak-oilers-zimmermanns-functional-theory/

Bradley, Robert L., Jr., and Richard W. Fulmer. *Energy: The Master Resource.* Dubuque, ia: Kendall, 2004.

Cleveland, Cutler J . "Biophysical economics: From physiocracy to ecological economics and industrial ecology." In *Bioeconomics and Sustainability: Essays in Honor of Nicholas Georgescu-Roegen*, edited by Kozo Mayumi and John Gowdy. Cheltenham, U.K.: Edward Elgar, 1999.

Cowen, Tyler. *The Great Stagnation: How America Ate All the Low-Hanging Fruit of Modern History, Got Sick, and Will (Eventually) Feel Better.* New York: Penguin, 2011.

Frey, Donald E. *America's Economic Moralists: A History of Rival Ethics and Economics.* Albany: State University of New York Press, 2009.

Geddes, Patrick. *John Ruskin: Economist.* Edinburgh: William Brown, 1884.

Georgescu-Roegen, Nicholas. "Energy and economic myths." *Southern Economic Journal* 41, no. 3 (1975).

Georgescu-Roegen, Nicholas. "The entropy law and the economic process in retrospect." *Eastern Economic Journal* 12, no. 1 (1986): 3-25.

Gowdy, John, and Susan Mesner. "The Evolution of Georgescu-Roegen's Bioeconomics." *Review of Social Economy* 41, no. 2 (1998): 136-156.

Hall, Charles. "Exchange on the difference between biophyscial and ecological economics." Email to A., March 3, 2009. At biophysicalecon.blogspot.ca.

Hall, Charles A., and Kent Klitgaard. "The need for a new, biophysical-based paradigm in economic for the second half of the age of oil." *International Journal of Transdisciplinary Research* 1, no. 1 (2006): 4-22.

Hall, Charles A., and Joe-Young Ko. "Energy and international development: A systems approach to economic development," In *Proceedings of iv Biennial International Workshop "Advances in Energy Studies,"* edited by Enrique Ortega and Sergio

Ulgiati. Unicamp, Campinas, Sã Paolo, Brazil, June 16-19, 2004.

Hamilton, James D. "Historical oil shocks." Prepared for *Handbook of Major Events in Economic History.* University of California, San Diego, February 1, 2011.

Hamilton, James D. "Oil prices, exhaustible resources, and economic growth," Prepared for *Handbook of Energy and Climate Change.* University of California, January 9, 2012.

Hobson, J.A. *John Ruskin: Social Reformer.* Boston: Dana Estes, 1898.

Jevons, W. Stanley. *The Coal Question: An Inquiry Concerning the Progress of the Nation, and the Probable Exhaustion of Our Coal-Mines.* 3rd ed. 1866; New York: Augustus M. Kelley, 1965.

Lebow, Victor. "Price competition in 1955." *Journal of Retailing* 31, no. 1 (1955).

Leontief, Wassily W. Letter. *Science*, July 9, 1982.

Martinez—Alier, Juan. *Energy-Related Issues in Early Economic Literature*. Ottawa: Energy Research Group, March 1986.

Marx, Karl, and Friedrich Engels. *The Communist Manifesto*. 1848; London: Penguin, 2002.

MasterResource: A Free-Market Energy Blog. At www.masterresource.org/.

McNeill, J.R. *Something New under the Sun: An Environmental History of the Twentieth-Century World*. New York: Norton, 2000.Orlov, Dmitry. 'Closing the 'collapse gap': The ussr was better prepared for collapse than the us.' *Energy Bulletin*, December 4, 2006.

"Powering the economic growth engine." insead, December 28, 2010. At knowledge.insead.edu/TheEconomicGrowthEngine090716.cfm.

Reynolds, Douglas. "Peak oil and the fall of the Soviet Union: Lessons of the collapse." *The Oil Drum*, May 21, 2011. Available at www.theoildrum.com/node/7878.

Ruskin, John. *The Communism of John Ruskin; or, "Unto This Last": Two Lectures from "The Crown of Wild Olive" and Selections from "Fors Clavigera."* Edited by W.D.P. Bliss. New York: Humboldt, 1891.

Ruskin, John. *The Seven Lamps of Architecture*. 1849. Orpington; London: George Allen, 1889.

Samuelson, Paul, and William Nordhaus, *Economics*. 18th ed. New York: McGraw—Hill, 2004.

Simon, Julian. *The Ultimate Resource*. Princeton, nj: Princeton University Press, 1981.

Smith, Adam. *An Inquiry into the Nature and Causes of the Wealth of Nations*. 2 vols. 1776; Oxford University Press, 1976; rpt. Indianapolis, in: Liberty Fund, 1982.

Soddy, Frederick. *Cartesian Economics: The Bearing of Physical Science upon State Stewardship*. London: Hendersons, 1921.Soddy, Frederick. *Matter and Energy*. London: Williams & Norgate, 1912.

Soddy, Frederick. *The Role of Money: What It Should Be, Contrasted with What It Has Become*. London: George Routledge, 1934.

Soddy, Frederick. *Wealth, Virtual Wealth and Debt: The Solution of the Economic*

Paradox. London: Allen & Unwin, 1926.

Solow, Robert. "An almost practical step toward sustainability." In National Research Council, Commission on Geosciences, Environment, and Resources and Commission on Behavioral and Social Sciences and Education, *Assigning Economic Value to Natural Resources*. Washington, D.C.: National Academy Press, 1994.

Solow, Robert. "The economics of resources or the resources of economics." *American Economics Review* 64 (1974): 1–14.

Spiegel, Henry. *The Growth of Economic Thought*. 2nd ed. Durham, nc: Duke University Press, 1983.

Taleb, Nicholas Nassim. *The Black Swan: The Impact of the Highly Improbable*. 2nd ed. New York: Random House, 2010.

Zimmermann, Erich. *World Resources and Industries: A Functional Appraisal of the Availability of Agricultural and Industrial Resources*. New York: Harper, 1933.

9장 : 과학은 이미 정점을 찍었다

Angelica, Amara. "A limitless power source for the indefinite future." *Kurzweil Accelerating Intelligence Blog*, November 11, 2011. At kurzweilai.net/a-limitless-power-source-for-the-indefinite-future.

Bardi, Ugo. "Peak research." *Cassandra's Legacy*, July 22, 2011. At cassandralegacy.blogspot.ca/2011/07/peak-research.html.

Carpenter, Edward. *Civilisation: Its Cause and Cure, and Other Essays*. London: Swan Sonnenschein, 1897.

Carrel, Alexis. *Man, the Unknown*. New York: Harper, 1935.

"China's phony science." *The New Atlantis*, Summer 2006, pp. 103–106.

Coy, Peter. "The Other U.S. energy crisis: Lack of r&d." *Bloomberg Businessweek*, June 17, 2010. At businessweek.com/magazine/content/10_26/b4184029812114.htm.

De Decker, Kris. "The monster footprint of digital technology." *Low-tech Magazine*, June 16, 2009. At lowtechmagazine.com/2009/06/embodied-energy-of-digital-technology.html.

Ellul, Jacques. *Perspectives on Our Age: Jacques Ellul Speaks on His Life and Work*. Edited by William H. Vanderburg. Translated by Joachim Neugroschel. Originally broadcast on *Ideas*, cbc Radio. Toronto: Canadian Broadcasting Corporation, 1981.

Ellul, Jacques. *The Technological Bluff*. Translated by Geoffrey W. Bromily. Grand Rapids, mi: Eerdmans, 1990.

Ellul, Jacques. *The Technological Society*. Translated by John Wilkinson. New York: Knopf, 1964.

Epstein, Richard. *Overdose: How Excessive Government Regulation Stifles Pharmaceutical Innovation*. New Haven, ct: Yale University Press, 2006.

Glass, Bentley. "On scientific progress and its limits." *Quarterly Review of Biology* 54, no. 4 (1979): 417–419.

Gutowski, Thomas G., Matthew S. Branham, Jeffrey B. Dahmus, Alissa J. Jones, and Alexandre Thiriez. "Thermodynamic analysis of resources used in manufacturing processes." *Environmental Science & Technology* 43, no. 5 (2009): 1584–1590.

Hansson, Anders, and Måten Bryngelsson. "Expert opinions on carbon dioxide capture and storage—A framing of uncertainties and possibilities." *Energy Policy* 37, no. 6 (2009): 2273–2282.

Hays, Jeffrey. "Academic misconduct in China." FactsandDetails.Com. Accessed July 2011 at factsanddetails.com/china.php?itemid=1651&catid=13&subcati d=82.

Huebner, Jonathan. "A possible declining trend for worldwide innovation." *Technological Forecasting & Social Change* 72 (2005): 980–986.

Huxley, Aldous. *Science, Liberty and Peace*. 1946; London: Chatto & Windus, 1950.

Javitz, Harold, Teresa Grimes, Derek Hill, Alan Rapoport, Robert Bell, Ron Fesco, and Rolf Lehming. *U.S. Adademic Scientific Publishing*. Working Paper. National Science Foundation, 2010.

Jones, Steve. "One gene will not reveal all life's secrets." *The Telegraph*, April 20, 2009.

Liao, Matthew. "Human Engineering and Climate Change." February 2, 2012. *Ethics, Policy and the Environment*, forthcoming.

Liebig, Justus von. *Familiar Letters on Chemistry, in Its Relations to Physiology,*

Dietetics, Agriculture, Commerce, and Political Economy. 3rd ed. London: Taylor, Walton, & Maberly, 1851.

Mankins, John C., ed. *Space Solar Power: The First International Assessment of Space Solar Power: Opportunities and Potential Pathways Forward*. International Academy of Astronautics. Toronto: Space Canada, 2011.

Martin, Brian. "Scientific fraud and the power structure of science." *Prometheus* 10, no. 1 (1992): 83–98.

Mervis, Jeffrey. "U.S. output flattens, and nsf wonders why." *Science*, August 3, 2007.

Naik, Gautam. "Mistakes in scientific studies surge." *Wall Street Journal*, August 10, 2011.

Nemet, Gregory F., and Daniel M. Kammen. "U.S. energy research and development: Declining investment, increasing need, and the feasibility of expansion." *Energy Policy* 35 (2007): 746–755.

Price, Derek J. de Solla. *Little Science, Big Science—and Beyond*. First edition published as *Little Science, Big Science*, 1963. New York: Columbia University Press, 1986.

Rescher, Nicholas. *The Limits of Science*. Rev. ed. Pittsburgh, pa: University of Pittsburgh Press, 1999.

Retraction Watch. At retractionwatch.wordpress.com.

"Scientific fraud: Action needed in China." *The Lancet*, January 9, 2010.

Sclove, Richard E. "From alchemy to atomic war: Frederick Soddy's 'technology assessment' of atomic energy, 1900–1915." *Science, Technology & Human Values* 14, no. 2 (1989): 163–194.

Smil, Vaclav. "Energy at the crossroads." Paper presented at the oecd Global Science Forum, Paris, May 17–18, 2006.

Smil, Vaclav. "Long-range energy forecasts are no more than fairy tales." *Nature*, May 8, 2008.

Soddy, Frederick. *Science and Life: Aberdeen Addresses*. London: J. Murray, 1920.

Spreng, Daniel, Gregg Marland, and Alvin M. Weinberg. "co2 capture and storage: Another Faustian bargain?" *Energy Policy* 35, no. 2 (2007): 850–854.

Steen, R. Grant. "Retractions in the scientific literature: Is the incidence of research fraud increasing?" *Journal of Medical Ethics* 37 (2011): 249-253.

Tainter, Joseph. "Problem solving: Complexity, history, sustainability, population and environment." *Population and Environment* 22, no. 1 (2000): 3-41.

Tainter, Joseph, T.F.H. Allen, Amanda Little, and Thomas W. Hoekstra. "Resource transitions and energy gain: Contexts of organization." *Conservation Ecology* 7, no. 3 (2003).

Unruh, Gregory. "Understanding carbon lock-in." *Energy Policy* 28, no. 12 (2000): 817-830.

Verleger, Philip K., Jr. "Forty years of folly: The failure of U.S. energy policy." *International Economy*, Winter 2011.

10장 : 롤러코스터를 타는 석유국가들

Berry, Jason. "bp storm: Tulane prof Oliver Houck warned for decades of peril of lax energy regulations." *Politics Daily*, June 6, 2010. At politicsdaily. com/2010/06/13/bp-storm-tulane-prof-oliver-houck-warned-for-decades-of-peril-o/.

Blanchard, Christopher. *The Islamic Traditions of the Wahhabism and Salafiyya.* Congressional Research Service Report for Congress, Order Code rs21695. Washington, D.C.: Library of Congress, January 24, 2008.

Bower, Tom. *Oil: Money, Politics, and Power in the 21st Century.* London: Harper, 2010.

Burrough, Bryan. *The Big Rich: The Rise and Fall of the Greatest Texas Oil Fortunes.* New York: Penguin, 2009.

Cornwall Alliance for the Stewardship of Creation. At www.cornwallalliance.org.

Curry, Judith. "Understanding conservative religious resistance to climate science." Interview with David Gushee. *Climate Etc.* (blog), December 20, 2010. At judithcurry.com/2010/12/20/understanding-conservative-religious-resistance-to-climate-science/.

Fineberg, Richard. "Commentary: An introduction to petropolitics." *Fineberg Research Archives*, August 2004. At finebergresearch.com/archives/arcpetropolitics.html.

Goldberg, Ellis, Erik Wibbels, and Eric Mvukiyehe. "Lessons from strange cases:

Democracy, development and the resource curse in the United States." *Comparative Political Studies* 4, no. 4/5 (2008): 477–514.

Gorshkov, Victor G., Anastassia M. Makarieva, and Bai-Lian Li. "Comprehending ecological and economic sustainability: Comparative analysis of stability principles in the biosphere and free market economy." *Annals of the New York Academy of Sciences* 1195 (2010): e1–e18.

Green, Joshua. "The tragedy of Sarah Palin." *The Atlantic*, June 2011.

Gushee, David. *The Future of Faith in American Politics: The Public Witness of the Evangelical Center*. Waco, tx: Baylor University Press, 2008.

Homans, Charles. "rip Ted Stevens, architect of the Alaskan petrostate." *Foreign Policy*, August 10, 2010. At oilandglory.foreignpolicy.com/posts/2010/08/10/rip_ted_stevens_architect_of_the_alaskan_petrostate.

Juhasz, Antonia. *The Tyranny of Oil: The World's Most Powerful Industry—and What We Must Do to Stop It*. New York: William Morrow, 2008.

Karl, Terry Lynn. *Democracy over a Barrel: Oil, Regime Change and War*. csdWorking Papers 8, no. 7. Center for the Study of Democracy, University of California–Irvine, July 7, 2008.

Karl, Terry Lynn. *Oil-Led Development: Social, Political, and Economic Consequences*. cddrlWorking Papers no. 80. Center on Democracy, Development, and the Rule of Law, Stanford University, January 2007.

Karl, Terry Lynn. *The Paradox of Plenty: Oil Booms and Petro-States*. Berkeley: University of California Press, 1997.

Karl, Terry Lynn. "The perils of the petro-state: Reflections on the paradox of plenty." *Journal of International Affairs* 53, no. 1 (1999).

Kelley, Wayne, and Richard Bishop. *Global Oil Trade: The Relationship between Wealth Transfer and Giant Fields*. Houston: rsk Limited, September 20, 2010. At rskuklimited.com/news/?p=156.

Kruse, Kevin. "For God so loved the 1 percent." *New York Times*, January 17, 2012.

Martinez, Ibsen. "The curse of the petro-state: The example of Venezuela." *Library of Economics and Liberty*, September 5, 2005. At econlib.org/library/Columns/y2005/Martinezpetro.html.

Mitchell, Timothy. *Carbon Democracy: Political Power in the Age of Oil*. New

York: Verso, 2011.

Mufson, Steven. "America's petro-state: Louisiana has paid a steep price for its bargain with the oil industry." *Washington Post,* July 24, 2010.

Orlov, Dimitry. "Closing the 'Collapse Gap': The ussr was better prepared for collapse than the us." *Energy Bulletin,* December 4, 2006. At energybulletin.net/node/23259.

O'Rourke, Dara, and Sarah Connolly. "Just oil? The distribution of environmental and social impacts of oil production and consumption." *Annual Review of Environment and Resources* 28 (2003): 587–617.

Ross, Michael. *The Oil Curse: How Petroleum Wealth Shapes the Development of Nations.* Princeton, nj: Princeton University Press, 2012.

Ross, Michael. "Oil, Islam, and women." *American Political Science Review* 102, no. 1 (2008): 107–123.

Ryggvik, Helge. *The Norwegian Oil Experience: A Toolbox for Managing Resources?* Translated by Laurence Cox. Oslo: Centre for Technology, Innovation and Culture, University of Oslo, 2010. At dublinopinion.com/downloads/Norwegian_Oil_Experience_ilr.pdf.

Sætre, Simen. *Petromania.* Oslo: J.M. Stenersens Forlag, 2009.

Sala–i–Martin, Xavier, and Arvind Subramanian. *Addressing the Natural Resource Curse: An Illustration from Nigeria.* imfWorking Paper. Washington D.C.: International Monetary Fund, July 2003.

Sandu, Martin. "The Iraqi who saved Norway from oil." *Financial Times,* August 29, 2009.Schatz, Sayre P. "Pirate capitalism and the inert economy of Nigeria." *Journal of Modern African Studies* 22, no. 1 (1984): 44–57.

Signer, Michael. *Demagogue: The Fight to Save Democracy from Its Worst Enemies.* New York: Palgrave Macmillan, 2009.

Stern, Roger. "United States cost of military force projection in the Persian Gulf, 1976–2007." *Energy Policy* 38 (2010): 2816–2825.

Thompson, Chuck. *Smile When You're Lying: Confessions of a Rogue Travel Writer.* New York: Holt, 2007.

Vulliamy, Ed. "Dark heart of the American dream." *The Observer Magazine,* June 16, 2002.

Watts, Michael. "Oil, development, and the politics of the bottom billion."

Macalester International 24 (2009). At digitalcommons.macalester.edu/
macintl/vol24/iss1/11.

White, Richard D., Jr. *Kingfish: The Reign of Huey P. Long.* New York: Random
House, 2006.

11장 : 바닥난 에너지 곳간

Bardi, Ugo. "The renewable revolution—ii." *Cassandra's Legacy* (blog), October
3, 2011. At cassandralegacy.blogspot.ca/2011/10/renewable—revolution—ii.
html.

Beal, Colin, Robert E. Hebner, Michael E. Webber, Rodney S. Ruoff, and A.
Frank Seibert. "The energy return on investment for algal biocrude: Results
for a research production facility." *BioEnergy Research* (July 2011).

Berndt, Ernst R. *From Technocracy to Net Energy Analysis: Engineers, Economists
and Recurring Energy Theories of Value.* Studies in Energy and the
American Economy Discussion Paper 11.mit—el 81 −065wp. 1982; in
Progress in Natural Resource Economics, edited by Anthony Scott, John F.
Helliwell, Tracy R. Lewis, and Philip A. Neher. Oxford: Clarendon, 1985.

Chamberlain, Alexander Francis. *The Child: A Study in the Evolution of Man.*
London: Walter Scott, 1900.Cleveland, Cutler J. "Biophysical economics:
Historical perspectives and current recent trends." *Ecological Modelling* 38,
nos. 1−2 (1987): 47−73.

Cleveland, Cutler J. "National resource scarcity and economic growth revisited:
Economic and biophysical perspectives. In *Ecological Economics: The
Science and Management of Sustainability,* edited by Robert Costanza.
New York: Columbia University Press, 1991.

Emerson, Ralph Waldo. *"New England,* lecture ii: The trade of New England."
January 17, 1843. In *The Later Lectures of Ralph Waldo Emerson, 1843–
1871,* vol. 1. Athens: University of Georgia Press, 2010.

Groos, Karl. "The surplus energy theory of play." In *The Play of Animals,*
translated by Elizabeth L. Baldwin. New York: Appleton, 1898.

Gupta, Ajay K., and Charles A.S. Hall. "A review of the past and current state of
eroi data." *Sustainability* 3 (2011): 1796−1809.

Hall, Charles A.S., guest editor. Special Issue: New Studies in eroi (Energy

Return on Investment). *Sustainability* (2011). At mdpi.com/journal/
sustainability/special_issues/New_Studies_eroi/.

Hall, Charles A.S., Stephen Balogh, and David J. Murphy. "What is the minimum
eroi that a sustainable society must have?" *Energies* 2, no. 1 (2009): 25–
47.

Hall, Charles A.S., and Cutler J. Cleveland. "Petroleum drilling and production
in the United States: Yield per effort and net energy analysis." *Science* 211
(1981): 576–579.

Höök, Mikael, Junchen Li, Kersti Johansson, and Simon Snowden. "Growth rates
of global energy systems and future outlooks." *Natural Resources Research*
21, no. 1 (2012): 23–41.

Pauly, Daniel. "Aquacalypse now: The end of fish." *New Republic*, September
28, 2009.

Pauly, Daniel. "Beyond duplicity and ignorance in global fisheries." *Scientia
Marina* 73, no. 2 (2009): 215–224.

Pauly, Daniel. "Toward a conservation ethic for the sea: Steps in a personal and
intellectual odyssey." *Bulletin of Marine Science* 87, no. 2 (2011): 165–175.

Pauly, Daniel. Jackie Alder, Elena Bennett, Villy Christensen, Peter Tyedmers,
and Reg Watson. "The future for fisheries." *Science* 302 (2003): 1359–1361.

Pauly, Daniel, and Rainer Froese. "Comments on fao's State of Fisheries and
Aquaculture, or 'sofia 2010.'" *Marine Policy* 36 (2012): 746–752.

Pauly, Daniel et al. The Future For Fisheries, Science 302 1359–61, 2003

Sahlins, Marshall. "Notes on the original affluent society." In *Man the Hunter*,
edited by Richard B. Lee and Irven DeVore. Chicago: Aldine, 1969.

Schiller, Friedrich. *Aesthetical and Philosophical Essays*. Project Gutenberg, 2006.
Tyedmers, Peter. "Fisheries and energy use." *Encyclopedia of Energy, vol.* 2.
Elsevier, 2004.

12장 : 석유는 우리를 행복으로 인도했는가

Altman, Daniel. "United States of narcissism." *The Daily Beast*, July 17, 2011. At
thedailybeast.com/newsweek/2011/07/17/narcissism–is–on–the–rise–in–
america.html.

Barrie, D.B., and D.B. Kirk–Davidoff. "Weather response to a large wind turbine array." *Atmospheric Chemistry and Physics* 10 (2010): 769–775.

Bok, Derek. *The Politics of Happiness: What Government Can Learn from the New Research on Well-Being.* Princeton, nj: Princeton University Press, 2010.

Brown, Brené "The power of vulnerability." ted talk, June 2010. At ted.com/talks/brene_brown_on_vulnerability.html.

Fridley, David. *Nine Challenges of Alternative Energy.* Santa Rosa, ca: Post Carbon Institute, 2010.

Gandhi, Mahatma. *Hind Swaraj or Indian Home Rule.* Phoenix, India: International Printing Press, 1909.

Gourevitch, Philip. "No Exit: Can Nicolas Sarkozy and France survive the European crisis?" *The New Yorker*, December 12, 2011.

Jevons, W. Stanley. *The Coal Question: An Inquiry Concerning the Progress of the Nation, and the Probable Exhaustion of Our Coal-Mines.* 3rd ed. 1866; New York: Augustus M. Kelley, 1965.

Lewis, C.S. *The Abolition of Man.* London: Oxford University Press, 1943.

Lotka, Alfred. "Contribution to the energetics of evolution." *Proceedings of the National Academy of Sciences of the United States of America* 8, no. 6 (1922): 147–151.

Makarieva, Anastassia, Victor G. Gorshkov, and Bai–Lin Li. "Energy budget of the biosphere and civilization: Rethinking environmental security of global renewable and non–renewable resources." *Ecological Complexity* 5, no. 4 (2008): 281–288.

Millard–Ball, Adam, and Lee Schipper. "Are we reaching a plateau or 'peak' travel?" Paper submitted to the 2010 Transportation Research Board Annual Meeting. Stanford: Global Metropolitan Studies, 2009.

Nieli, Russell. "Critic of the sensate culture: Rediscovering the genius of Pitirim Sorokin." *Political Science Reviewer* 35, no. 1 (2006).

Penty, Arthur. *Old Worlds for New: A Study of the Post-Industrial State.* London: Allen and Unwin, 1917.

Parker, George. "No death, no taxes: The libertarian futurism of a Silicon Valley billionaire." *The New Yorker*, November 28, 2011.

Putnam, Robert. *Bowling Alone: The Collapse and Revival of American*

Community. New York: Simon & Schuster, 2000.

Rosenbloom, Stephanie. "But will it make you happy?" *New York Times*, August 7, 2010.

Smil, Vaclav. "Global energy: The latest infatuations." *American Scientist 99* (May–June 2011): 212–219.

Smil, Vaclav. "A Hummer in every driveway." *Foreign Policy*, November 2011.

Smil, Vaclav. "Science, energy, ethics, and civilization." In *Visions of Discovery: New Light on Physics, Cosmology, and Consciousness*, edited by Raymond Y. Chiao, Marvin L. Cohen, Anthony J. Leggett, William D. Phillips, and Charles L. Harper Jr. Cambridge: Cambridge University Press, 2010.

Sorokin, Pitirim. *Social and Cultural Dynamics*. 4 vols.; New York: American Book Company, 1937–41. Revised and abridged; New Brunswick, nj: Transaction Books, 1957.

Sorokin, Pitirim A. *Society, Culture, and Personality: Their Structure and Dynamics*. New York: Harper, 1947.

Sorokin, Pitirim. *The Ways and Power of Love: Types, Factors, and Techniques of Moral Transformation*. Boston: Beacon, 1954; Philadelphia: Templeton Foundation Press, 2002.

Wang, C., and R.G. Prinn. "Potential climatic impacts and reliability of very large–scale wind farms." *Atmospheric Chemistry and Physics* 10 (2010): 2053–2061.

13장 : 에너지 노예의 배신과 일본의 붕괴

Citizens' Nuclear Information Center (cnic). At cnic.jp.

Fackler, Martin. "Japan goes from dynamic to disheartened." *New York Times*, October 16, 2010.

Kerr, Alex. *Dogs and Demons: Tales from the Dark Side of Japan*. New York: Hill and Wang, 2001.

Kunstler, James Howard. "Jim Kunstler's forecast 2011." At kunstler.com/Mags_Forecast2011.php.

Matanle, Peter, and Anthony Rausch with the Shrinking Regions Research Group. *Japan's Shrinking Regions in the 21st Century: Contemporary Responses to Depopulation and Socioeconomic Decline*. Amherst, ma: Cambria Press, 2011.

〉e, Kenzaburō〈. "History repeats." *The New Yorker*, March 28, 2011.

Osnos, Evan. "The Fallout: Seven Months Later: Japan's Nuclear Predicament." *The New Yorker*, October 17, 2011.

Peterson, Britt. "Land of disaster." *Foreign Policy*, March 14, 2011.

Smil, Vaclav. "Japan's crisis: Context and outlook." *The American Magazine*, April 16, 2011. At american.com/archive/2011/april/japan2019s-crisis-context-and-outlook.

Smil, Vaclav. "Light behind the fall: Japan's electricity consumption, the environment, and economic growth." *The Asia-Pacific Journal: Japan Focus*, April 2, 2007. At japanfocus.org/-Vaclav-Smil/2394.

Smil, Vaclav. "The unprecedented shift in Japan's population: Numbers, age, and prospects." *The Asia-Pacific Journal: Japan Focus*, May 1, 2007. At japanfocus.org/-Vaclav-Smil/2411.

Smil, Vaclav. *Why America Is Not a New Rome*. Cambridge, ma: mit Press, 2010.

Tsutsui, William. "Framing twentieth-century Japan: A top-ten list." *About Japan: A Teacher's Resource*, September 7, 2007. At aboutjapan. japansociety.org/content.cfm/framing_twentieth-century_japan_a_top-ten_list.

에필로그

MacIntyre, Alasdair. *After Virtue: A Study in Moral Theory*. 3rd edition. Notre Dame, in: University of Notre Dame Press, 2007.

Mumford, Lewis. *The Myth of the Machine: Technics and Human Development*. London: Secker & Warburg, 1967.

Mumford, Lewis. *Technics and Civilization*. New York: Harcourt, Brace, 1934.

"The Rule of St. Benedict." c. 530. Translated by Ernest F. Henderson, in *Select Historical Documents of the Middle Ages*, London: George Bell, 1910. Extracts, *Internet Medieval Source Book*, at www.fordham.edu/halsall/source/rul-benedict.asp.

Williams, Michael. *Deforesting the Earth: From Prehistory to Global Crisis*. Chicago: University of Chicago Press, 2003.

Woods, Thomas E., Jr. *How the Catholic Church Built Western Civilization*. Washington, D.C.: Regnery, 2005.

옮긴이 김지현

숙명여자대학교 영문학과를 졸업하고, 동 교육대학원 영어교육과에서 석사학위를 받았다. 현재 전문 번역가로 활동하고 있다. 옮긴 책으로 《디스럽트》《세상의 도시》《헌터 부인의 죽음》《더치 쉬즈의 회복》《로마제국 쇠망사》《스웨터》등 다수가 있다.

에너지 노예, 그 반란의 시작

첫판 1쇄 펴낸날 2013년 8월 16일

지은이 | 앤드류 니키포룩
옮긴이 | 김지현
펴낸이 | 지평님
기획·마케팅 | 김재균
본문 조판 | 성인기획 (070)8747-9616
종이 공급 | 화인페이퍼 (031)955-0135
인쇄 | 중앙P&L (031)904-3600
제본 | 서정바인텍 (031)942-6006

펴낸곳 | 황소자리 출판사
출판등록 | 2003년 7월 4일 제2003-123호
주소 | 서울시 영등포구 양평동 5가 1-1 선유도역 1차 IS비즈타워 706호 (150-105)
대표전화 | (02)720-7542   팩시밀리 | (02)723-5467
E-mail | candide1968@hanmail.net

ⓒ 황소자리, 2013

ISBN 979-11-85093-02-4 03300

* 잘못된 책은 구입처에서 바꾸어드립니다.